高等职业教育新商科系列教材

财会专业系列

会计电算化

主　编◎欧阳丽娜　赵　磊　黄秋萍
副主编◎钟　　南　王博仪　刘海利　刘春应
参　编◎涂　　静

KUAIJI DIANSUANHUA

北京师范大学出版集团
BEIJING NORMAL UNIVERSITY PUBLISHING GROUP
北京师范大学出版社

图书在版编目(CIP)数据

会计电算化/欧阳丽娜，赵磊，黄秋萍主编．—北京：北京师范大学出版社，2021.1

ISBN 978-7-303-26602-9

Ⅰ．①会…　Ⅱ．①欧…　②赵…　③黄…　Ⅲ．①会计电算化—教材　Ⅳ．①F232

中国版本图书馆 CIP 数据核字(2020)第 250919 号

营销中心电话　010-58802181　58805532
北师大出版社科技与经管分社　www.jswsbook.com
电子信箱　jswsbook@163.com

出版发行：北京师范大学出版社　www.bnupg.com
北京市西城区新街口外大街 12-3 号
邮政编码：100088

印　　刷：北京京师印务有限公司
经　　销：全国新华书店
开　　本：787 mm×1092 mm　1/16
印　　张：13
字　　数：332 千字
版　　次：2021 年 1 月第 1 版
印　　次：2021 年 1 月第 1 次印刷
定　　价：43.00 元

策划编辑：周光明　　责任编辑：周光明
美术编辑：刘　超　　装帧设计：刘　超
责任校对：陈　民　　责任印制：赵非非

前言

随着社会主义市场经济的改革与完善、科学技术的不断进步，企业的管理日趋科学化、现代化，会计信息技术也以前所未有的速度发展。会计电算化作为现代企业管理的重要手段之一，发挥着越来越重要的作用，会计电算化专业人才在经济管理中的作用也日益突出。《会计电算化》是一门综合型、实践型的课程。本教材作为会计电算化学习的入门书籍，适应当前职业教育改革的需要，专注实务操作，内容精简、适用、先进，以全面提升学生综合素质为出发点，以岗位能力培养为目标，以岗位工作任务为内容，结合职业资格标准要求，集知识、技能和素质为一体。

本教材以教授理论、强化应用、培养技能为原则，将会计电算化课程定位于培养会计电算化系统运行的应用型人才，在教学设计上侧重于实际操作，在教学方法上以任务驱动和实际操作为主，使学生掌握会计电算化软件的基本操作技能，并在典型业务的处理过程中，能够从整体上把握会计电算化软件各模块的内在联系和业务处理流程，在此基础上形成对会计电算化更为直观、深刻的认识，并具备一定的动手操作能力。

本教材以用友 ERP-U8 V10.1 管理软件为载体，由八个学习项目组成，这八个学项目，分别是：会计电算化认知、系统设置与管理、企业应用平台设置、薪资管理系统核算与管理、固定资产管理系统处理、应收款系统核算与管理、总账系统核算与管理、会计报表系统管理。每个项目包括情境引例、知识目标和任务实施三个部分，学习任务根据实训内容分别为相关知识和具体操作，图文并茂，使学生能更容易地掌握会计电算化的方法和技巧，更快上手。教材内容在编排上，为便于学生自学和提高学生解决问题的能力，各任务中均有操作步骤提示，并配有操作界面图表，条理清晰、难易适度，学生学习起来清晰、轻松。

本教材由广东工程职业技术学院欧阳丽娜、安徽工业经济职业技术学院赵磊、珠海艺术职业学院黄秋萍担任主编，湖南高尔夫旅游职业学院钟南、黑龙江工业学院王博仪、石家庄工程职业学院刘海利、河南测绘职业学院刘春应担任副主编，湖南高尔夫旅游职业学院涂静参与编写。欧阳丽娜负责全书的统稿及修改。

本教材在编写过程中参考了部分专业书籍和网上著作，在此谨表诚挚的谢意。由于编者水平有限，书中难免有疏漏之处，恳请专家和广大读者批评、指正。

编者

目录

项目一　会计电算化认知

情境引例

深圳市佳华实业有限责任公司主要根据合同订单和市场预测组织各类服装的生产。随着经营业务的扩大，企业资产规模和员工规模也在不断扩大。面对激烈的市场竞争，企业对业务管理的精细化、核算的及时性和准确性方面的要求越来越高，传统的手工会计核算和粗放型管理模式已经成为企业进一步发展的制约因素。借鉴同行业企业发展的经验，公司决定引入 ERP 系统进行企业业务管理和会计核算。

知识目标

通过本项目学习需要达到如下目标：

1. 了解会计电算化的发展历程；
2. 了解手工会计与电算化会计的相同点和不同点；
3. 了解会计电算化和会计信息化的含义；
4. 了解 ERP 及 ERP 系统与会计信息系统的关系；
5. 了解 XBRL 的作用和优势；
6. 了解会计信息系统的组成及其功能结构。

任务实施

任务一　会计电算化的基本认知

一、会计电算化的发展历程

在国际会计史上，会计电算化产生于 20 世纪 50 年代。1951 年美国通用电气公司第一次利用计算机计算职工工资，开创了电子数据处理会计的新起点。从 20 世纪 50 年代到 60 年代，会计电算化发展到建立了会计信息阶段，人们开始利用计算机对会计数据进行综合加工，系统地为经济分析、经济决策提供会计信息。到了 20 世纪 70 年代，随着计算机网络技术的出现和数据库系统的广泛应用，网络化的电子计算机会计信息系统形成。这种方式不仅促成了会计电算化的实现，还为企业全面应用计算机进行会计管理、预测、决策奠定了基础。20 世纪 80 年代到 90 年代，会计电算化得到迅速发展。1987 年 10 月第十三届世界会计师大会在日本东京召开了，其中心议题就是讨论在会计电算化情况下会计师的作用。至今，美国、日本、德国、英国、法国等西方发达国家的会计电算化已发展到了较为完善的程度。

在中国，会计电算化开始于 20 世纪 70 年代。20 世纪 70 年代到 1983 年这一阶段称为我国会计电算化工作的尝试阶段，主要进行理论研究和试点工作。从 1983 年至 1986 年，社会对会计电算化的需求越来越大，应用计算机进行会计处理的单位越来越多，单位会计电算化工作的内容已扩展到账务处理、银行对账、工资核算、固定资产核算、销售核算、材料核算、成本核算、报表编制和其他 9 个单项。这一阶段称为我国会计电算化工作的自我发展阶段。从 1986 年至今，财政部先后颁布了《会计电算化管理办法》《商品化会计核算软件评审规则》《会计核算软件基本功能规范》等，社会上出现了专门从事商品化会计软件和会计专用设备开发研制单位，如用友电子财务技术有限公司等，全国的会计软件市场也已形成。因此，这一阶段称为我国会计电算化工作的稳步发展阶段。

二、手工会计与电算化会计的比较

1. 手工会计与电算化会计的相同点

(1)手工会计与电算化会计的最终目标都是加强经营管理，提供准确及时的会计信息，参与经营决策，提高经济效益。

(2)手工会计与电算化会计都必须遵守会计法、会计准则、会计制度及有关的其他法规和政策。

(3)手工会计与电算化会计的会计档案部必须按规定妥善保管会计档案。

(4)手工会计与电算化会计部要求编制并输出报表。手工会计是根据一定的会计核算程序编制会计报表，电算化会计是通过计算机程序和会计软件来实现编制会计报表的任务。

(5)手工会计与电算化会计都要遵守相同的基本会计理论和方法，如复式记账的原理、固定资产提取折旧方法等。

(6)手工会计与电算化会计的基本工作相同。手工会计与电算化会计都要进行如下基本工作：①以原始凭证为依据编制记账凭证，并对凭证进行审核；②根据记账凭证过账。手工登账和计算机自动生成账簿都是为了存储资料；③对以上资料加工处理。在手工会计中，要进行手工汇总与对账操作，在电算化会计中则是由计算机完成各种运算并进行查询。

2. 手工会计与电算化会计的不同点

(1)手工会计与电算化会计所用运算工具不同。手工会计使用的运算工具是算盘、计算器等，工作量大，计算速度慢；电算化会计使用的运算工具是计算机，工作量小，计算速度快。

(2)手工会计与电算化会计的信息载体不同。手工会计以纸张为信息的载体，占用空间大，查找困难；电算化会计一般以磁性材料为信息的载体，占用空间少，查找非常方便。

(3)手工会计与电算化会计的账户设置方法不同。手工会计按会计六要素设置六大类账户；电算化会计将全部账户编制一个科目编号，这个科目编号的第一位为会计科目的类别，前四位为总账科目，后面的位数则表示明细科目，这样的设置完全打破了手工会计下各种账簿的不同处理方式和核对方法，实现了数出一门、数据共享。

(4)手工会计与电算化会计的簿记规则不同。手工会计规定日记账、总账要采用订本式账册，明细账要采用活页式账册，账簿记录的错误可用画线法或红字法进行更正，账页中的空行、空页要用红线注销；电算化会计登记的账本只要录入的凭证是正确的，则登记的账簿肯定是正确的，电算化会计输入的数据要经过逻辑性校验，如果发现出错，只能采用红字更正法和补充登记法。

(5)手工会计与电算化会计的账务处理程序不同。手工会计的会计核算程序有记账凭证核算程序、科目汇总表核算程序等，会计人员根据选择的核算程序将凭证登记到账簿中；而电算化会计，所有账簿都由计算机自动处理完成。

(6)手工会计与电算化会计的会计工作组织体制和人员素质不同。手工会计中，会计工作组织体制以会计事务的不同性质为依据，其骨干是会计师；电算化会计中，会计人员不但要精通会计专业，还要能够熟练地使用计算机，形成复合型人才，其骨干是熟悉计算机的高级会计人才。

三、会计电算化的概念及其特征

会计电算化是会计发展史上的一次重大革命，它不仅仅是会计发展的需要，而且是经济和科技发展对会计工作提出的要求，它是一门融计算机科学、管理科学、会计学和信息科学于一体的新兴边缘学科。

会计电算化的概念有狭义和广义之分。狭义的会计电算化是指以电子计算机为主体的电子信息技术在会计工作中的应用；广义的会计电算化是指与实现电算化有关的所有工作，包括会计软件的开发应用及其软件市场的培育、会计电算化人才的培训、会计电算化的宏观规划和管理、会计电算化的制度建设等。会计电算化呈现出以下特征。

1. 人机结合

在会计电算化方式下，会计人员填制电子会计凭证并审核后，执行“记账”功能，计算机将根据程序和指令在极短的时间内自动完成会计数据的分类、汇总、计算等工作。

2. 会计核算自动化、集中化

在会计电算化方式下，试算平衡、登记账簿等以往依靠人工完成的工作都由计算机自动完成，提高了工作效率。计算机网络在会计电算化中的广泛应用，使得企业能将分散的数据统一汇总到会计软件中进行集中处理，增强了企业集中管控的能力。

3. 数据处理及时、准确

利用计算机处理会计数据，可以在较短的时间内完成会计数据的分类、汇总、计算、等工作，使会计处理流程更为简便、核算结果更为精确。

4. 内部控制多样化

在会计电算化方式下，内部控制由过去的纯粹人工控制发展为人工与计算机相结合的控制形式。内部控制的内容更加丰富、范围更加广泛、要求更加严格、实施更加有效。

四、会计电算化的相关概念

1. 会计软件

会计软件是指专门用于会计核算、财务管理的计算机软件/软件系统或者其功能模块，包括一组指挥计算机进行会计核算与管理工作的程序、存储数据及有关资料。

2. ERP 和 ERP 系统

ERP(Enterprise Resource Planning)，企业资源计划，是指利用信息技术，一方面将资源整合在一起，对开发设计、采购、生产、成本、库存、分销、运输、财务、人力资源、品质管理进行科学规划；另一方面将企业与其外部的供应商、客户等市场要素有机结合起来，实现对企业的物资资源(物流)、人力资源(人流)、财务资源(财流)和信息资源(信息流)进行一体化管理(即“四流一体化”或“四流合一”)。其核心思想是供应链管理，强调对整个供应链的有效管理，提高企业配置和使用资源的效率。在功能层次上，ERP 除了最核心的财务、分销和生产管理等管理功能外，还集成了人力资源、质量管理、决策支持等企业其他管理功能。会计信息系统已经成为 ERP 系统的一个子系统。

3. XBRL

XBRL(Extensible Business Reporting Language)，可扩展商业报告语言，是一种基于可扩展标记语言(Extensible Markup Language)的开放性业务报告技术标准。

XBRL 的主要作用在于将财务和商业数据电子化，促进财务和商业信息的显示、分析和传递。XBRL 通过定义统一的数据格式标准，规定了企业报告信息的表达方法。

企业应用 XBRL 的优势主要有：①提供更为精确的财务报告与更具可信度和相关性的信息；②降低数据采集成本，提高数据流转及交换效率；③帮助数据使用者更快捷、方便地调用、读取和分析数据；④使财务数据具有更广泛的可比性；⑤增加资料在未来的可读性与可维护性；⑥适应变化的会计准则制度的要求。

4. 会计信息化

会计信息化是指企业利用计算机、网络通信等现代信息技术手段开展会计核算活动，以及利用上述技术手段将会计核算与其他经营管理活动有机结合的过程。

相对于会计电算化而言，会计信息化是一次质的飞跃。现代信息技术手段能够实时、便捷地获取、加工、传递、存储和应用会计信息，为企业经营管理、控制决策和经济运行提供充足、实时、全方位的信息。

任务二　会计信息系统认知

一、会计信息系统的概念

会计信息系统(Accounting Information System，AIS)是指利用信息技术对会计数据进行采集、存储和处理，完成会计核算任务，并提供会计管理、分析与决策相关会计信息的系统，其实质是将会计数据转化为会计信息的系统，是企业管理信息系统的一个重要子系统。

会计信息系统根据信息技术的影响程度可划分为手工会计信息系统、传统自动化会计信息系统和现代会计信息系统；根据其功能和管理层次的高低，可以分为会计核算系统、会计管理系统和会计决策支持系统。

二、会计信息系统的功能结构

会计信息系统由财务系统、购销存系统、管理与决策系统三大系统构成，每个系统又可进一步分解为若干子系统。

1. 财务系统

财务系统主要包括总账子系统、工资子系统、固定资产子系统、应收子系统、应付子系统、成本子系统、报表子系统、资金管理子系统。

(1)总账子系统。总账子系统是以凭证为原始数据，通过凭证的输入和处理，完成记账和结账、银行对账、账簿查询及打印输出，以及系统服务和数据管理等工作。近年来，许多商品化总账子系统还增加了个人往来款核算和管理、部门往来款核算和管理、项目往来款核算和管理及现金管理等功能。

(2)工资子系统。工资子系统是以职工个人的原始工资数据为基础，实现计算职工工资，计算个人所得税，查询、统计和打印各种工资表，自动编制工资费用分配转账凭证并传递给账务处理等功能。工资子系统实现了对企业人力资源的部分管理。

(3)固定资产子系统。固定资产子系统主要是对设备进行管理，即存储和管理固定资产卡片，灵活地进行增加、删除、修改、查询、打印、统计与汇总；进行固定资产的变动核算，输入固定资产的增减变动或项目内容变化的原始凭证后，自动登记固定资产明细账，更新固定资产卡片，完成计提折旧和分配，产生折旧计提及分配明细表、固定资产综合指标统计表等，费用分配转账凭证可自动转入账务处理等子系统；灵活地查询、统计和打印各种账表。

(4)应收子系统。应收子系统完成对各种应收账款的登记、核销工作，动态地反映客户信息及应收账款信息，进行账龄分析和坏账估计，提供详细的客户和产品的统计分析，帮助财会人员有效地管理应收款项。

(5)应付子系统。应付子系统完成对各种应付账款的登记、核销、分析及预测工作，及时分析各种流动负债的数额及偿还流动负债所需的资金，提供详细的客户和产品的统计分析，帮助财会人员有效地管理应付款项。

(6)成本子系统。成本子系统是根据成本核算的要求，通过用户对成本核算对象的定义、对成本校算方法的选择，以及对各种费用分配方法的选择，自动将从其他系统传递的数据或用户手工录入的数据进行汇总计算，输出用户需要的成本核算结果。

(7)报表子系统。报表子系统主要根据会计核算数据(如账务处理子系统产生的总账和明细账等)完成各种会计报表的编制与汇总工作，生成各种内部报表、外部报表及汇总报表，根据报表数据生成各种分析表和分析图等。

(8)资金管理子系统。资金管理子系统满足工业企业或商业企业、事业单位等对资金管理的需求；以银行提供的单据、企业内部单据，凭证等为依据，记录资金业务及其他涉及资金管理方面的业务；处理对内、对外的收款、付款、转账等业务；提供逐笔计息管理功能，实现每笔资金的管理。

2. 购销存系统

对工业企业而言，购销存系统包括采购子系统、存货子系统、销售子系统、库存子系统；对商业企业而言，购销存系统还应包括符合商业特点的商业进销存系统。

(1)采购子系统。采购子系统根据企业采购业务管理和采购成本核算的实际需要，制订采购计划，对采购订单、采购到货以及入库状况进行全程管理，为采购部门和财务部门提供准确及时的信息，辅助管理决策。很多商品化会计软件将采购子系统和应付子系统合并为一个子系统——采购与应付子系统，以便更好地实现采购与应付业务的无缝连接。

(2)存货子系统。存货子系统主要针对企业存货的收、发、存业务进行核算，掌握存货的耗用情况，及时、准确地把各类存货成本归集到各成本项目和成本对象上，为企业的成本核算提供基础数据；动态地反映存货资金的增减变动情况，提供存货资金周转和占用的分析，为降低库存、减少资金积压、加速资金周转提供决算依据。

(3)销售子系统。销售子系统是以销售业务为主线，兼顾辅助业务管理，实现销售业务管理与核算一体化。销售子系统一般和存货中的产成品核算相联系，实现对销售收入、销售成本、销售费用、销售税金、销售利润的核算，生成产成品收发结存汇总表等表格和产品销售明细账等账簿；自动编制机制凭证，供总账子系统使用。

(4)库存子系统。库存子系统主要对企业存货进行管理，接收在采购子系统和销售子系统中填制的各种出入库单，向存货子系统传递经审核后的入库单和盘点数据，接收存货子系统传递过来的入库存货成本。

3. 管理与决策系统

随着会计管理理论的不断发展及其在企业会计实务中的不断应用，人们越来越意识到会计管理的重要性，对会计信息系统提出了更高的要求，要求它不仅能够满足会计核算的需要，还应该满足会计管理的需要，即在经济活动过程中进行事前预测、事中控制、事后分析，为企业管理和决策提供支持。因此，应将信息技术与管理会计方法有机融合，增加管理决策与报告子系统，不断丰富和完善会计信息系统。管理与决策系统有三个层级的功能：经营监控层、报告与分析层、业绩评价层。

(1)经营监控层。为了更好地发挥财会人员的控制职能，要应用各种先进的管理工具，如全面预算管理和责任中心管理等。因此，在会计信息系统中增加了预算管理和责任中心管理子系统。

(2)报告与分析层。各级管理者为了动态地了解业务联系进展情况、分析业务发展趋势，每天都需要查看各类管理信息。因此，在会计信息系统中增加了管理报告子系统。

(3)业绩评价层。业绩评价的目标是实施企业战略，业绩评价的核心是将企业实际的结果与其计划目标相比较。因此，会计信息系统增加了杜邦分析、经济增加值分析、平衡记分卡等功能模块，为企业提供综合、全面的业绩评价信息。此外，会计决策支持子系统也将纳入会计信息系统中。会计决策支持子系统利用现代计算机技术、通信技术和决策分析方法，通过建立数据库和决策模型，向企业的决策者提供及时、可靠的财务、业务等信息，帮助决策者对未来的经营方向和目标进行量化分析和论证，从而对企业生产经营活动作出科学的决策。

项目二　系统设置与管理

情境引例

深圳市佳华实业有限责任公司在前期已经对相关部门(如财务部、采购部、销售部、仓管部等)人员进行了 ERP 应用培训。根据公司的部署，由财务部负责 ERP 系统的实施和维护。现在，公司决定任命你为财务部门 ERP 应用实施的负责人，你将如何开展这项工作呢？

知识目标

通过本项目学习需要达到如下目标：

1. 理解系统管理在整个系统中的作用及基础设置的重要性；
2. 掌握系统管理的主要功能；
3. 掌握系统管理的操作流程；
4. 熟练地建立账套；
5. 熟练地修改账套；
6. 熟练地备份、引入账套；
7. 掌握设置用户及其权限的方法。

任务实施

任务一　系统管理的账套管理

本任务将进行如下操作。

1. 建立账套

(1)账套信息。账套号：216；账套名称：深圳市佳华实业有限责任公司；账套路径：默认；启用会计期：2016 年 1 月；会计期间设置：1 月 1 日至 12 月 31 日。

(2)单位信息。单位名称：深圳市佳华实业有限责任公司；单位简称：佳华实业；单位地址：深圳市龙岗区腾飞路 38 号；法人代表：林涛；税号：440307264720051；联系电话及传真：0755-8862678。开户银行：中国银行深圳市龙岗支行；地址：深圳市龙岗区中心城志联佳大厦。

(3)核算类型。记账本位币：人民币(RMB)；企业类型：工业；行业性质：2007 年新会计制度科目。账套主管：demo；要求按行业性质预置科目。

(4)基础信息，存货、客户、供应商有分类，有外币核算。

(5)分类编码方案。科目编码级次：4222；客户、供应商分类编码级次：223；存货分类码级次：122；部门编码：12；地区分类码级次：223；结算方式编码级次：12，其他采用系统默认。

(6)数据精度。采用系统默认值。

(7)系统启用。启用模块：总账系统、固定资产，启用时间：2016 年 1 月 1 日。

2. 修改账套

将账套号为“216”、账套名称为“深圳市佳华实业有限责任公司”的单位法人代表修改为

"杨立伟"。

3. 账套备份

在E盘根目录下建立一个文件夹，文件夹的名字为"216账套备份"，在该文件中建立一个名为"系统管理的账套管理"的文件夹，将账套备份到该文件夹中。

4. 账套引入

将E盘中文件夹名为"216账套备份"中的"系统管理的账套管理21"的文件夹中的账套引入软件。

相关知识

用友ERP-U8软件产品是由多个产品组成的，各个产品之间相互联系、共享数据，完全实现财务业务一体化管理，为企业资金流、物流、信息流的统一管理提供了有效的方法和工具。系统管理模块主要能够实现如下功能。

(1)对账套的统一管理，包括建立、修改、引入和输出(恢复备份和备份)。

(2)对操作员及其功能权限实行统一管理，设立统一的安全机制，包括用户、角色和权限设置。

(3)允许设置自动备份计划，系统根据这些设置定期进行自动备份处理，实现账套的自动备份。

(4)对年度账的管理，包括建立、引入、输出年度账，结转上年数据，清空年度数据。系统管理的使用者为企业的信息管理人员，如系统管理员Admin和账套主管。

具体操作

一、系统注册

系统允许两种身份进入系统管理：一是系统管理员(Admin)；二是账套主管。系统管理员负责整个应用系统的总体控制和维护工作，可以管理该系统中所有的账套。操作人员以系统管理员的身份进入，可以进行账套的建立、引入和备份，设置用户、角色和权限，设置备份计划，监控系统运行过程，清除异常任务等。

第一次进入系统的是系统管理员(Admin)；初始密码为空。只有系统管理员才能进行增加用户的操作。

二、系统管理员(Admin)注册

【操作步骤】

(1)启动系统管理。

以系统管理员Admin的身份依次执行"开始"→"用友ERP-U8"→"系统服务"→"系统管理"命令。

(2)登录系统管理。

①依次执行"系统"→"注册"命令。

②在"登录到"栏中选择登录的服务器。

③在"操作员"栏中输入"Admin"。

④在"密码"栏中不要求输入信息。

⑤在"账套"栏中选择"default"。

⑥单击"确定"按钮。

三、账套管理

每个企业可以为其每一个独立核算的单位建立一个核算账套，即每一个核算单位都有一套完整的账簿体系。账套管理就是对账套的统一管理，包括账套的建立、修改、引入和输出(恢复备份和备份)。

1. 建立账套

【操作步骤】

(1)打开“新建账套”功能页面：在系统管理界面执行“账套”→“建立”命令。

只有系统管理员(Admin)可以建立企业账套。

(2)录入账套信息，如图 2-1-1 所示。

账套号是账套的唯一标识，可以自行设置 3 位数字。账套号不允许与已存账套的账套号重复，账套号设置后将不允许修改。

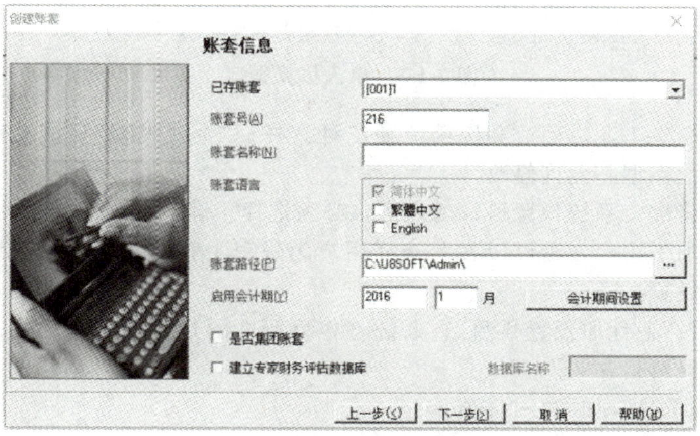

图 2-1-1　账套信息

“账套名称”一栏用来输入新建账套的名称，其作用是标识新账套的信息。

“账套路径”一栏是新建账套被保存的路径，必须输入，为系统默认用友 ERP-U8 V10.1 软件的安装路径，但不能是网络磁盘，用户可以修改。

启用会计期是用户输入新建账套的启用时间，必须输入。

(3)录入单位信息，如图 2-1-2 所示。

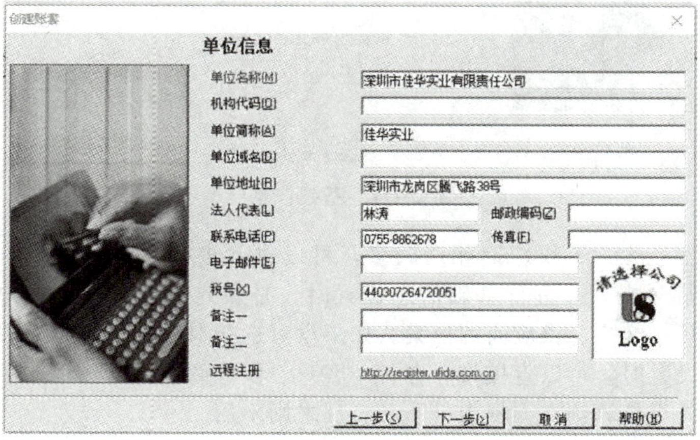

图 2-1-2　单位信息

单位名称必须录入，为蓝色标识，应录入企业的全称，以便打印发票时使用。

(4)录入核算类型，如图 2-1-3 所示。

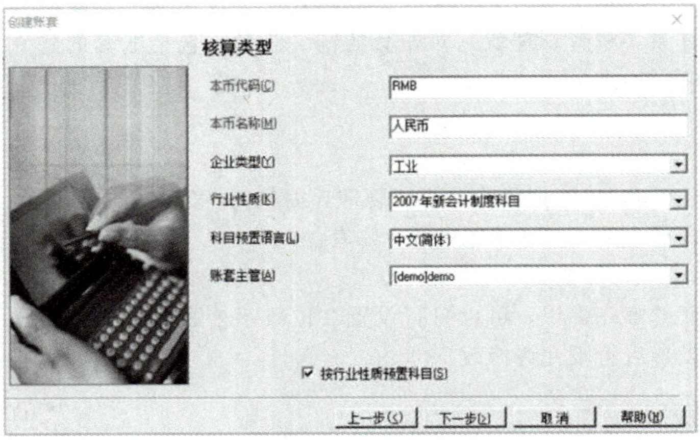

图 2-1-3　录入核算类型

企业核算类型有工业、商业和医药流通三种选择。“企业类型”只能由商业企业改为医药流通企业，其他类型不允许修改。

“行业性质”将决定系统预置科目的内容，必须选择正确。

如果事先增加了用户，则可以在此选择用户为账套主管。若事先没有增加用户，则要到“权限”中进行设置。

系统默认“按行业性质预置科目”，系统将根据所选的行业类型自动装入国家规定的一级科目和部分二级科目。

(5)设置基础信息，如图 2-1-4 所示。

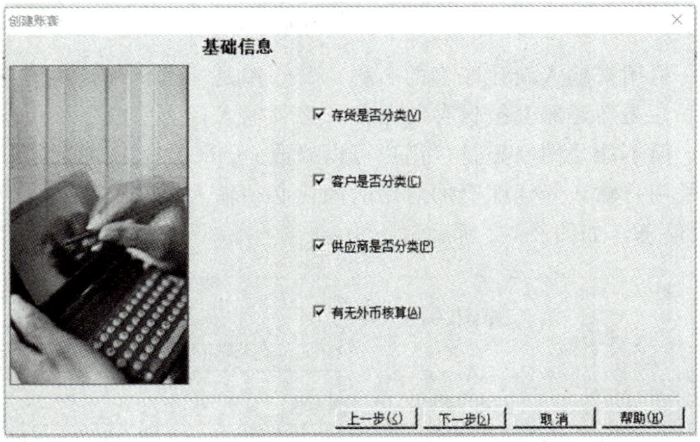

图 2-1-4　基础信息

如果企业存货、客户、供应商相对较多，可以对其进行分类管理。如果选择对存货、客户、供应商进行分类，在进行基础信息设置时，必须先设置存货、客户、供应商分类，然后才能设置存货、客户、供应商的档案。如果没有选择对存货、客户、供应商进行分类，在进行基础信息设置时，可以直接设置存货、客户、供应商的档案。

如有分类和外币核算则在方框内打“√”，反之则不用。

若基础信息设置错误，可以由账套主管在“修改账套”功能页面中进行修改。

(6)开始创建账套。

创建账套的过程需要 5～10 分钟。

(7)设置编码方案，如图 2-1-5 所示。

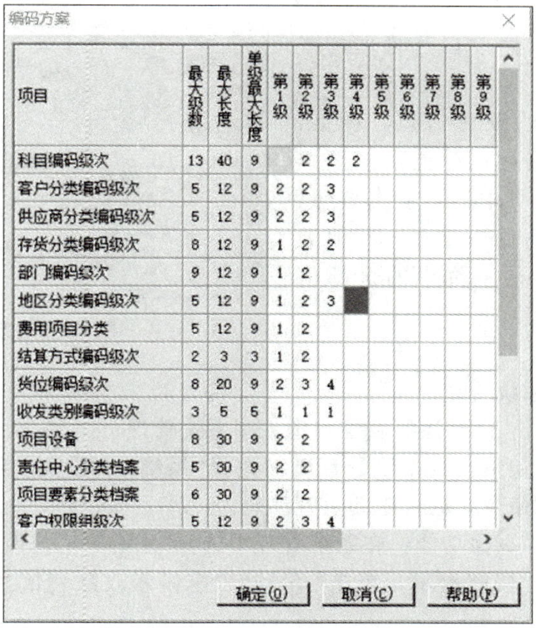

项目	最大级数	最大长度	单级最大长度	第1级	第2级	第3级	第4级	第5级	第6级	第7级	第8级	第9级
科目编码级次	13	40	9		2	2	2					
客户分类编码级次	5	12	9	2	2	3						
供应商分类编码级次	5	12	9	2	2	3						
存货分类编码级次	8	12	9	1	2	2						
部门编码级次	9	12	9	1	2							
地区分类编码级次	5	12	9	1	2	3						
费用项目分类	5	12	9	1	2							
结算方式编码级次	2	3	3	1	2							
货位编码级次	8	20	9	2	3	4						
收发类别编码级次	3	5	5	1	1	1						
项目设备	8	30	9	2	2							
责任中心分类档案	5	30	9	2	2							
项目要素分类档案	6	30	9	2	2							
客户权限组级次	5	12	9	2	3	4						

图 2-1-5　编码方案

编码级次和各级编码长度的设置将决定用户单位如何编制基础数据的编号，进而构成用户分级核算、统计和管理的基础。

例如，某单位将科目编码长度设为 422，即一级科目编码为四位长，二级科目编码为二位长，三级科目编码为二位长。该单位“银行存款”科目设置如下：银行存款——建行存款——人民币存款，则编码为 1002(银行存款)——100201(建行存款)——10020101(人民币存款)。

科目编码第 1 级为灰色的原因是系统按行业预置了一级会计科目。将来用过的级次都将变成灰色。

删除多余编码只能从最后一级向前依次删除。方法是选择最后一级，输入 0 或者按 Delete 键或 Backspace 键删除。

(8)设置数据精度。

单击编码方案中的“取消”按钮，关闭编码方案后，会自动弹出数据精度界面，默认值与任务单相同，不需要修改，直接单击“确定”按钮即可，如图 2-1-6 所示。

(9)系统启用。

账套建立完成后直接进行“系统启用”设置，也可单击“否”按钮结束建账过程，之后再以账套主管身份登录企业应用平台中的“基础信息”进行系统启用设置。

按任务单启用总账系统、固定资产系统。选中总账

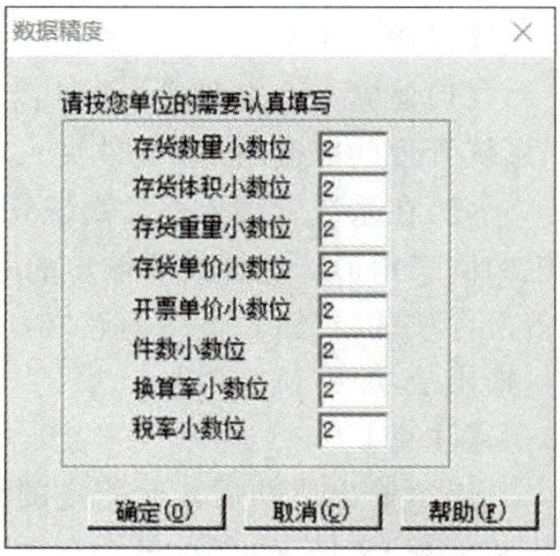

图 2-1-6　数据精度

前面的复选框，将时间设置为“2016 年 1 月 1 日”（见图 2-1-7），单击“确定”按钮，系统提示“确实要启用当前系统吗?”，单击“是”按钮，返回系统启用窗口。

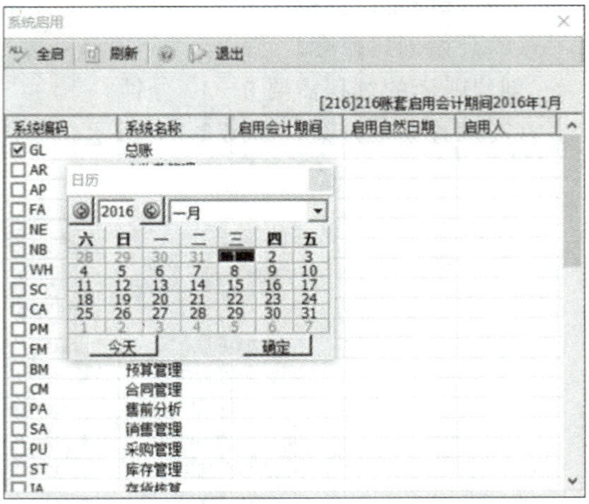

图 2-1-7　系统启用

2. 修改账套

只有账套主管可以修改自己管理的账套，系统管理员 Admin 无权修改。

黑色是可以修改的账套信息，包括：账套信息页中的账套名称；单位信息页中的所有信息，核算信息页中的企业类型（只能由商业企业改为医药流通企业，其他类型不允许修改）；基础信息页中的全部信息；编码方案和数据精度。

【操作步骤】

（1）账套主管注册系统管理。

若系统管理员 Admin 已经注册系统管理，则系统管理员 Admin 先注销，然后账套主管再注册系统管理。操作如下：在系统管理界面选择“系统”→“注销”命令；再在系统管理界面选择“系统”→“注册”命令，输入账套主管编码。

（2）打开“修改账套”页面功能：在系统管理中选择“账套”→“修改”命令。

（3）修改账套信息。按照提示，单击“下一步”按钮修改账套信息，将法人代表修改为“杨立伟”。

3. 输出账套

输出账套功能是指将所选的账套数据进行备份输出。对企业系统管理员来讲，定时将企业数据备份并存储到不同的介质（如常见的软盘、光盘、网络磁盘等）上，对数据的安全性是非常重要的。如果企业由于不可预知的因素（如地震、火灾、计算机病毒、人为的误操作等），需要对数据进行恢复，此时备份数据就可以将企业的损失降低到最小。当然，对于异地管理的公司，此种方法还可以解决审计和数据汇总的问题。具体应用应根据企业实际情况进行。

如果删除账套，只需要在“账套输出”界面选择“删除当前输出账套”即可。

只有系统管理员 Admin 有权进行账套输出。

账套备份输出的文件为：UfErpAct. Lst 和 UFDATA. BAK。

【操作步骤】

（1）建立一个文件夹（在 E 盘中新建“216 账套备份”文件夹，在该文件中建立一个名为“系统管理的账套管理”文件夹）。

（2）在系统管理界面，系统管理员 Admin 登录系统管理→“账套”→“输出”→单击账套号栏的倒三角形，选择需要输出的账套→单击“确认”按钮（等待 5 分钟进入下一个界面）→选择备份存放的位置（E 盘中新建“216 账套备份”文件夹中的“系统管理的账套管理”文件夹）→提示输出成功→“确定”。

【注意】

提示输出成功后，到指定的目录中（E 盘中新建“216 账套备份”文件夹中的“系统管理的账套管理”文件夹）查看是否有 UfErpAct. Lst 和 UFDATA. BAK 两个文件。

4. 引入账套

引入账套功能是指将系统外某账套数据引入本系统中。用户可使用系统管理中提供的备份功能(设置备份计划)或输出功能，将U8账套备份，当需要恢复账套时，可使用“引入”功能将备份的账套恢复到U8系统中。当账套数据遭到破坏时，可将最近复制的账套数据引入本账套中，尽量保持业务数据完好；同时该功能也有利于集团公司的操作，子公司的账套数据可以定期被引入母公司系统中，以便进行有关账套数据的分析和合并工作。

备份账套数据不能直接运行，只有在账套引入成功后，才能打开运行。

【操作步骤】

(1)以系统管理员Admin的身份登录系统管理。

(2)打开“账套引入”功能界面：选择“账套”→“引入”命令，选择引入账套的路径。

任务二　操作员及权限管理

本任务将进行如下操作。

1. 角色和用户操作

(1)增加角色(见表2-2-1)。

表2-2-1　增加角色

编号	角色
ZZKJ	总账会计
YSKJ	应收会计
YFKJ	应付会计
CN	出纳
ZCGL	资产管理
XCJL	薪酬经理

(2)增加用户(见表2-2-2)。

表2-2-2　增加用户

编号	姓名	所属部门	认证方式	用户类型	角色
101	李伟	财务部	用户+口令	普通用户	账套主管
102	胡琳	财务部	用户+口令	普通用户	总账会计
103	何大鹏	财务部	用户+口令	普通用户	应收会计、应付会计
104	王利	财务部	用户+口令	普通用户	出纳
105	夏雪	财务部	用户+口令	普通用户	资产管理
106	郭东	财务部	用户+口令	普通用户	薪酬经理
107	刘芳	财务部	用户+口令	普通用户	总账会计

(3)将编号为107的“刘芳”这个用户的用户名修改为“张大为”，相应角色修改为“应收会计、应付会计”。

(4)删除107“张大为”这个用户。

2. 操作员权限操作

(1)操作员权限设置(见表2-2-3)。

表 2-2-3　操作员权限设置

编号	姓名	操作权限	权限
101	李伟	系统初始化	账套主管
102	胡琳	会计业务主管签字、审核凭证、基本信息、总账、应收款管理、应付款管理、对账、结账、编制会计报表	基本信息、总账、应收款管理、应付款管理、UFO 报表
103	何大鹏	编制记账凭证、记账	基本信息、总账、人力资源
104	王利	出纳签字	出纳签字、出纳、出纳管理
105	夏雪	固定资产折旧及增减变动业务	基本信息、固定资产
106	郭东	工资分摊、银行对账	基本信息、人力资源

(2)将编号为 103 的操作员“何大鹏”的权限修改成“基本信息、总账、应收款管理、应付款管理”。

3. 账套备份

在 E 盘根目录最下面名字为“216 账套备份”的文件中建立一个名为“操作及权限管理 2-2”的文件夹，将账套备份到此文件夹中。

相关知识

一、角色和用户

角色是指在企业管理中拥有某一类职能的组织，这个角色组织可以是实际的部门，也可以是由拥有同一类职能的人构成的虚拟组织。其本质是权限的集合，每个角色对应所需要的权限集合。

用户是指有权登录系统，可以对财务应用系统进行操作的人员，即财务室有财务软件操作权限的工作人员，如会计、出纳等。

只有系统管理员(Admin)才能进行增加用户的操作。

二、操作员权限

设置操作员权限的工作应由系统管理员或该账套的主管，在系统管理的权限功能页面中完成。只有系统管理员(Admin)才有权设置或取消账套主管，并且可以对所有账套设置用户权限。而账套主管只能对所管辖账套的操作员进行权限设置。一个账套可以有多个账套主管。

设置权限时应注意分别选中“账套”和相应的“用户”。

账套主管的设置有两种方法，一是在建账时设置(前提是该操作员在建账套前已经增加了)；二是在“系统管理”→“权限”→“权限”操作中设置。

具体操作

一、角色和用户管理

1. 增加角色

【操作步骤】

(1)在“系统管理”界面选择“权限”→“角色”命令，单击“增加”按钮，进入“角色详细情况”界面，如图 2-2-1 所示。

（2）输入角色编码“YSKJ”、角色名称“应收会计”。单击“增加”按钮，保存并继续增加其他用户。

2. 增加用户

【操作步骤】

（1）在系统管理界面，选择“权限”→“用户”命令，单击“增加”按钮，打开“操作员详细情况”界面，如图 2-2-2 所示。

（2）录入编号“101”、姓名“李伟”、用户类型“普通用户”、认证方式“用户＋口令（传统）”。在“所属角色”中选择“账套主管”。

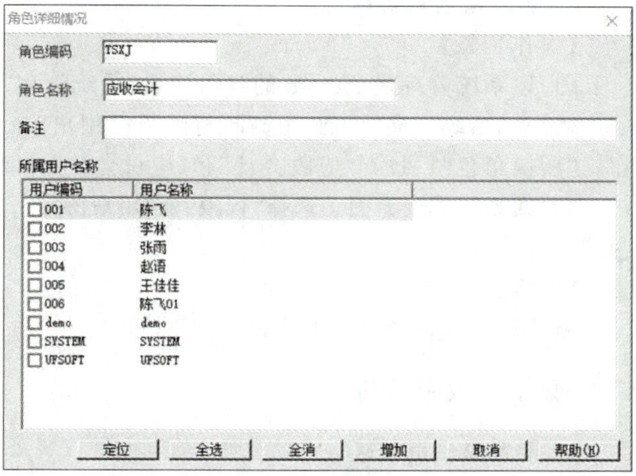

图 2-2-1　角色详细情况

（3）单击“增加”按钮，保存并继续增加其他操作员。

3. 修改角色和用户

【操作步骤】

（1）以系统管理员 Admin 的身份注册“系统管理”。

（2）在系统管理界面，选择“权限”→“用户”命令，找到“107 刘芳”并单击“修改”按钮，将用户“姓名”改为“张大为”；在“所属角色”栏找到“总账会计”项目，将“√”取消。

（3）在“所属角色”栏找到“应收会计”和“应付会计”项目，并分别打“√”，单击“确定”按钮，如图 2-2-3 所示。

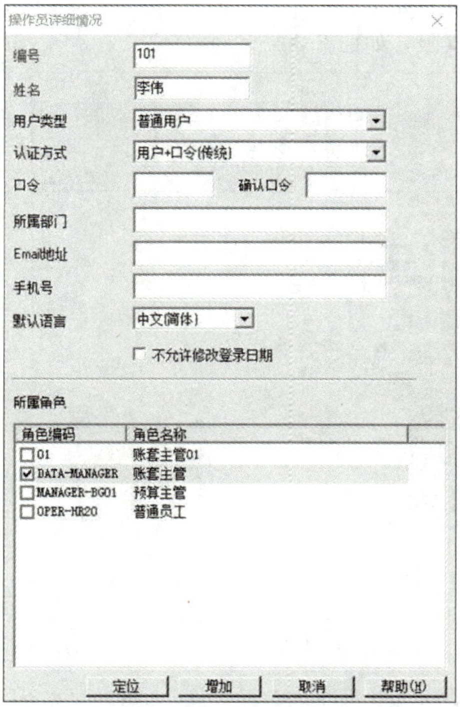

图 2-2-2　操作员详细情况

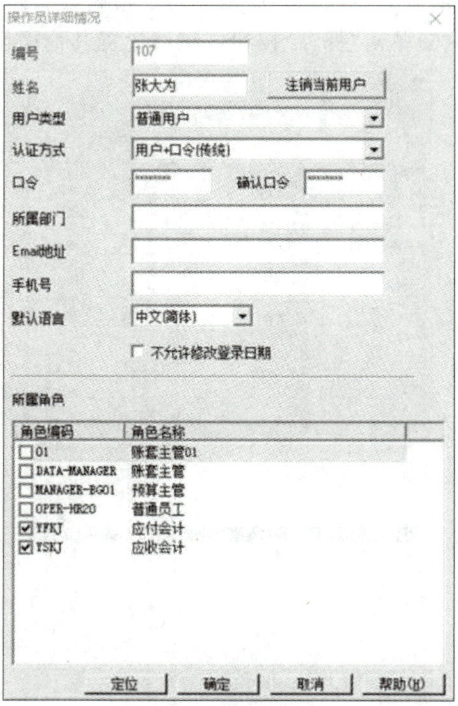

图 2-2-3　修改角色

4. 删除角色和用户

【操作步骤】

(1)以系统管理员 Admin 的身份注册“系统管理”。

(2)在“系统管理”界面，选择“权限”→“用户”命令，找到“107 张大为”并单击“修改”按钮，“所属角色”栏找到“应收会计”和“应付会计”，取消“√”，单击“确定”按钮。

(3)在系统管理界面，选择“权限”→“用户”命令，找到“107 张大为”并依次单击“删除”→“是”按钮。

【注意】

修改用户时，编号不能修改。

二、操作员权限管理

1. 设置操作员权限

【操作步骤】

(1)以系统管理员 Admin 身份注册系统管理。

(2)单击“权限”→“权限”按钮，打开操作员权限窗口。

(3)核对账套：在账套主管右边的下拉表框选中“216”深圳市佳华实业有限责任公司账套。

(4)选择权限分配对象：在左侧的操作员列表中，选择操作员“102 胡琳”，单击“修改”按钮。

(5)设置权限：在右侧窗口中，“+”表示有下级明细权限，单击“+”变成“-”，则展开所有权限；单击“-”则变成“+”。找到相应的权限，并在方框中单击，将会有“√”出现，则表示选中了该权限；若选错，则再次单击方框，将“√”取消即可。“102 胡琳”的权限有：基本信息、总账、应收款管理、应付款管理和 UFO 报表。

(6)单击“保存”按钮，继续设置其他操作员权限，如图 2-2-4 所示。

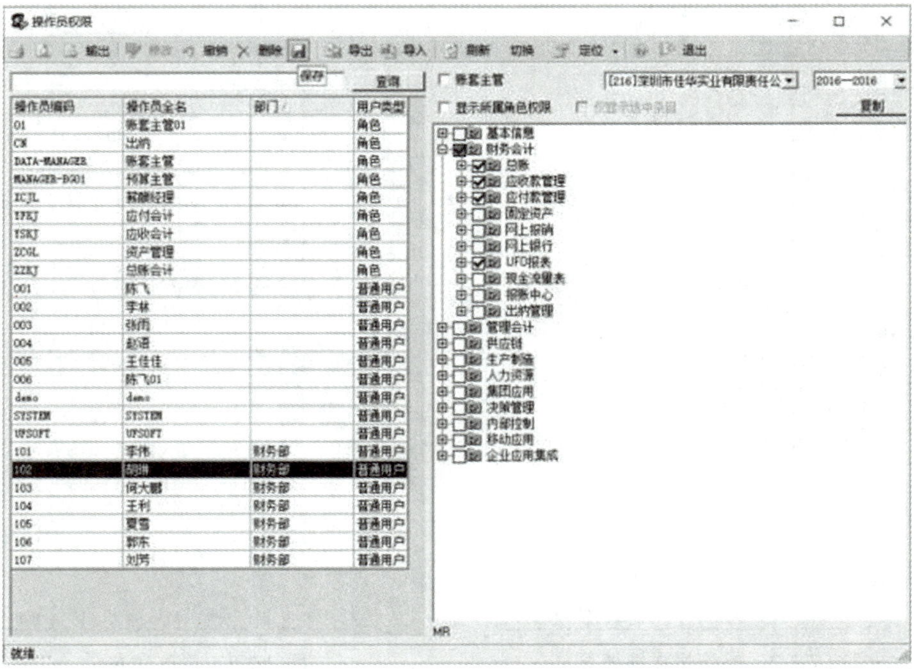

图 2-2-4 设置操作员权限

2. 修改操作员权限

【操作步骤】

(1)以 Admin 或账套主管“101 李伟”注册系统管理。

(2)单击“权限”→“权限”按钮，打开操作员权限窗口。

(3)核对账套：在账套主管右边的下拉表框选中“216”深圳市佳华实业有限责任公司账套。

(4)选择权限分配对象：在左侧的操作员列表中，选择操作员“103 何大鹏”，单击“修改”按钮。

(5)修改权限：先将右侧窗口中“人力资源”前的“√”取消，然后分别找到“应收款管理”和“应付款管理”两个权限，并在方框中单击，将会有“√”出现，如图 2-2-5 所示。

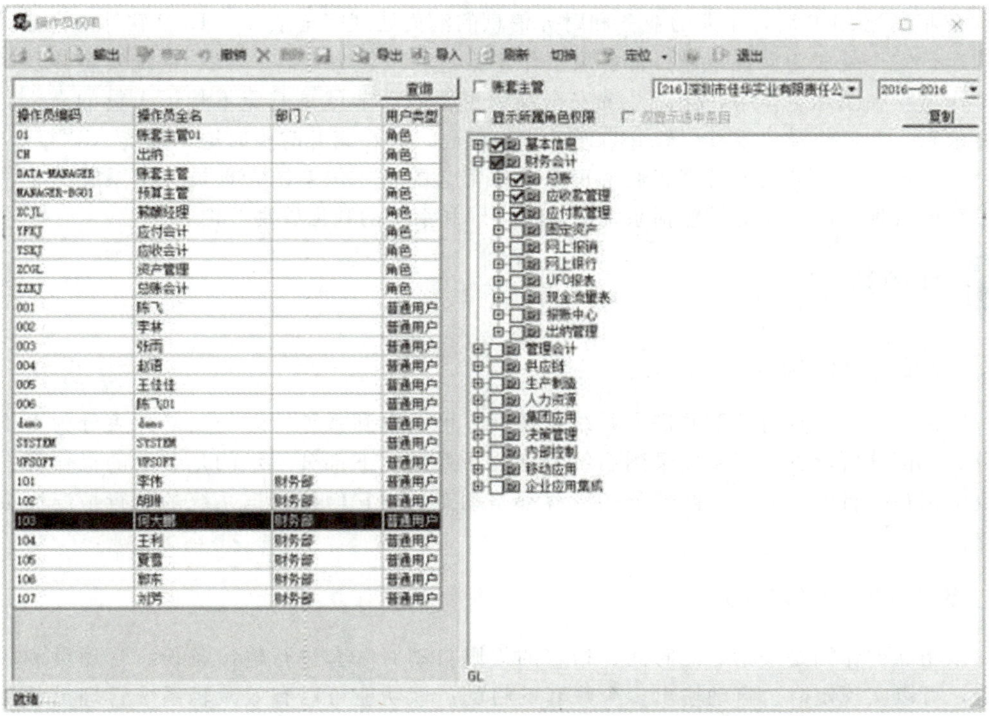

图 2-2-5 修改操作员权限

任务三 系统安全管理

本任务将进行如下操作。

1. 设置自动备份计划

计划编号为“216”，计划名称为“216 账套自动备份计划”，备份类型为“账套备份”，发生频率为“每周”，有效触发时间“2”小时，保留天数为“1”天，备份路径为“E:\216 账套自动备份”。

2. 修改自动备份计划

发生频率修改为“每天”。

3. 注销当前操作员

注销当前操作员 Admin。

4. 清除系统运行异常障碍

(1)清除异常任务。

(2)清除所有任务。

5. 账套备份

在E盘根目录下名字为“216 账套备份”的文件夹中建立一个名为“系统安全管理 23 文件夹，将账套备份到该文件夹中。

相关知识

企业实施ERP后，企业的业务和财务信息的汇集处理完全依赖于ERP软件来完成，软件的运行安全就成为保证企业日常各项工作正常进行的基础条件。ERP系统安全涉及每一个操作员。在实际工作中，保证系统安全最为重要的环节就是避免不相干人员的介入。这就要求每一个操作员要妥善保管好自己的用户密码，并在离开时及时退出系统。

为了加强系统的安全管理，通常每个单位都会配备一位系统管理员负责系统的日常管理。系统管理员的工作通常包括系统的运行管理和系统的数据管理等内容。

具体操作

一、系统运行监控

以系统管理员身份注册并进入系统管理后，可以看到系统管理的功能列表分为上下两部分。上部分所示的是正在登录到系统管理的子系统，下部分所示的是登录的操作员在子系统中正在执行的功能。这两部分的内容都是动态的，它们都根据系统的执行情况而自动变化。

二、设置自动备份计划

该功能的作用是按指定的时间、指定的规则自动对账套进行输出备份。管理员利用该功能，可以实现定时、自动输出多个账套的目的。该功能可以有效减轻系统管理员的工作量，保障了系统数据安全。

1. 设置自动备份计划

【操作步骤】

(1)以系统管理员的身份或者账套主管的身份注册进入系统管理。

选择“系统”→“备份计划设置”命令，打开“备份计划设置”对话框，如图 2-3-1 所示。

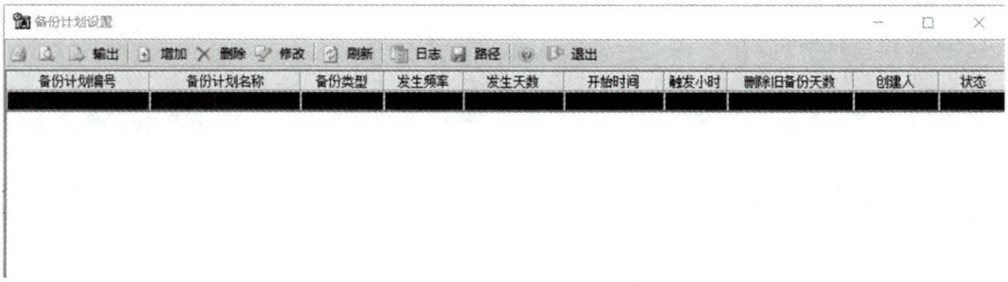

图 2-3-1 “备份计划设置”对话框

(2)单击“增加”按钮，打开“备份计划详细情况”对话框。

(3)录入计划编号“216”、计划名称“216 账套备份计划”、发生频率“每周”、有效触发时间“2”小时、保留天数“1”天。单击“请选择备份路径”后的“增加”按钮，新建一个文件夹“E:\216 账套自动备份”，并选择此文件夹，后单击“确定”按钮，选择账套“216”，最后单击最下方的“增加”按钮即可，如图 2-3-2 所示。

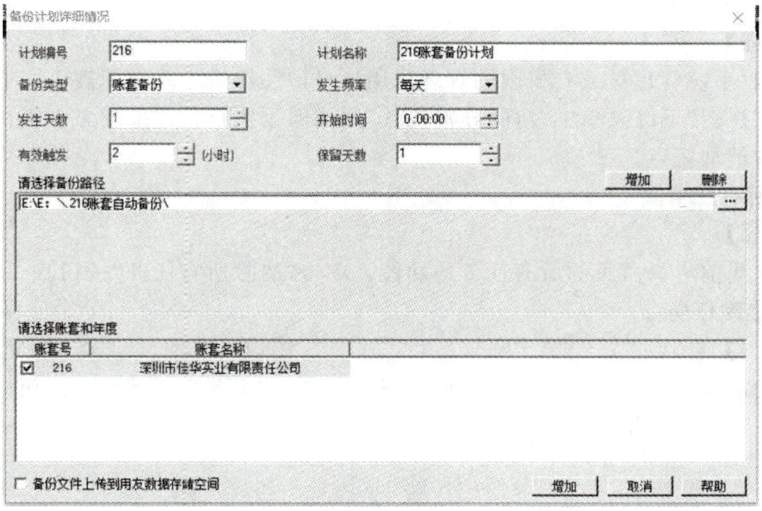

图 2-3-2　备份计划详细情况

2. 修改自动备份计划

【操作步骤】

(1)以系统管理员或账套主管的身份注册进入系统管理。选择“系统”→“备份计划设置”命令，打开“备份计划设置”对话框。

(2)选中“216 账套备份计划”，单击“修改”按钮，打开“备份计划详细情况”对话框，将发生频率改成“每天”。单击最下方的“增加”按钮即可。

【注意】

Admin 和账套主管都可以登录此功能，Admin 登录后，将进行账套的自动输出设置；而账套主管登录后，将进行年度账的自动输出。

三、升级数据

任何一个应用系统的功能拓展和完善都是无止境的，随着信息技术的不断发展，应用系统的开发不断融入新的技术和更为先进的管理思想，这样就存在对老系统的数据的更新问题。为保证客户数据的一致性和可追溯性，用友 ERP-U8 V10.1 应用系统在系统管理中提供了升级工具，可以使用此功能一次将数据升级到新产品。

四、注销当前操作员

如果需要以一个新的操作员注册进入，以启用系统其他功能，就需要当前的操作员从系统管理中注销；或者操作员因需要暂时离开，为防止数据泄露，也应该注销当前操作员登录。

【操作步骤】

在“系统管理”中选取功能菜单“系统”下的“注销”功能菜单。

五、异常问题处理

系统运行过程中，不可预见的原因造成某些单据处于锁定状态或异常占用状态，导致其他用户无法使用，针对系统异常，系统管理中的“视图”菜单下提供了“清除异常任务”“清除所有任务”“清除选定任务”和“清除单据锁定”。

1. 清除异常任务

【操作步骤】

(1)用户以系统管理员或有权限的管理员用户身份注册进入系统管理。

(2)选择“视图”下级菜单中“清除异常任务”操作即可执行，清除异常任务的同时也会清除该任务所占的加密点。

2. 清除所有任务

【操作步骤】

提供清除当前界面所见的所有任务的功能，单击“清除所有任务”按钮。

3. 清除选定任务

【操作步骤】

提供手动清除任务功能。选择要清除的任务，单击“清除选定任务”按钮，强制结束该任务。不释放该任务占用的授权点数。

项目三　企业应用平台设置

情境引例

为使企业能够存储企业内部和外部的各种信息，使企业员工、用户和合作伙伴能够从单一的渠道访问其所需的个性化信息，深圳市佳华实业有限责任公司进行了企业应用平台设置，可以通过单一的访问入口访问企业的各种信息，定义业务工作，并设计工作流程。

知识目标

通过本项目学习需要达到如下目标：

1. 认识企业应用平台的主要功能；
2. 理解企业应用平台的作用；
3. 能够登录企业应用平台；
4. 能够启用各个系统模块。

任务实施

任务一　企业应用平台认识及系统启用

本任务将进行如下操作。

以101号操作员李伟身份登录216账套，日期为2016年1月1日。

在E盘根目录下名字为“216账套备份”的文件夹中建立一个名为“企业应用平台认识及系统启用3—1”的文件夹，将账套备份到该文件夹中。

相关知识

企业应用平台又叫企业门户，它集中用友U8管理系统的所有功能，为各个子系统提供交流的公共平台，成为用友U8管理系统的工作中心和控制台。此平台实现了系统基础数据的集中维护，以及信息和数据资源在各子系统的共享和有效利用。企业应用平台是用户进行实践业务操作访问系统的唯一入口，能够访问企业的各种信息，由用户根据自己的需要建立自己的业务工作应用环境，设置适合本单位实际需要的专用模块。

企业应用平台主要包括的项目内容如下。

(1)业务工作，主要包括财务会计——总账、固定资产、UFO报表，人力资源，内部控制，供应链，企业应用集成等功能，每个功能群又包括若干个功能模块。

(2)系统服务，主要是常用的系统配置工具，包括系统管理、服务器配置、工具和权限等设置。

(3)基础设置，主要包括基本信息、基础档案、业务参数、单据设置、档案设置等。

具体操作

一、登录企业应用平台及介绍

【操作步骤】

(1)执行“开始”→“用友 ERP-U8 V10.1”→“企业应用平台”命令，打开操作员登录界面。

(2)以操作员 101 的身份登录系统。选择“216 账套”，操作日期设为“2016-01-01”，单击“登录”按钮，进入企业应用平台，如图 3-1-1 所示。

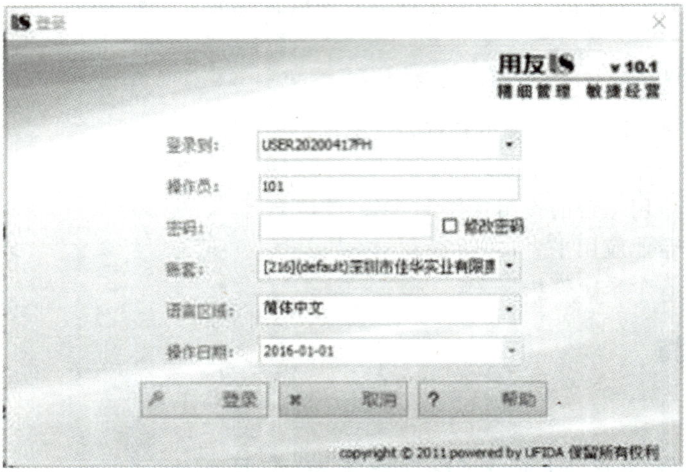

图 3-1-1　登录企业应用平台

(3)进入企业应用平台后，可以看到经常工作场景、简易桌面及业务导航视图，如图 3-1-2 所示。

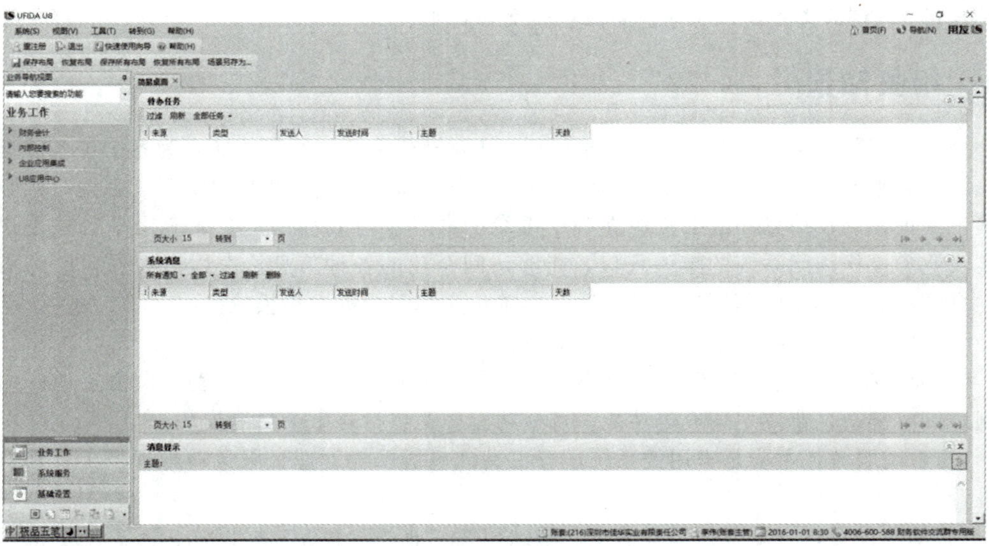

图 3-1-2　企业应用平台

以场景驱动业务工作，并在门户中体现，工作场景由“视图”组成，“视图”是指用于用户处理或监控某项工作、完成某种功能的窗口。U8 预置视图有业务导航视图、系统消息、待办任务、消息显示、我的工作、监控列表、工作日历、许可管理视图、企业流程图、助手视图、审批进程图、审批进程表、审批视图、监控视图、UAP 定制的门户视图，也可以通过 UAP、UAP 报表或自定义编程生成新的视图。

简易桌面由“待办任务”“系统消息”“消息显示”三个功能窗口组成。

【注意】

Admin 无法登录企业应用平台。

二、系统启用

用于已安装系统(或模块)的启用，要记录启用日期和启用人。要使用一个产品必须先启用这个产品。用户创建一个新账套后，自动进入系统启用界面，用户可以一气呵成地完成创建账套和系统启用操作，这时启用人是系统管理员；或者由账套主管执行“用友 ERP-U8”→“企业应用平台”→“基础信息”→“基本信息”命令进入，进行系统启用的设置。

【操作步骤】

(1)以操作员 101 的身份登录系统。选择“216 账套”，操作日期为“2016-01-01”，单击“登录”按钮，进入企业应用平台。

(2)单击“基础设置”→“基本信息”→双击“系统启用”，打开“系统启用”界面，在要启用的“薪资管理”前的方框内打“√”，并在启用时间内输入“2016 年 1 月 1 日”，如图 3-1-3 所示。

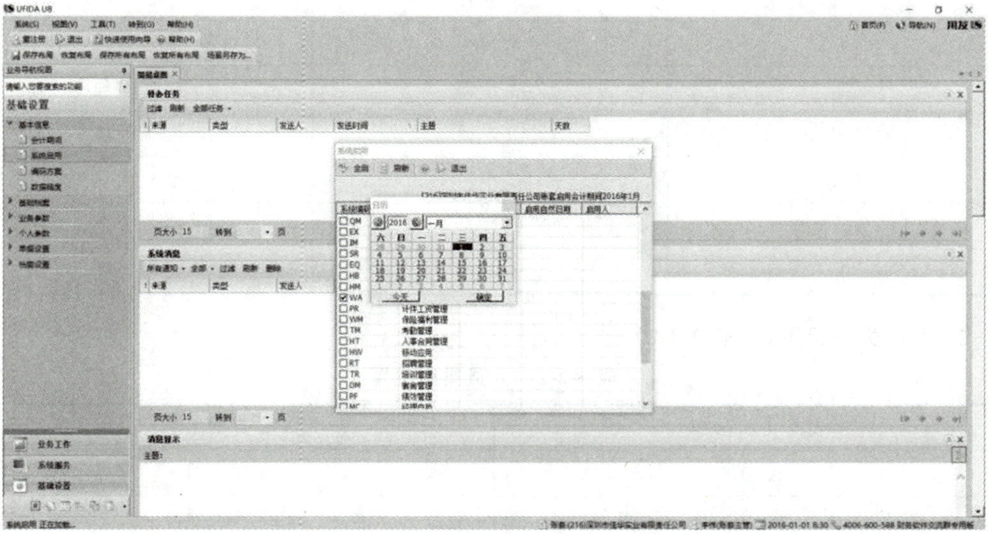

图 3-1-3　系统启用

(3)依次启用“应收款系统”和“应付款系统”，启用时间为 2016 年 1 月 1 日。

【注意】

(1)只有账套主管才有权限在启用应用平台中启用系统。

(2)各系统的启用日期必须晚于账套的启用日期或与之相同。如账套建立日期为 2016 年 1 月 1 日，总账和其他系统启用日期应在 2016 年 1 月 1 日之后。

三、常用工具按钮

(1)重新注册：方便用户修改登录信息、切换登录用户及登录账套等。

(2)退出：退出 U8 系统。

四、帮助使用

用户在当前窗口，可以使用三种方式获得帮助信息。

(1)F1 快捷键：在当前窗口，按 F1 快捷键，即可弹出“帮助”页面。

(2)“帮助”按钮：在当前窗口，单击工具栏右侧的“帮助”按钮，即可弹出“帮助”页面。

(3)在“弹出”窗口中，单击窗口下方的“帮助”按钮，即可弹出帮助。

任务二　基础档案设置

在本任务中将对如下内容进行设置。

1. 部门档案设置(见表 3-2-1)

表 3-2-1　部门档案设置

部门编码	部门名称	部门属性
1	管理部	管理部门
2	财务部	财务管理
3	采购部	采购管理
4	生产部	生产管理
401	一车间	生产管理
402	二车间	生产管理
5	销售部	销售管理
6	人事部	人事管理

2. 人员类别设置(见表 3-2-2)

表 3-2-2　人员类别设置

人员类别编码	人员类别名称
10101	管理人员
10102	生产人员
10103	采购人员
10104	销售人员

3. 人员档案设置(见表 3-2-3)

表 3-2-3　人员档案设置

职员编码	职员姓名	性别	行政部门	人员类别	是否操作员	是否业务员	业务或费用部门	雇用状态
101	李伟	男	财务部	管理人员	是	是	财务部	在职
102	胡琳	女	财务部	管理人员	是	是	财务部	在职

续表

职员编码	职员姓名	性别	行政部门	人员类别	是否操作员	是否业务员	业务或费用部门	雇用状态
103	何大鹏	男	财务部	管理人员	是	是	财务部	在职
104	王利	女	财务部	管理人员	是	是	财务部	在职
105	夏雪	女	财务部	管理人员	是	是	财务部	在职
106	郭东	男	财务部	管理人员	是	是	财务部	在职
107	张小伟	男	采购部	采购人员	否	是	采购部	在职
108	王玲	女	人事部	管理人员	否	是	人事部	在职
109	吴清	女	销售部	销售人员	否	是	销售部	在职
110	刘敏	女	销售部	销售人员	否	是	销售部	在职
111	刘伟	男	一车间	生产人员	否	是	一车间	在职
112	罗玲	女	二车间	生产人员	否	是	二车间	在职

4. 客户分类设置(见表 3-2-4)

表 3-2-4 客户分类设置

分类编码	分类名称
01	省内
02	省外

5. 客户档案设置(见表 3-2-5)

表 3-2-5 客户档案设置

客户编码	客户名称	客户简称	所属分类	税号	开户银行(默认值)	银行账号	地址	邮政编码	扣率	分管部门	分管业务员	默认值
01	长沙家纺股份有限公司	家润多	02	201400001472583	工行新星支行	78965432	长沙市芙蓉区人民路8号	410004	5	销售部	吴清	是
02	武汉绮丽服饰有限公司	绮丽	02	20140000369258	中行新华支行	47258369	湖北省武汉市天华路10号	510007	10	销售部	刘敏	是
03	福州宏丰股份有限公司	宏丰	02	20140000258369	工行吉祥支行	54649841	福州市台江区817中路600-1号	350000	5	销售部	吴清	是
04	南京博雅股份有限公司	博雅	02	20140000165846	建行江东门分理处	12468852	南京市鼓楼区江东北路93号	210036	10	销售部	刘敏	是

6. 供应商分类设置(见表 3-2-6)

表 3-2-6　供应商分类设置

分类编码	分类名称
01	原材料供应商
02	成品供应商

7. 供应商档案设置(见表 3-2-7)

表 3-2-7　供应商档案设置

供应商编号	供应商名称	供应商简称	所属分类	税号	开户银行(默认值)	银行账号	地址	邮政编码	分管部门	分管业务员
01	北方贸易有限公司	北方贸易	01	789456123369	中国建设银行朝阳支行	89000666	北京市朝阳区 9 号	100089	采购部	张小伟
02	深圳雅丽棉纺厂	雅丽	01	914403007174	中国建设银行福田支行	63000777	深圳市海园一路 56 号	518058	采购部	张小伟
03	杭州飘亮丝绸厂	飘亮	02	913301003258	中国银行西湖支行	56000888	杭州西湖区龙井路 62 号	310007	采购部	张小伟

8. 外币及汇率设置(见表 3-2-8)

表 3-2-8　外币及汇率设置

币符	币名	固定汇率
USD	美元	8.325 00

9. 会计科目体系设置(见表 3-2-9)

表 3-2-9　会计科目体系设置

科目名称	计量单位	辅助账类型	余额方向
库存现金(1001)		日记账	借
银行存款(1002)		日记账、银行账	借
中国工商银行(100201)		日记账、银行账	借
建设银行(100202)美元		外币、日记账、银行账	
应收票据(1121)		客户往来，受控	借
应收账款(1122)		客户往来，受控	借
其他应收款(1221)		个人往来	借
预付账款(1123)		供应商往来，受控	
原材料(1403)			借
棉(140301)	4 600kg	数量核算	借
丝(140302)	1 000kg	数量核算	借

续表

科目名称	计量单位	辅助账类型	余额方向
麻(140303)	6 000kg	数量核算	借
库存商品(1405)			借
女士连衣裙(140501)	16 000 件	数量核算	
男士衬衫(140502)	20 000 件	数量核算	
自制半成品(1409)			
羽绒服(140901)	10 000 件	数量核算	
固定资产(1601)			
累计折旧(1602)			
无形资产(1701)			
累计摊销(1702)			贷
短期借款(2001)			贷
应付票据(2201)		供应商往来，受控	贷
应付账款(2202) 应付职工薪酬(2211)		供应商往来，受控	贷 贷
工资(22101)			
福利费(221102)			
应交税费(2221)			贷
应交增值税(222101)			贷
进项税额(22210101)			贷
销项税额(22210102)			贷
未交增值税(222102)			贷
应交城建税(222103)			贷
应交教育费附加(222104)			贷
应交所得税(222105)			贷
预收账款(2203)		客户往来，受控	贷
实收资本(4001)			贷
盈余公积(4101)			贷
本年利润(4103)			贷
利润分配(4104)			贷
未分配利润(410401)			贷
生产成本(5001)			借
直接材料(500101)		项目核算	借
直接人工(500102)		项目核算	借

续表

科目名称	计量单位	辅助账类型	余额方向
制造费用(500103)		项目核算	借
其他(500104) 折旧费(500105)		项目核算 项目核算	
主营业务收入(6001)			
女士连衣裙(600101)	件	数量核算	
男士衬衫(600102)	件	数量核算	
主营业务成本(6401)			
女士连衣裙(640101)	件	数量核算	
男士衬衫(640102)	件	数量核算	
管理费用(6602)		部门核算	借
工资(660201)		部门核算	借
差旅费(660202)		部门核算	借
折旧费(660203)		部门核算	借
无形资产摊销(660204)		部门核算	借
办公费(660205)		部门核算	借

10. 存货设置

(1)设置存货分类。

分类定义:“1. 原料 2. 成品 3. 运费”。

(2)设置存货计量组(见表 3-2-10)。

表 3-2-10　设置存货计量组

	计量单位组编号	计量单位组名称	换算率
计量单位组	01	自然单位	无换算率
	02	克与件	固定换算率

(3)设置存货计量单位(见表 3-2-11)。

表 3-2-11　设置存货计量单位

	计量单位编号	计量单位名称	所属计量单位组	换算率	是否为主计量单位
设置存货计量单位	0101	元	01	无换算率	—
	0201	克	02	100	是
	0202	件	02	1	否

(4)设置存货档案信息(见表 3-2-12)。

表 3-2-12　设置存货档案信息

存货编码	存货名称	计量单位组	税率	主计量单位	属性
01	棉	02	16%	克	外购、生产耗用

续表

存货编码	存货名称	计量单位组	税率	主计量单位	属性
02	丝	02	16%	克	外购、生产耗用
03	麻	02	16%	克	外购、生产耗用
05	女士连衣裙	02	16%	件	自制、内销、外销
06	男士衬衫	02	16%	件	自制、内销、外销
07	运输费	01	10%	元	外购，内销、应税劳务

11. 记账凭证类别设置(见表 3-2-13)

表 3-2-13 记账凭证类别设置

类别字	类别名称	限制类型	限制科目
收	收款凭证	借方必有	1001，1002
付	付款凭证	贷方必有	1001，1002
转	转账凭证	凭证必无	1001，1002

12. 项目核算设置(见表 3-2-14)

表 3-2-14 项目核算设置

项目设置	设置内容
项目大类	生产成本
核算科目	直接材料
	直接人工
	制造费用
	折旧费
	其他
项目分类定义	1. 连衣裙
	2. 衬衫
项目目录	101 女士连衣裙 (所属分类码：1)
	201 男士衬衫 (所属分类码：2)

13. 结算方式设置(见表 3-2-15)

表 3-2-15 结算方式设置

结算方式编码	结算方式名称	票据管理
1	现金	否
2	托收承付	否
3	支票	否
301	现金支票	是

续表

结算方式编码	结算方式名称	票据管理
302	转账支票	是
4	商业汇票	否
401	商业承兑汇票	否
402	银行承兑汇票	否

14. 设置本单位开户银行(见表 3-2-16)

表 3-2-16 设置本单位开户银行

编码	银行账号	账户名称	币种	开户银行	所属银行编码
01	241002797978	深圳市佳华实业有限责任公司	人民币	工商银行龙岗支行	01

15. 设置单据

在企业应用平台中，以账套主管李伟的身份，进行如下操作。

(1)修改单据格式，删除销售管理系统中销售专用发票、销售普通发票的“销售类型”项目。

(2)设置单据编号，允许手工修改销售管理、采购管理系统中的所有发票的单据编号。

16. 账套备份

在 E 盘根目录下名字为“216 账套备份”的文件夹中建立一个名为“基础档案设置3-2”的文件夹，将账套备份到该文件夹中。

相关知识

只有按照顺序进行基础档案的设置，才可以使基础档案的设置顺利进行。基础档案的设置既可以在“企业应用平台”中进行，也可以在各个子系统中进行。设置好的基础档案的内容为各个子系统所通用。基础档案设置的顺序如下。

(1)先进行部门档案设置，然后进行人员类别设置，再进行人员档案设置。

(2)先进行客户分类设置，然后进行地区分类和供应商分类设置，再进行客户档案和供应商档案设置。

(3)先进行存货分类设置，然后进行计量单位设置，再进行存货档案设置。

具体操作

一、部门档案设置

用于设置企业各个职能部门的信息，既可以是实际的部门机构，也可以是虚拟的管辖组织。

【操作步骤】

(1)以 101 号操作员的身份登录企业应用平台，单击左下角“基础设置”→单击“基础档案”→单击“机构人员”→双击“部门档案”。

(2)单击“增加”按钮，界面右边进入增加状态，如图 3-2-1 所示。

(3)根据任务单录入部门编码“6”，部门名称“人事部”，部门属性“人事管理”。

(4)单击工具栏中的“保存”按钮；单击“增加”按钮。

(5)重复步骤(2)～(4)，依次录入任务单上的其余资料。

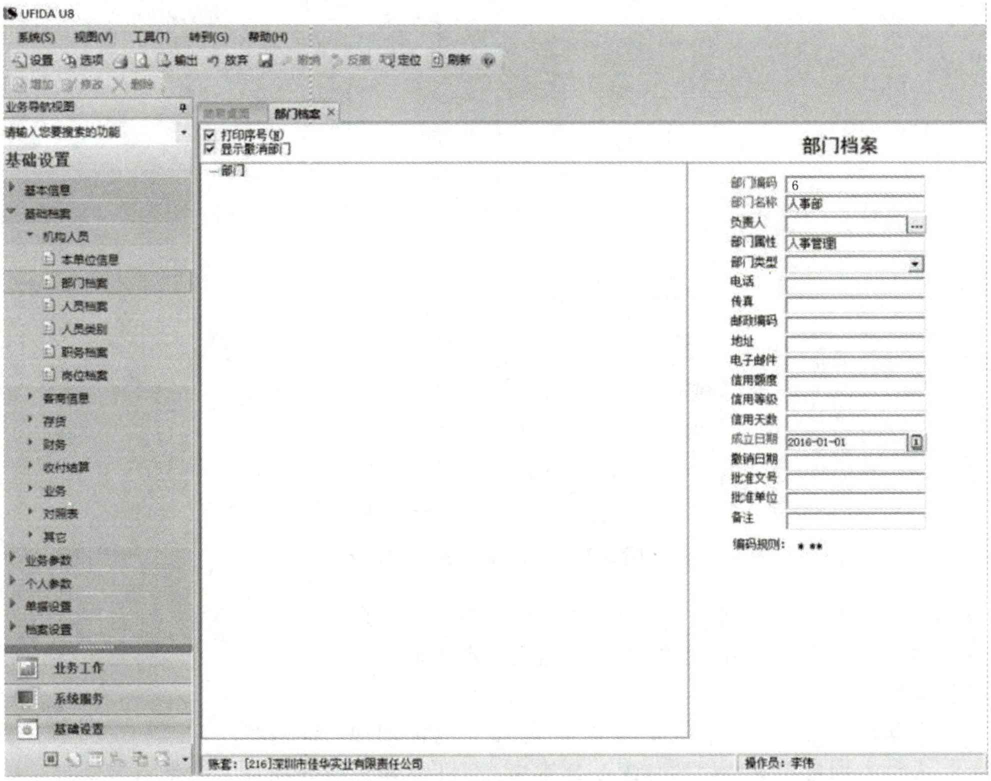

图 3-2-1　部门档案

(6)输入完成后，单击“退出”按钮，退出当前界面。

【注意】

(1)部门档案设置中蓝色部分是必填选项，成立日期一般默认输入时的系统时间，如“2016-01-01”，可修改。

(2)部门档案增加是先增加上级再增加下级，删除是先删除下级再删除上级。

(3)部门档案编码要符合编码方案中定义的编码规则。

(4)由于此时还未设置人员档案，部门中的负责人暂时不能设置。如果需要设置，则必须在完成人员档案设置后，再回到部门档案中以“修改”命令补充设置。

二、人员类别设置

人员类别设置用于设置企业各职能部门中需要进行核算和业务管理的职员信息，方便其他业务模块调用。

【操作步骤】

(1)以 101 号操作员的身份登录企业应用平台，单击左下角“基础设置”→单击“基础档案”→单击“机构人员”→双击“人员类别”，进入“人员类别”管理界面，如图 3-2-2 所示。

(2)选中左边的“正式工”按钮，单击“增加”按钮，打开“增加档案项”界面，如图 3-2-3 所示。

(3)根据任务单在档案编码中录入“10101”，在档案名称中录入“管理人员”，单击“确定”按钮保存。

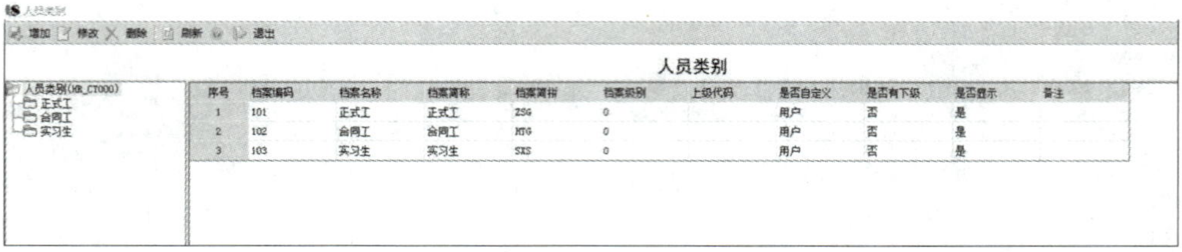

图 3-2-2　人员类别

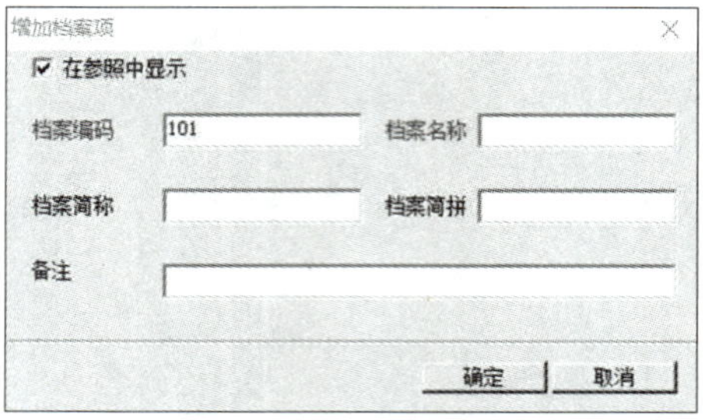

图 3-2-3　“增加档案项”界面

(4)重复步骤(2)、步骤(3)，依次录入任务单上的其余资料。

(5)输入完成后，单击“退出”按钮，退出当前界面。

【注意】

(1)在新增档案项时，一定要选中“正式工”，才能增加二级档案。

(2)人员类别与工资费用的分配、分摊有关，工资费用的分配及分摊是薪资管理系统中的一项重要功能。人员类别设置的目的是为工资分摊生成凭证设置的相应入账科目做准备，可以按不同的入账科目设置不同的人员类别。

(3)人员类别是人员档案中的必选项，需要在人员档案设置前设置。

(4)人员类别可以修改，但已使用的人员类别名称不能删除。

三、人员档案设置

人员档案主要用于企业各职能部门中需要进行核算和业务管理的职员信息，必须先设立部门档案，才能设置相应的职员信息。

【操作步骤】

(1)以 101 号操作员的身份登录企业应用平台，单击左下角“基础设置”→单击“基础档案”→单击“机构人员”→双击“人员档案”，进入“人员档案”管理界面。

(2)单击“增加”按钮，打开增加档案界面，如图 3-2-4 所示。

(3)根据任务单在人员编码中录入“101”，在人员姓名中录入“李伟”，单击“性别”参照，选择“男”；单击“人员类别”参照，选择“管理人员”；单击行政部门的参照，选择“财务部”，选择复选框“是否业务员”和“是否操作员”保存。

(4)重复步骤(2)、步骤(3)，依次录入任务单上的其余资料。

(5)输入完成后，单击“退出”按钮，返回到“人员列表”界面；再单击“退出”按钮，退出当前界面。

【注意】

(1)此处的人员档案应该包括企业所有员工。

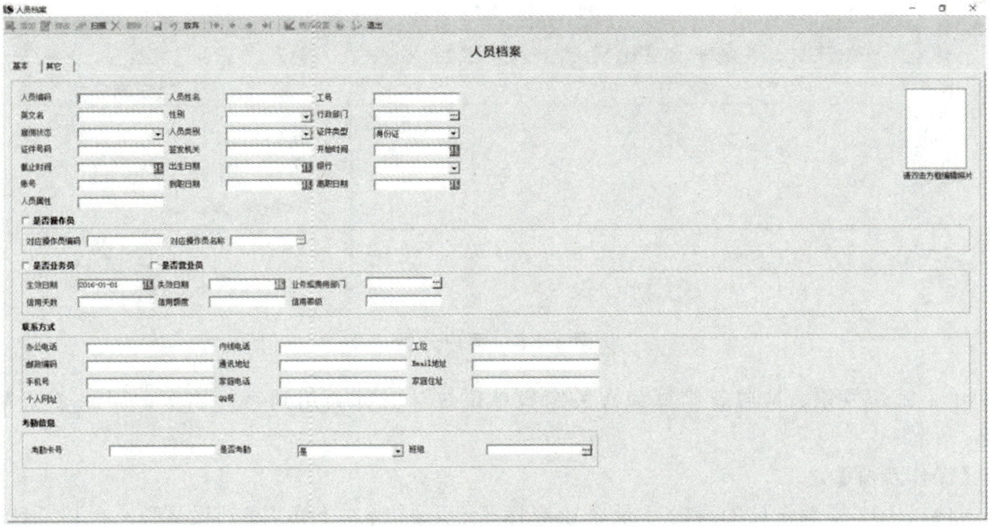

图 3-2-4　增加人员档案

(2)人员编码必须唯一，人员姓名可以重复。

(3)是否业务员：指此人员是否可操作 U8 其他的业务产品，如总账、库存等。

(4)是否操作员：指此人员是否可操作 U8 产品，可以将本人作为操作员，也可与已有的操作员建立对应关系。

(5)录入人员档案信息时，尽量用参照，参照的快捷键是 F2。先录入一个字再参照，可以提高参照速度。

(6)操作员编码不能修改，操作员的名称可随时修改。

四、客户分类设置

由于在建立账套时选择了客户分类，因此需要先建立客户分类，再定义客户档案。企业可以根据自身的需要，将客户按行业、地区等进行客户分类。

【操作步骤】

(1)以 101 号操作员的身份登录企业应用平台，单击左下角“基础设置”→单击“基础档案”→单击“客户信息”→双击“客户分类”，进入“客户分类录入”界面。

(2)单击“增加”按钮，界面右边进入增加界面。

(3)根据任务单，在分类编码中录入“02”，在分类名称中录入“省外”，单击“保存”按钮。

(4)重复步骤(2)、步骤(3)，录入任务单上的其余资料，如图 3-2-5 所示。

(5)输入完成后，单击“退出”按钮，退出当前界面。

【注意】

(1)客户是否需要分类应在建立账套时确定，如果建立账套时需要分类而没有分类，将无法新增客户档案。

(2)客户分类编码必须符合编码规则。客户的类别编码是系统识别不同客户的唯一标志，必须唯一，不能重复或修改。

五、客户档案设置

建立客户档案主要是为企业的销售管理、库存管理、应收款管理服务的。在填制销售

图 3-2-5　客户分类

出库单、销售发票、应收款结算和有关销售单位统计时都会用到客户档案，因此必须先设立客户档案。

【操作步骤】

(1)以 101 号操作员的身份登录企业应用平台，单击左下角"基础设置"→单击"基础档案"→单击"客户信息"→双击"客户档案"，进入"客户档案"设置界面。

(2)单击"增加"按钮，增加界面。

(3)根据任务单，在客户编码中录入"01"，在客户名称中录入"长沙家纺股份有限公司"，在客户简称中录入"长沙家纺"，所属分类选择"01－省内"，税号中录入"201400001472583"等相关信息，如图 3-2-6 所示。

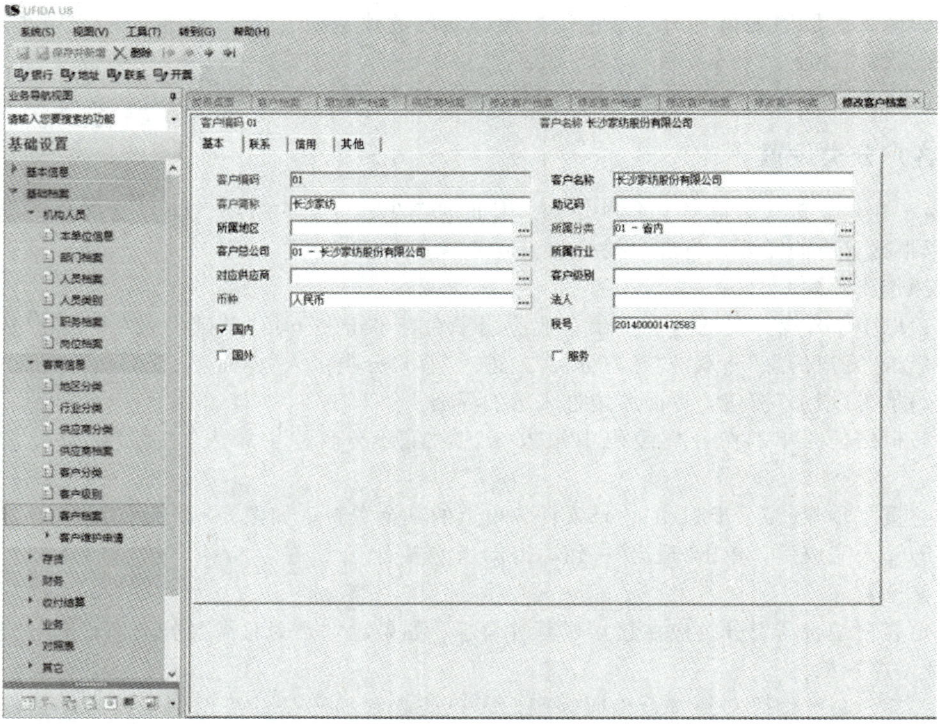

图 3-2-6　客户档案基本信息

(4)单击"联系"按钮，选择分管部门"5－销售部"，分管业务员"109－吴清"，邮政编码"410004"，地址"长沙市芙蓉区人民路 8 号"，如图 3-2-7 所示。

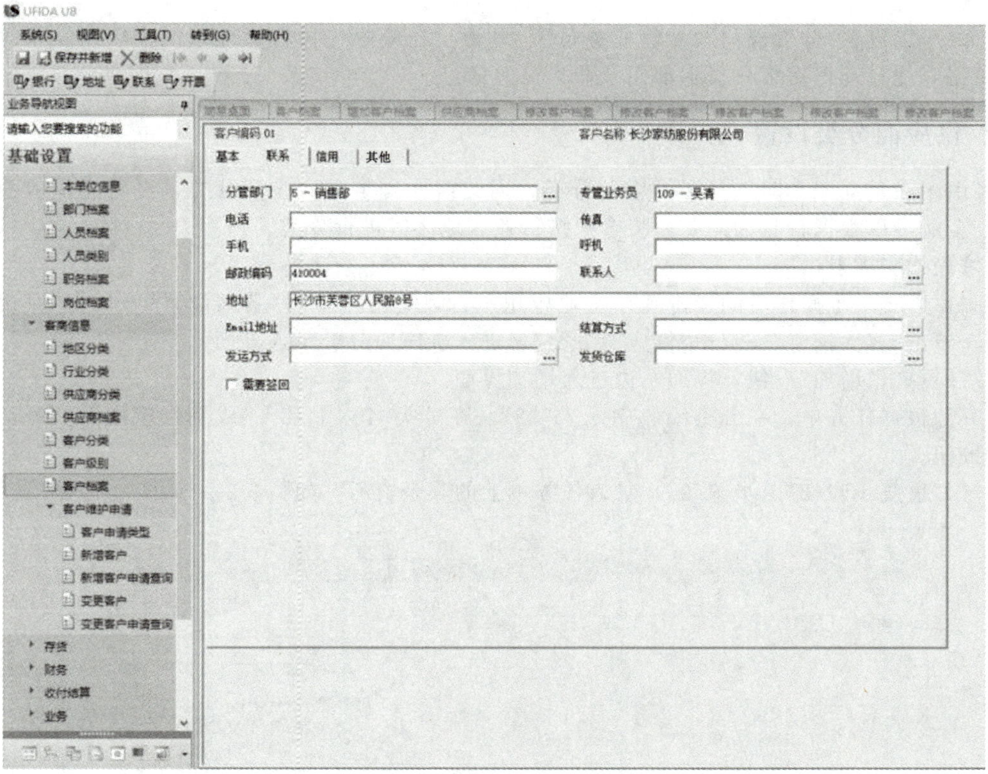

图 3-2-7 客户档案联系信息

（5）单击“信用”按钮，输入扣率“5”。

（6）单击“银行”按钮，打开“客户银行档案”界面，单击“增加”按钮，选择所属银行“中国工商银行”，开户银行“工行新星支行”，银行账号“78965432”，默认值“是”，单击“保存”按钮，如图 3-2-8 所示。

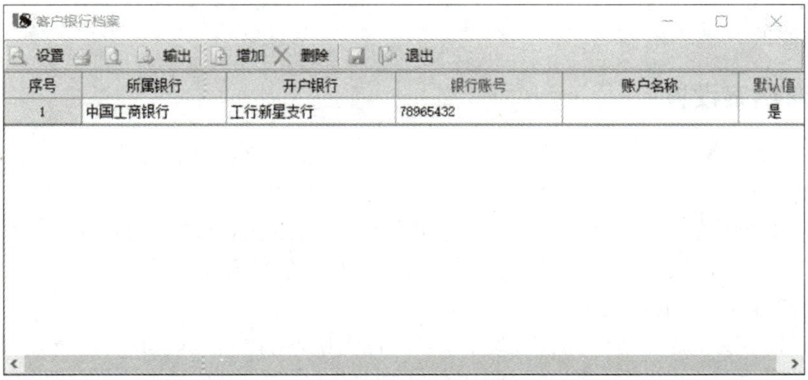

图 3-2-8 客户银行档案

（7）重复步骤（2）～（6），依次录入任务单上的其余资料。

（8）输入完成后，单击“退出”按钮，返回到“客户档案列表”界面，再单击“×”按钮，退出当前界面。

【注意】

之所以设置“分管部门”“专管业务员”，是为了在应收应付款管理系统中填制发票等原始单据时能自动根据客户显示部门及业务员的信息。

六、供应商分类设置

由于在建立账套时选择了供应商分类，因此需要先定义供应商分类，再建立供应商档案。企业可以根据自身的需要，将客户按行业、地区等进行分类。

【操作步骤】

(1)以 101 号操作员的身份登录企业应用平台，单击左下角“基础设置”→单击“基础档案”→单击“客商信息”→双击“供应商分类”，进入供应商分类录入界面。

(2)单击“增加”按钮，界面右边进入增加界面。

(3)根据任务单，在分类编码中录入“02”，在分类名称中录入“成品供应商”，单击“保存”按钮。

(4)重复步骤(2)、步骤(3)，录入任务单上的其余资料，如图 3-2-9 所示。

图 3-2-9　供应商分类

(5)输入完成后，单击“×”按钮，退出当前界面。

【注意】

(1)供应商是否分类应在建立账套时确定，此时不能修改；如果修改只能在未建立供应商档案的情况下，在系统管理中以修改账套的方式修改。

(2)如果在建账套时没有选择供供应商分类，那么系统在此处会自动建一个大类，并且不能删除和修改，也不能新增。

七、供应商档案设置

建立供应商档案主要是为企业采购管理、库存管理、应付款管理服务的。

【操作步骤】

(1)以 101 号操作员的身份登录企业应用平台，单击左下角“基础设置”→单击“基础档案”→单击“客商信息”→双击“供应商档案”，进入供应商档案录入界面。

(2)单击“增加”按钮，进入“增加”界面。

(3)根据任务单，在供应商编码录入“01”，在供应商名称录入“北方贸易有限公司”，在“供应商简称”一栏录入“北方贸易”，所属分类选择“01-原材料供应商”，在“税号”一栏录入“789456123369”，在“开户银行”一栏录入“中国建设银行朝阳支行”，在“银行账号”一栏录入“89000666”等相关信息，如图 3-2-10 所示。

(4)单击“联系”按钮，分管部门选择“3-采购部”，专管业务员选择“107-张小伟”，在“邮政编码”一栏 输入“100020”，在“地址”一栏输入“北京市朝阳区 9 号”，如图 3-2-11 所示。单击“保存并新增”按钮。

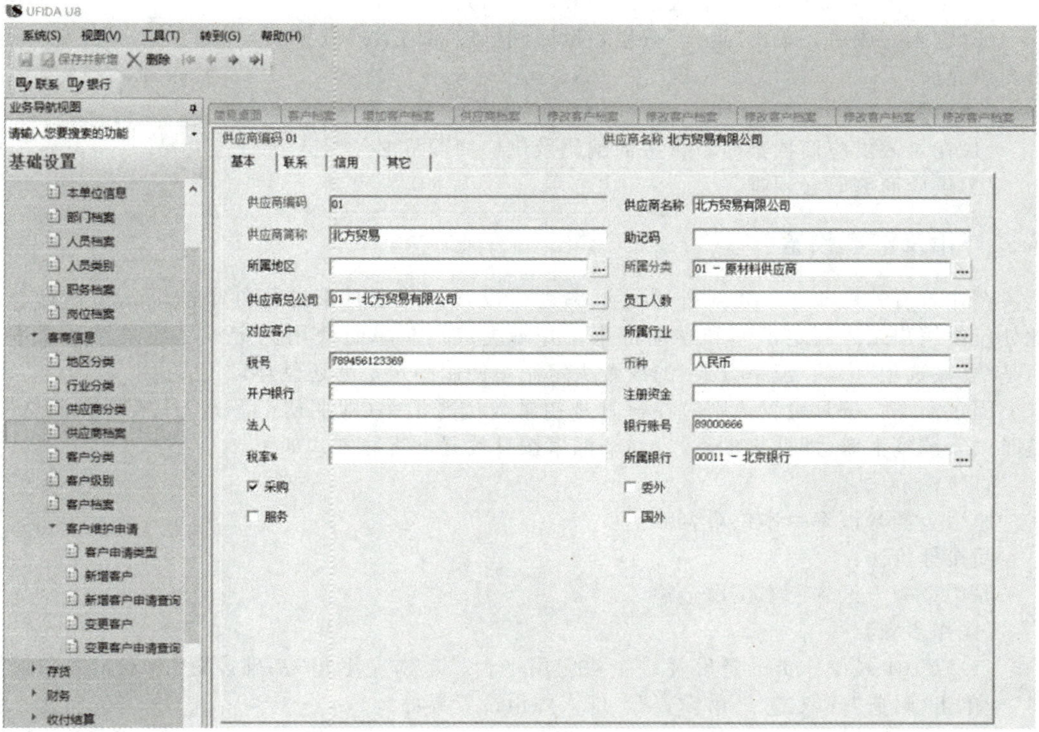

图 3-2-10 供应商档案基本信息设置

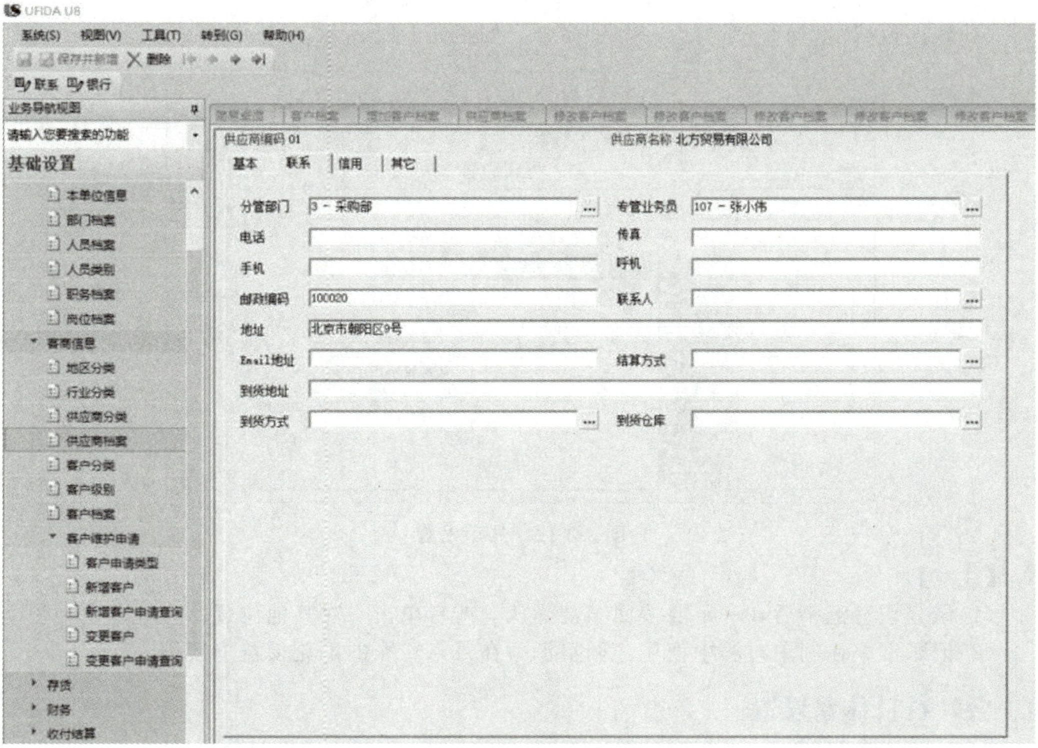

图 3-2-11 供应商档案联系信息设置

(5)重复步骤(2)～(4)，依次录入任务单上的其余资料。

(6)输入完成后，单击“退出”按钮，返回到供应商档案列表界面，再单击“×”按钮，退出当前界面。

【注意】

(1)在录入供应商档案时，供应商编码及供应商简称必须录入。

(2)供应商编码必须唯一。

八、外币及汇率设置

企业若有外币业务，要对外币及汇率进行设置，以便月末进行外币的汇兑损益计算。此处仅供用户录入固定汇率和浮动汇率，并不决定在制单时使用固定汇率还是浮动汇率，而是“总账选项”中的“汇率方式”的设置决定制单使用固定汇率还是浮动汇率。

固定汇率：按月设置，则应在每月月初录入记账汇率(即期初汇率)，月末计算汇兑损益时录入调整汇率(即期末汇率)。浮动汇率按日设置。折算方式如下。

直接标价法：

原币金额×汇率＝本位币金额

间接标价法：

原币金额÷汇率＝本位币金额

【操作步骤】

(1)以101号操作员的身份登录企业应用平台，单击左下角“基础设置”→双击“基础档案”→单击“财务”→双击“外币设置”，进入外币设置界面。

(2)单击工具栏中的“增加”按钮，根据任务单输入币符“USD”、币名“美元”，单击“确认”按钮。

(3)输入1月记账汇率“8.32500”后回车或单击其他位置。

(4)依次执行“增加”→“退出”→“是”命令，如图3-2-12所示。

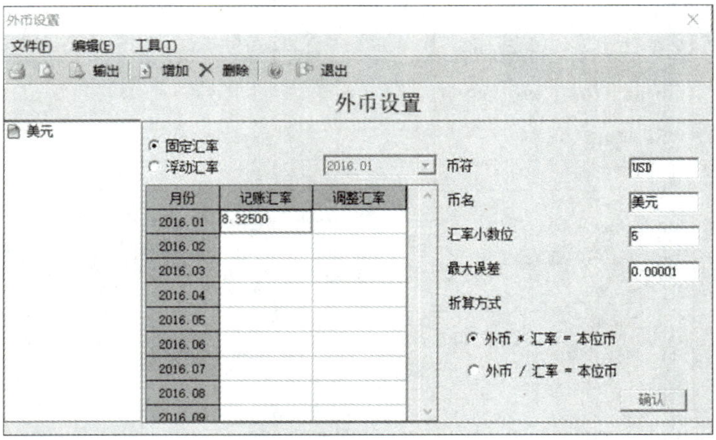

图3-2-12　外币设置

【注意】

(1)录完调整汇率后，一定要按回车键确认，或者单击一次其他位置。

(2)记账汇率在制单过程中使用，调整汇率在月末转账的汇兑损益中使用。

九、会计科目体系设置

会计科目是填制凭证、登记账簿和编制报表的基础。每个会计科目核算的经济内容是不同的，据此可将会计科目在行政事业中分为资产、负债、净资产、收入、支出五类，在企业中分为资产、负债、所有者权益、成本、损益五类。

1. 会计科目增加

由于在建立账套过程中选择了行业性质及按行业性质预置会计科目，系统提供了与之对应的会计科目表，但企业结合自身管理需要，还需增加明细会计科目。

增加会计科目必须由上级至下级逐级进行，即必须首先增加上级科目，只有在上级科目存在的情况下才能增加下级科目，否则系统会提示上级科目不存在。

会计科目的级别编码，完全按照在新建账套时所设各级会计科目编码的长度来设置，增加的会计科目编码长度及每段位数要符合编码规则，编码不能重复。

【操作步骤】

(1)以 101 号操作员的身份登录企业应用平台，单击左下角“基础设置”→双击“基础档案”→单击“财务”→双击“会计科目”，进入“会计科目管理”界面。

(2)单击工具栏中的“增加”按钮，打开“新增会计科目”界面。

(3)根据任务单，录入科目编码“100201”，科目名称“中国工商银行”，选择“日记账”“银行账”复选框。

(4)单击“确定”按钮，数据自动保存并变成“增加”按钮。

(5)根据任务单，重复步骤(3)、步骤(4)，继续增加其他科目。

(6)增加完毕，单击“关闭”按钮，退回到浏览状态。

【注意】

(1)科目编码必须从一级科目开始逐级增加，且必须唯一。

(2)账页格式用于定义该科目在账簿打印时的默认打印格式。

(3)助记码用于帮助记忆科目，在制单或查账时可以使用助记码快速输入科目。

(4)选择“外币核算”后，将启用该科目的外币核算功能，并需要设置币种，月末可进行汇兑损益结转。

(5)选择“数量核算”后，将记录该科目的数量信息，并需要输入数量的计量单位，如件、千克、吨等。

(6)汇总打印是指在打印输出时将该科目的金额汇总到指定科目进行打印。

(7)封存是指停用已使用的科目。

(8)科目性质(余额方向)是指科目默认的余额方向(借或贷)，下级科目和余额方向必须与一级科目的余额方向相同。在 UFO 报表中只能按默认余额方向取期初值和期末值。

(9)辅助核算包括客户往来、供应商往来、部门核算、个人往来、项目核算和自定义项。管理费用一般设置部门核算，生产成本一般设置项目核算，其他应收款一般设置个人往来，应收账款和应收票据、预收账款一般设置为客户往来，应付账款、应付票据、预付账款一般设置为供应商往来。

(10)设置日记账后，可以按日记账格式查询打印科目，指定现金、指定银行科目会自动选择日记账选项。

(11)设置银行账后，该科目具有银行对账功能，在制单时可录入结算方式、结算号和票据日期。

2. 修改会计科目

【操作步骤】

(1)以 101 号操作员的身份登录企业应用平台，单击左下角“基础设置”→双击“基础档案”→单击“财务”→双击“会计科目”，进入会计科目管理界面。

(2)单击工具栏中的“查找”按钮，打开查找界面。

(3)输入“库存现金”或“1001”，单击“确定”按钮，光标会自动调至查找的科目处。

(4)单击工具栏中的“修改”按钮，选择“日记账”复选框。

(5)单击“确定”按钮，保存修改数据。

(6)单击“返回”按钮，关闭修改界面。

(7)根据任务单，重复步骤(2)～(5)，继续修改其他科目。

(8)修改完毕，单击“关闭”按钮，退回到浏览状态。

【注意】

(1)只有未使用的科目编码才可以修改。

(2)科目编码一旦使用，将不能修改，但科目名称可以随时修改。

3. 删除会计科目

【操作步骤】

(1)以101号操作员的身份登录企业应用平台，单击左下角“基础设置”→双击“基础档案”→单击“财务”→双击“会计科目”，进入会计科目管理界面。

(2)单击工具栏中的“查找”按钮，打开查找界面。

(3)输入需要删除的科目，单击“确定”按钮，光标会自动调至查找的科目处。

(4)单击工具栏中的“删除”按钮，然后单击“确定”按钮。

【注意】

(1)删除科目从末级开始。

(2)已经使用的科目不能删除，包括已被指定的科目、已录入期初余额的科目、已制单的科目。

(3)对于会计科目，计算机通过科目代码进行识别，而科目名称对计算机来说没有任何意义。

4. 指定会计科目

指定会计科目是指定出纳的专管科目。指定科目的目的是让某些科目与相应的功能建立关联，即计算机并不知道每个科目的用途，通过指定操作，可以让计算机“认识”哪些科目是库存现金，哪些科目是银行存款。

【操作步骤】

(1)以101号操作员的身份登录企业应用平台，单击左下角“基础设置”→双击“基础档案”→单击“财务”→双击“会计科目”，进入“会计科目管理”界面。

(2)单击工具栏中的“编辑”→单击“指定科目”，打开“指定科目”界面。

(3)选择“现金科目”→单击“库存现金”→单击向右的箭头，将“库存现金”从待选科目移至已选科目。

(4)选择“银行科目”→单击“银行存款”→单击向右的箭头，将“银行存款”从待选科目移至已选科目。

(5)单击“确定”按钮，退出。

【注意】

(1)只有指定了现金和银行科目后，出纳才能签字，否则无法查到出纳凭证。

(2)只有指定了现金和银行科目后，才能查询现金日记账和银行日记账。

(3)指定现金后，相应科目自动具有“日记账”属性；指定银行后，相应科目自动具有“日记账”与“银行账”属性。

(4)指定现金时，只能将“1001”移到已选区，若将“1002”移去，指定银行时会找不到科目。

(5)被指定现金总账和银行存款总账的科目必须是一级科目。

十、存货设置

1. 设置存货分类

在企业应用平台“基础设置”选项卡中，执行“基础档案”→“存货”→“存货分类”命令。单击“增加”按钮打开“增加存货档案”设置窗口，按要求输入信息并保存。然后继续输入其他存货分类信息，如图 3-2-13 所示。

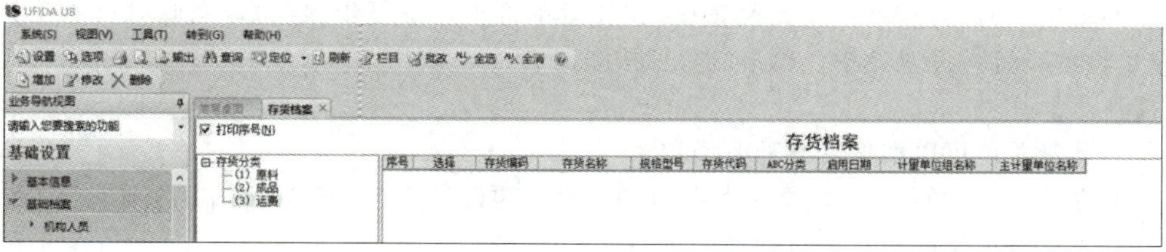

图 3-2-13　设置存货分类

2. 设置存货计量单位组

【操作步骤】

(1)在企业应用平台“基础设置”选项卡中，执行“基础档案”→“存货”→“计量单位”命令，打开“计量单位——计量单位组”设置窗口。

(2)单击“分组”按钮，打开“计量单位组”设置窗口，单击“增加”按钮，输入计量单位组编码“01”，输入计量单位组名称“自然单位”，选择计量单位组类别“无换算率”，设置完毕，单击“保存”按钮。输入计量单位组编码“02”，输入计量单位组名称“支与盒”，选择计量单位组类别“固定换算率”，设置完毕，单击“保存”按钮。全部设置完毕，单击“退出”按钮，返回计量单位设置窗口，如图 3-2-14 所示。

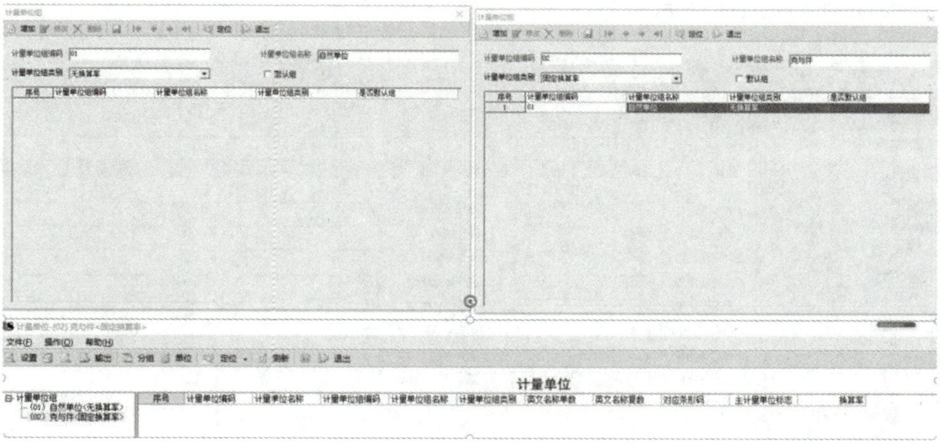

图 3-2-14　设置存货计量单位组

3. 设置存货计量单位

【操作步骤】

(1)在企业应用平台“基础设置”选项卡中，执行“基础档案→“存货→“计量单位”命令，打开“计量单位-(02)支与盒＜固定换算率＞”窗口，单击“单位”按钮，打开“计量单位”窗口，单击“增加”按钮，输入主计量单位编码“0201”，输入主计量单位名称“支”，单击“主计量单位标志”前单选框，单击“保存”按钮；继续输入辅计量单位编码“0202”，输入辅计量单位名称“盒”，输入换算率“100”，输入完毕，单击“保存”按钮，单击“退出”按钮退出，如图 3-2-15 所示。

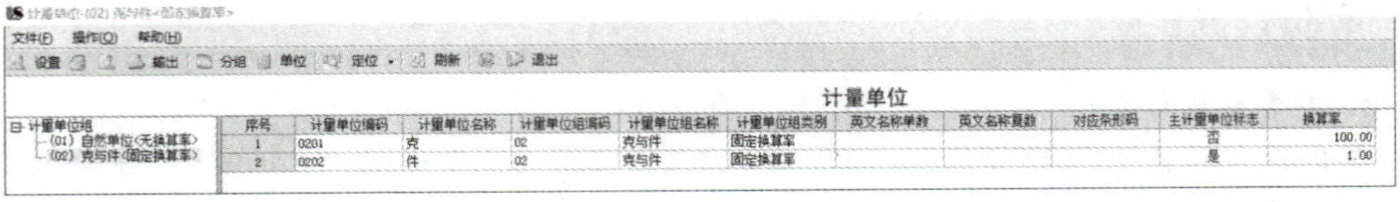

图 3-2-15　设置存货计量单位

(2)单击“(01)自然单位＜无换算率＞”计量单位组，重复步骤(1)，完成对自然单位组计量单位的设置。设置完毕，单击“退出”按钮。

【注意】

(1)计量单位可以根据需要随时增加。

(2)在设置计量单位时，必须先设置计量单位组，再设置各个计量单位组中的具体计量单位。

(3)主计量单位的换算率自动设置为1。

(4)主计量单位标志：只有对末级计量单位才能设置主计量单位标志，对应每一个计量单位组必须且只能设置一个主计量单位；系统自动将该组下增加的第一个计量单位设置为主计量单位。

4. 设置存货档案信息

【操作步骤】

(1)在企业应用平台“基础设置”选项卡中，执行“基础档案→“存货→“存货档案”命令，打开“存货档案”设置窗口。

(2)单击“增加”按钮，打开“增加存货档案”窗口，输入存货编码“01”，输入存货名称“棉”，选择计量单位组“02”，选择存货属性“外购、生产耗用”，输入设置存货档案的相关信息设置，设置完毕，单击“保存并新增”按钮，完成对其他存货档案的设置。

(1)(2)操作如图3-2-16所示。

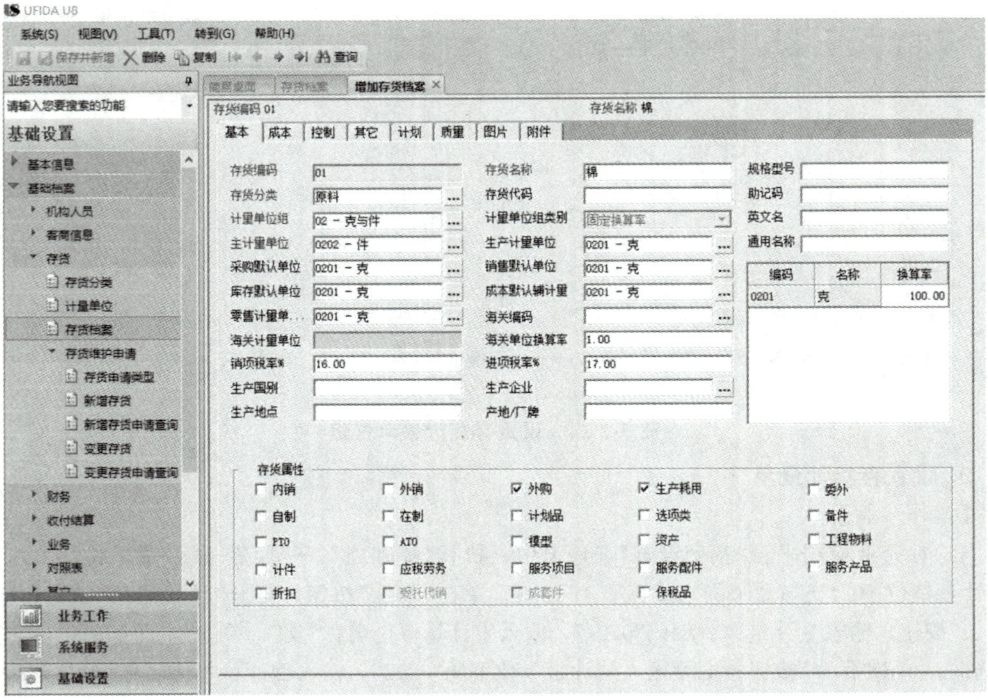

图 3-2-16　设置存货档案信息

设置完毕，单击“退出”按钮，返回到“存货档案”设置窗口，可以看到设置的存货档案显示在右边列表框中，如图 3-2-17 所示。继续设置其他信息。

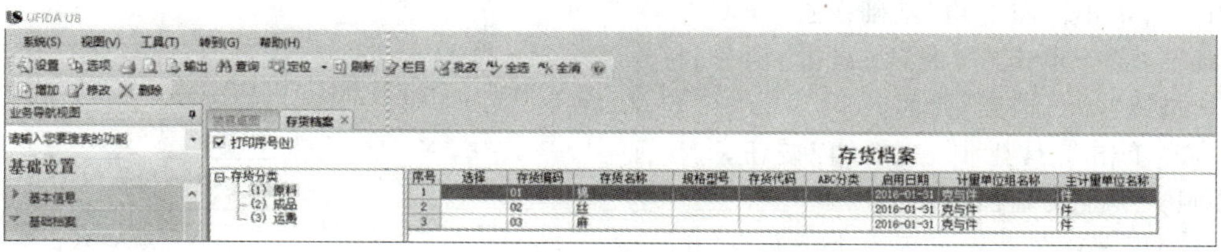

图 3-2-17　存货档案

十一、记账凭证类别设置

单位为了便于管理或登账方便，一般对记账凭证进行分类编制。

【操作步骤】

(1)以 101 号操作员的身份登录系统。选择 216 账套，操作日期为“2016-01-01”，单击“确定”按钮，进入企业应用平台。

(2)依次执行“基础设置”→“基础档案”→“财务”→“凭证类别”命令，进入“凭证类别管理”界面。

(3)根据任务单，选择“收付转”分类方式，然后单击“确定”按钮，进入“凭证类别”界面。

(4)单击工具栏中的“修改”→双击第一行的“限制类型”，选择“借方必有”→在限制科目中输入或参照录入“1001、100201、100202”，根据任务单依次录入第二行与第三行→“退出”。

【注意】

(1)限制科目“1001，100201，100202”中的数字和逗号都是半角符号。

(2)不小心增加了空行时，退出的方法是按 Esc 键两次。

(3)已使用的凭证类别不能删除，也不能修改类别字。

(4)若限制科目为非末级科目，则在制单时，其所有下级科目都将受到同样的限制。例如，若分类如上所设，且 101 科目下有 10101、10102 两个下级科目，那么，在填制转账凭证时，将不能使用 10101、10102 及 102 下的所有科目。

(5)表格右侧的上下箭头按钮可以调整凭证类别的前后顺序，它将决定明细账中凭证的排列顺序。例如，如果凭证类别设置中凭证类别的排列顺序为收、付、转，那么，在查询明细账、日记账时，同一日的凭证将按照收、付、转的顺序进行排列。

十二、项目目录设置

企业在处理实际业务时会对多种类型的项目进行核算和管理，如在建工程、对外投资、技术改造项目、项目成本管理、合同等。因此，可以将具有相同特性的一类项目定义成一个项目大类。一个项目大类可以核算多个项目，为了便于管理，还可以对这些项目进行分类管理。也可以将存货、成本对象、现金流量、项目成本等作为核算的项目分类。

使用项目核算与管理的首要步骤是设置项目档案，项目档案设置包括增加或修改项目大类，定义项目核算科目、项目分类、项目栏目结构，并进行项目目录的维护。

1. 定义项目大类

项目目录的操作流程如图 3-2-18 所示。

【操作步骤】

(1)以 101 号操作员的身份登录企业应用平台，单击左下角“基础设置”→双击“基础档案”→单击“财务”→双击“项目目录”，进入“项目档案”界面。

(2)单击工具栏中的“增加”按钮，打开项目大类定义增加界面。

(3)根据任务单输入项目大类名称“生产成本”，并选择“普通项目”；单击“下一步”按钮，进入修改项目级次界面；单击“下一步”按钮，进入“定义项目栏目”界面；单击“完成”按钮，完成项目大类的定义，回到“项目档案”界面。

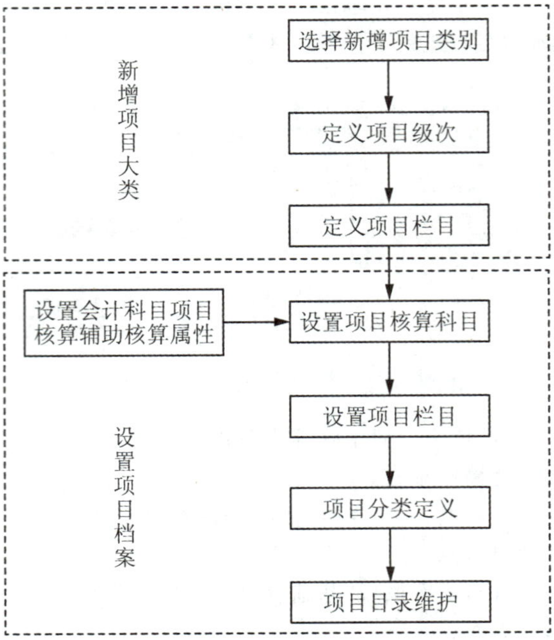

图 3-2-18　项目目录操作流程

【注意】

(1)系统提供 5 个可选项：普通项目、成本对象、项目管理、存货核算、现金流量项目。普通项目是可以自由定义的项目，是一个通用型的项目。其他几个类型的项目是专用型的项目，它会按项目内容自动增加项目栏目或者增加项目目录，有一定的使用条件限制。

(2)项目级次是指项目分类编码的长度，后面的项目分类编码必须符合此处定义的编码规则。

(3)定义项目栏目的本质是定义表结构，即定义项目的属性，相当于数据库表的字段。

2. 设置项目核算科目

设置项目大类与科目的关系，即什么科目使用哪个项目。

【操作步骤】

(1)选择“核算科目”页签——右上角选择项目大类“生产成本”。

(2)将左边的“直接材料”“直接人工”“制造费用”“折旧费”“其他”等几个明细科目从待选科目区全部移到已选科目区；单击“确定”按钮保存。

【注意】

此处操作要注意防范两种错误的发生，一种是没有修改项目大类，错将科目关联到现金流量项目；一种是设置好科目后，没有单击“确定”按钮保存数据。若错将科目关联至其他项目，需要将科目移回到待选科目，单击“确定”按钮后，重新设置。

3. 项目分类定义

此处用于定义项目目录的分类。

【操作步骤】

(1)选择“核算科目”页签——右上角选择项目大类“生产成本”。

(2)单击左下角“增加”按钮，在分类编码中录入“1”；在分类名称中录入“饼”；单击空格键，单击“确定”按钮保存。

(3)重复操作步骤(2)，完成其他分类数据的录入。

【注意】

(1)分类编码必须符合编码规则。编码规则在定义项目大类时录入，可以通过修改项目大类进行修改，已使用的规则不能修改。

(2)在录入时，一定确保右上角项目大类是“生产成本”。在录入编码和名称后，要单击“确定”按钮才能保存数据，单击“增加”按钮不能保存数据。录入完成后，左边没有出现录入的数据，说明操作错误，若没有录入成功则需要重新录入。

4. 定义项目目录

此处用于录入具体的项目明细。

【操作步骤】

(1)选择“项目目录”页签——右上角选择项目大类“生产成本”。

(2)单击右下角“维护”按钮，进入“项目目录维护”界面。

(3)单击工具栏中的“增加”按钮，在项目编码中录入“101”，在项目名称中录入“雪饼”，在所属分类码中选择“1”，回车后，自动增加一空行，依次录入其他内容。

(4)单击工具栏中的“退出”按钮，返回到上一界面。

【注意】

“是否结算”是指是否已结算完成，在新增时无须选择。

十三、结算方式设置

企业与银行的业务往来需要很多票据作为联系方式，如支票。为了方便银行对账，在制单过程中，需要记录这些结算方式。因此，在使用结算方式前，需要进行结算方式的定义。其功能就是用来建立和管理用户在经营活动中所涉及的结算方式。

【操作步骤】

(1)以操作员 101 的身份登录系统。选择“216 账套”，操作日期为“2016-01-01”，单击“确定”按钮，进入企业应用平台。

(2)依次执行“基础设置”→“基础档案”→“收付结算”→“结算方式”命令，进入“结算方式录入”界面。

(3)单击工具栏中的“增加”按钮，界面右边进入增加状态。

(4)根据任务单，在结算方式编码中录入“1”，在结算方式名称中录入“现金”，取消“是否票据管理”复选框。

(5)单击工具栏中的“保存”按钮，保存当前记录。

(6)重复步骤(2)～(5)，依次录入任务单上的其他数据。

【注意】

(1)注意编码规则是否有误，结算方式编码必须符合编码规则。

(2)票据管理要与总账选项中的支票控制配合使用，启用票据管理的结算方式将参与支票控制。

(3)对应票据类型不用填写。

十四、本单位开户银行设置

【操作步骤】

(1)在企业应用平台“基础设置”选项卡中，执行“基础档案→“收付结算→“本单位开户银行”命令，打开“本单位开户银行”设置窗口。

(2)单击“增加”按钮，打开“增加本单位开户银行”设置窗口，如图 3-2-19 所示。输入本单位开户行的各项档案资料，录入完成后，单击“保存”按钮，即完成“增加本单位开户银行”操作。单击“退出”按钮，系统提示“是否保存对当前档案的编辑”，单击“否”按钮，退出

“增加本单位开户行”窗口。

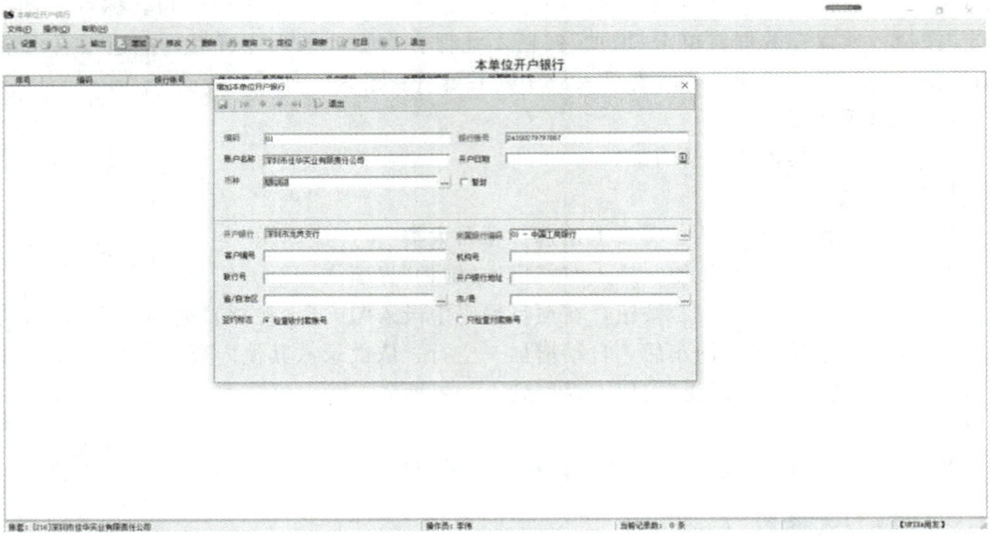

图 3-2-19　设置本单位开户银行

十五、设置单据

1. 删除销售管理系统中销售专用发票、销售普通发票的“销售类型”项目

(1)在企业应用平台“基础设置”选项卡中，执行“单据设置→“单据格式设置”命令，打开“单据格式设置”窗口。

(2)执行“销售管理→“销售专用发票→“显示→“销售专用发票显示模板”命令，单击表头部分的“销售类型”，单击“删除”按钮，系统提示“是否删除当前选择项目”，单击“是”按钮，单击“保存”按钮。

(3)重复步骤(2)，删除销售普通发票的“销售类型”项目。修改完毕后，单击“退出”按钮，退出单据格式设置窗口，如图 3-2-20 所示。

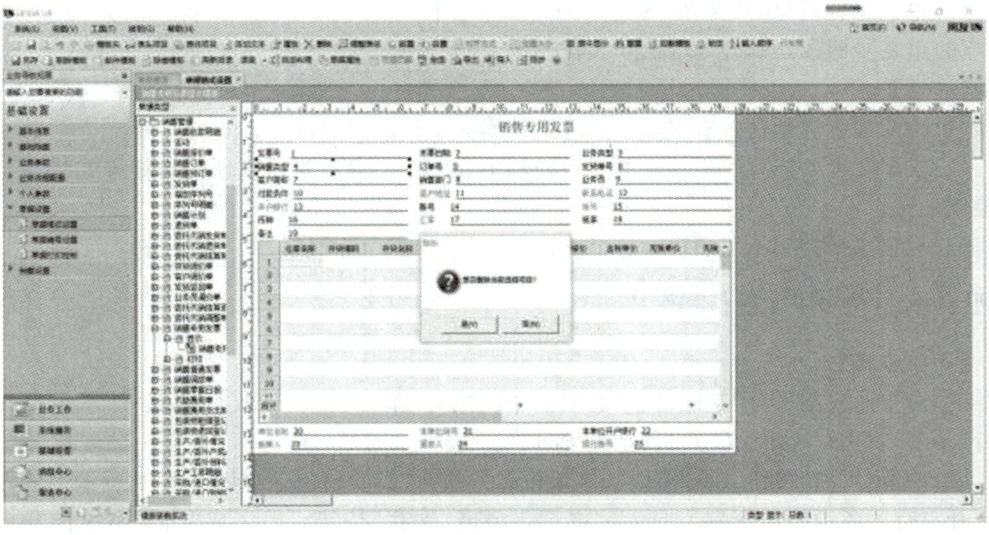

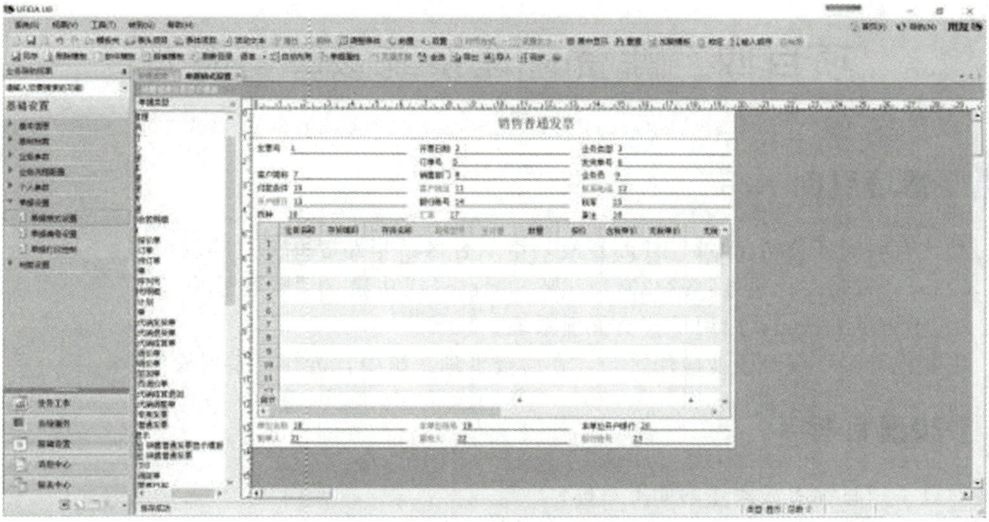

图 3-2-20 “单据格式设置”窗口

2. 设置单据编号

(1)在企业应用平台“基础设置”选项卡中，执行“单据设置”→“单据编号设置”命令，打开“单据编号设置”窗口。

(2)系统默认为“编号设置”选项卡界面，执行“单据类型”→“销售管理”→“销售专用发票”命令，单击 修改按钮，单击“手工改动，重号时自动重取”项前的复选框，单击“保存”按钮，如图 3-2-21 所示。

(3)重复步骤(2)，修改“销售普通发票”“采购专用发票”“采购普通发票”“采购运费发票”的单据编号为“手工改动，重号时自动重取”。设置完毕后，单击“退出”按钮，返回“基础设置”窗口。

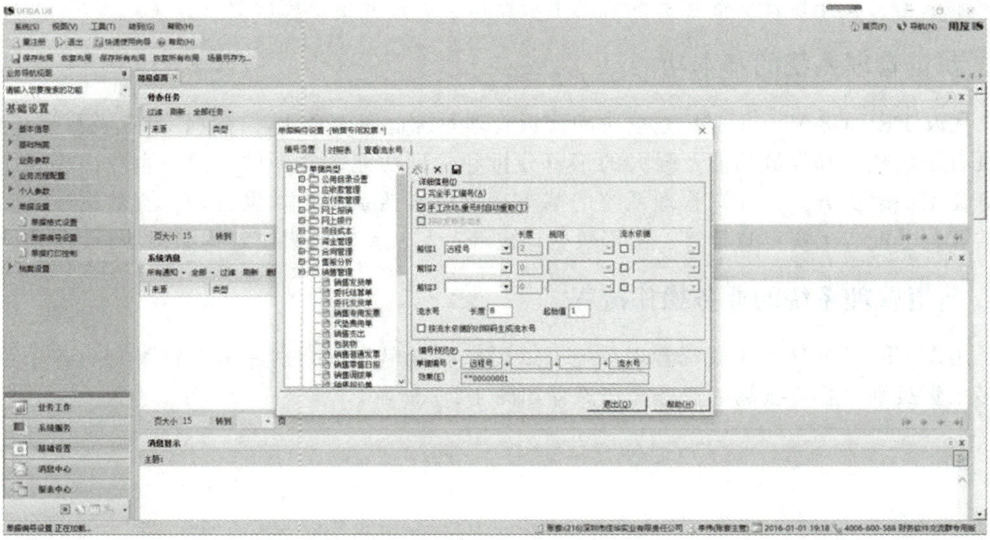

图 3-2-21 设置单据编号

项目四　薪资管理系统核算与管理

情境引例

利达有限责任公司(地址：江苏省南京市六合区新华路350号；邮政编码：210048；电话：025－43125895；税号：923201132647200)已经成功建立了账套号为“777”的公司账套，从2019年3月1日起，启用了薪资管理系统。

账套主管张平登录企业应用平台，在薪资管理系统中，进行一系列操作。

知识目标

通过本项目学习需要达到如下目标：

1. 了解用友ERP-U8 V10.1薪资管理系统的基本功能；
2. 熟悉薪资管理系统的业务流程；
3. 掌握薪资管理系统基础设置的内容和方法；
4. 掌握薪资管理系统初始设置的主要内容；
5. 掌握日常职工薪资业务处理的内容和方法；
6. 掌握薪资管理系统期末结账的方法。

任务实施

任务一　认知薪资管理系统

本任务主要介绍薪资管理系统的基本功能以及薪资管理系统的业务操作流程。

一、薪资管理系统的基本功能

用友ERP-U8 V10.1应用系统中的薪资管理系统适用于企业，行政、事业及科研单位，它具有工资核算和发放功能及强大的工资分析和管理功能，并提供了同一企业内多种工资核算类型的解决方案。薪资管理系统的基本功能应包括系统初始设置、工资数据输入、工资结算与分配、工资汇总计算、工资数据输出等。其基本功能模块结构如图4-1-1所示。

二、薪资管理系统的业务操作流程

用友ERP-U8 V10.1薪资管理系统可以用来设置单工资类别和多工资类别，若企业选择多工资类别，薪资核算的业务操作流程如图4-1-2所示。

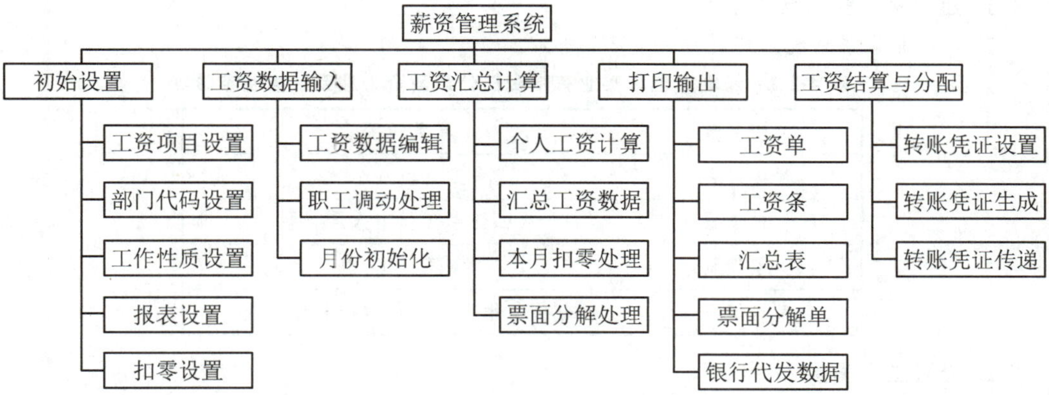

图 4-1-1　薪资管理系统的功能结构

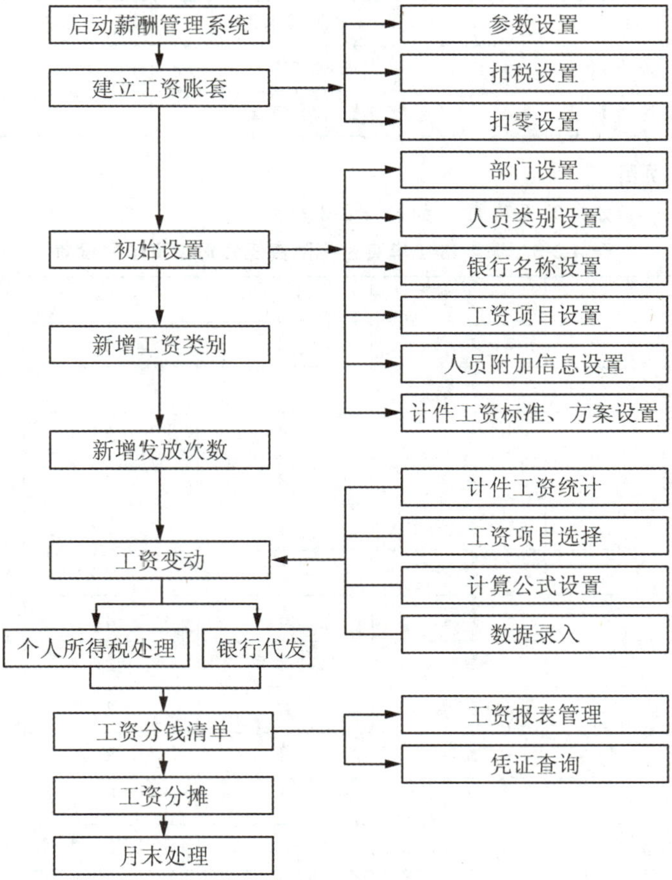

图 4-1-2　多工资类别核算管理的业务操作流程

任务二　薪资管理系统初始化设置

本任务将进行如下操作。

1. 建立薪资管理系统账套

建立薪资管理系统账套，如表 4-2-1 所示。

表 4-2-1　深圳市佳华实业有限责任公司薪资管理系统控制参数

控制参数	参数设置
参数设置	多工资类别个数
扣税设置	从工资中代扣个人所得税
扣零设置	不扣零
人员编码	与公共平台的人员编码长度一致

2. 设置工资类别

深圳市佳华实业有限责任公司工资类别设置如表 4-2-2 所示。

表 4-2-2　深圳市佳华实业有限责任公司工资类别设置

工资类别名称	类别人员所属部门	工资类别的启用日期
正式员工工资类别	全部部门	2019-01-01
临时员工工资类别	生产一部、生产二部	2019-01-01

3. 设置工资项目

关闭工资类别，设置工资项目，如表 4-2-3 所示。

表 4-2-3　深圳市佳华实业有限责任公司工资项目设置

工资项目名称	类型	长度	小数	增减项
基本工资	数字	8	2	增项
岗位工资	数字	8	2	增项
交补	数字	8	2	增项
医疗保险	数字	8	2	减项
工伤保险	数字	8	2	减项
生育保险	数字	8	2	减项
养老保险	数字	8	2	减项
失业保险	数字	8	2	减项
住房公积金	数字	8	2	减项
缺勤扣款	数字	8	2	减项
缺勤天数	数字	8	2	其他
计提工资费用基数	数字	8	2	其他
“五险一金”计提基数	数字	8	2	其他
个人所得税计提基数	数字	8	2	其他

4. 增加“正式员工工资类别”人员档案

批量增加“正式员工工资类别”各部门人员档案并输入个人银行账号，如表 4-2-4 所示。

表 4-2-4　深圳市佳华实业有限责任公司"正式员工工资类别"各部门人员档案

人员编号	人员姓名	性别	行政部门	人员类别	银行账号
001	陈强	男	综合管理部	企业管理人员	02000300001
002	徐冰	女	综合管理部	企业管理人员	02000300002
003	李晶	女	财务部	企业管理人员	02000300003
004	王一红	女	财务部	企业管理人员	02000300004
005	张明	男	采购部	采购人员	02000300005
006	黄平	男	采购部	采购人员	02000300006
007	章立	男	销售部	营销人虽	02000300007
008	吴立行	男	销售部	营销人员	02000300008
009	赵兵	男	生产一部	车间管理人员	02000300009
010	张恒	男	生产一部	生产人员	02000300010
011	王一菲	女	生产二部	车间管理人员	02000300011
012	何原	男	生产二部	生产人员	02000300012
013	倪展鹏	男	仓管部	企业管理人员	02000300013

5. 设置"正式员工工资类别"的工资项目

设置"正式员工工资类别"的工资项目，如表 4-2-5 所示。

表 4-2-5　深圳市佳华实业有限责任公司"正式员工工资类别"工资项目

工资项目名称	类型	长度	小数	增减项
基本工资	数字	8	2	增项
岗位工资	数字	8	2	增项
交补	数字	8	2	增项
医疗保险	数字	8	2	减项
工伤保险	数字	8	2	减项
生育保险	数字	8	2	减项
养老保险	数字	8	2	减项
失业保险	数字	8	2	减项
住房公积金	数字	8	2	减项
缺勤扣款	数字	8	2	减项
缺勤天数	数字	8	2	其他
计提工资费用基数	数字	8	2	其他
"五险一金"计提基数	数字	8	2	其他
个人所得税计提基数	数字	8	2	其他

6. 设置"正式员工工资类别"工资项目的计算公式

设置"正式员工工资类别"工资项目的计算公式，如表 4-2-6 所示。易友有限责任公司规定：采购人员和营销人员的交通补贴为 400 元，其他人员的交通补贴为 200 元；医疗保险按“五险一金计提基数”的2%计算；养老保险按“五险一金计提基数”的8%计算；失业保险按“五险一金计提基数”的0.2%计算；住房公积金按“五险一金计提基数”的12%计算；缺勤扣款按(基本工资/30)×缺勤天数×60%计算；个人所得税计提基数按基本工资、岗位工资、交补三项之和扣除养老保险、医疗保险、失业保险和住房公积金计算；计提工资费用基数按基本工资、岗位工资、交补三项之和扣除缺勤扣款计算。各工资项目的计算公式如表4-2-6所示。

表4-2-6　深圳市佳华实业有限责任公司“正式员工工资类别”工资项目计算公式

工资项目	定义公式
文补	iff(人员类别="采购人员"or 人员类别="营销人员"，400，200)
医疗保险	五险一金计提基数×0.02
养老保险	五险一金计提基数×0.08
失业保险	五险一金计提基数×0.002
住房公积金	五险一金计提基数×0.12
五险一金计提基数	基本工资+岗位工资+交补
缺勤扣款	(基本工资/30)×缺勤天数×0.6
个人所得税计提基数	基本工资+岗位工资+交补-缺勤扣款-养老保险-医疗保险-失业保险-住房公积金
计提工资费用基数	基本工资+岗位工资+交补-缺勤扣款

7. 设置“正式员工工资类别”扣缴个人所得税计税基数

设置“正式员工工资类别”扣缴个人所得税计税基数。个人所得税申报表中“收入额合计”项对应的项目为“个人所得税计提基数”。

相关知识

一、薪资管理系统的工资类别

不同企业管理模式不同，工资核算也存在不同的模式，因此用友ERP-U8 V10.1薪资管理系统提供单类别工资核算和多类别工资核算两种应用方案。

(1)单类别工资核算。如果企业中所有员工的工资发放项目相同、工资计算方法也相同，可以对全部员工进行统一工资核算，对应地选用系统提供的单类别工资应用方案。

(2)多类别工资核算。如果企业存在下列情况之一，则需要选用系统提供的多类别工资应用方案。① 企业中存在不同类别的人员，不同类别的人员工资发放项目不同，计算公式也不相同，但需要进行统一工资核算管理。例如，企业需要分别对在职人员、退休人员、离休人员进行工资核算，或者企业需要将临时工同正式职工区分开来，分别进行核算等。② 企业每月进行多次工资发放，月末需要进行统一核算。例如，企业采用周薪制或工资和奖金分次发放。③ 企业在不同地区设有分支机构，而工资核算由总部统一管理。④ 工资发放时使用多种货币，如人民币、美元等。

二、工资账套、工资类别、人员类别概念的比较

工资账套、工资类别、人员类别是3个容易混淆的概念。工资账套是用来进行工资管

理的系统。一个核算账套下只能建立一个工资账套；工资类别是按工资项目的不同而设置的工资数据管理类别，一个工资账套下可设置多个工资类别；人员类别是按工资分配政策或核算中计入会计科目的不同而对人员进行的分类，人员类别与工资费用的分配、分摊有关。设置人员类别便于进行工资的分类汇总计算。

具体操作

一、建立薪资管理系统账套

第一步：在企业应用平台“业务工作”选项卡下，执行“人力资源”“薪资管理”命令，打开“建立工资套”引导窗口，如图 4-2-1 所示。

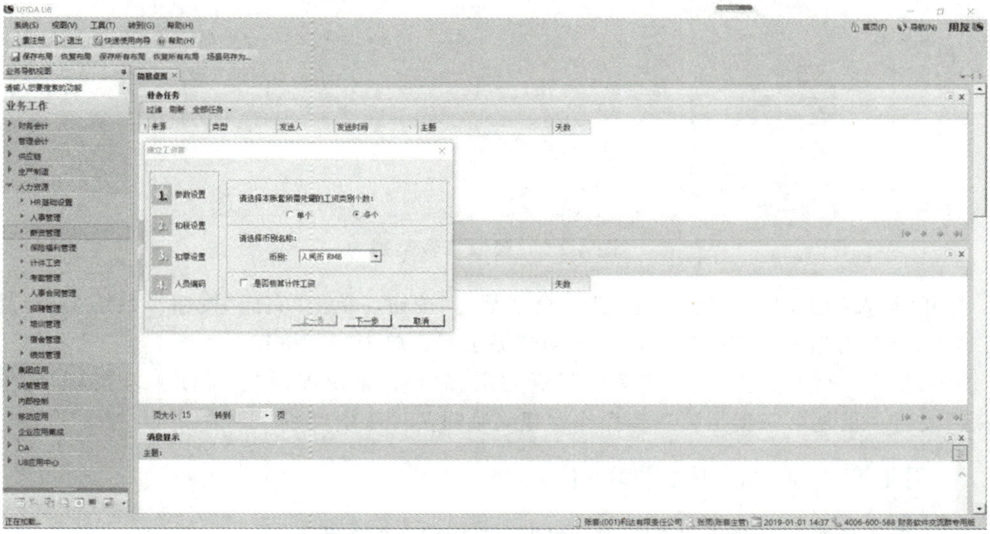

图 4-2-1　建立工资套

第二步：首先进行“参数设置”，单击选中工资类别个数“多个”前的单选框，单击“下一步”按钮。

第三步：打开“扣税设置”窗口，单击选中“是否从工资中代扣个人所得税”前的复选框，单击“下一步”按钮。

第四步：打开“扣零设置”窗口，系统默认为不扣零，单击“下一步”按钮。

第五步：打开“人员编码”窗口，系统弹出“本系统要求您对员工进行统一编号，人员编码同公共平台的人员编码保持一致。”提示框，单击“完成”按钮。

【操作提示】

(1)薪资管理系统可以建立 999 套工资账套。

(2)建账完毕后，部分建账参数可以在“选项”中进行修改。对于多类别工资的账套，必须在建立工资类别后且打开工资类别的状态下，才能对建账参数进行修改。

(3)只有主管人员才能修改工资参数。

二、建立工资类别

第一步：在薪资管理系统中，执行“工资类别”→“新建工资类别”命令，打开“新建工资类别”窗口。

第二步：输入工资类别名称“正式员工工资类别”，单击“下一步”按钮，如图 4-2-2 所示。

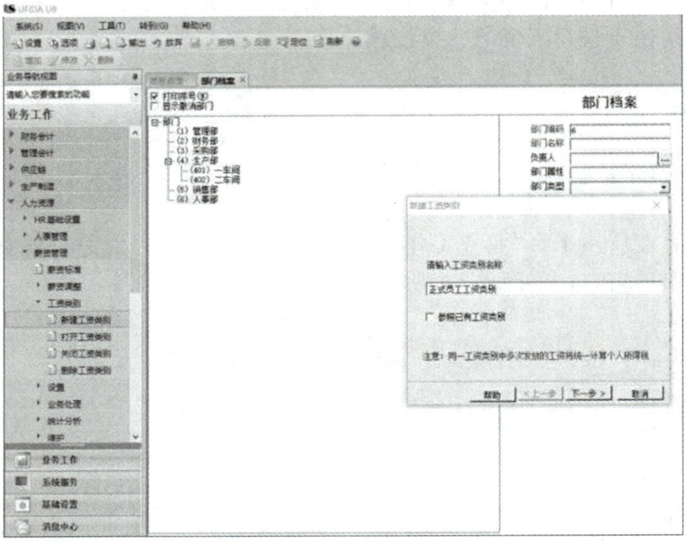

图 4-2-2　建立工资类别

打开“请选择部门”窗口，单击“选定全部部门”按钮，单击“完成”按钮。系统弹出“是否以 2019-01-01 为当前工资类别的启用日期?”提示框，单击“是”按钮。

第三步：执行“工资类别”→“关闭工资类别”命令，系统提示“已关闭工资类别”，单击“确定”按钮。重复第一步至第三步操作，建立临时员工工资类别。

三、关闭工资类别，设置工资项目

第一步：在薪资管理系统中，执行“工资类别”→“关闭工资类别”命令，系统提示“已关闭工资类别”，单击“确定”按钮，如图 4-2-3 所示。

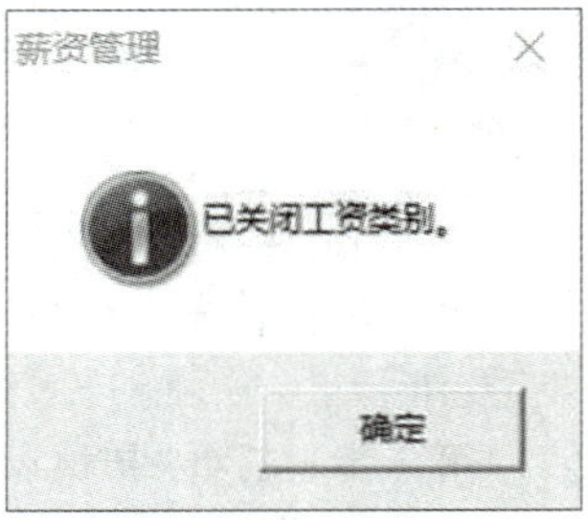

图 4-2-3　设置工资项目

第二步：执行“设置”→“工资项目设置”命令，打开“工资项目设置”窗口，工资项目列表中显示系统提供的固定工资项目。

第三步：单击“增加”按钮，从“名称参照”中选择或直接输入工资项目名称，并设置新建工资项目的类型、长度、小数位数和工资增减项。增项直接计入应发合计，减项直接计入扣款合计，若工资项目类型为字符型，则小数位不可用，增减项为“其他”。单击“确定”按钮，系统弹出“工资项目已经改变，请确认各工资类别的公式是否正确，否则计算结果可能不准确。”提示框，单击“确定”按钮。

【操作提示】

(1)设置工资项目就是定义工资项目的名称、类型、宽度。

(2)薪资管理系统提供了一些固定项目，包括“应发合计”“扣款合计”“实发合计”工资项目。在建立工资套时，如果选择了扣零处理，则会增加“本月扣零”和“上月扣零”两个工资项目；如果选择了扣税处理，则会增加“代扣税”工资项目；这些也都属于固定项目，不能修改或删除。

(3)在关闭工资类别的状态下，执行“设置”→“工资项目设置”命令，可以进行所有工资类别全部工资项目的设置；在打开某个工资类别的状态下，执行“设置”→“工资项目设置”命令，只能从已设置的全部工资项目中选择当前工资类别所需的工资项目。

(4)如果所需要的工资项目不存在，则需要关闭本工资类别，然后新增工资项目，再打开此工资类别进行选择。

(5)不能删除已输入数据的工资项目和已设置计算公式的工资项目。

四、批量增加“正式员工工资类别”各部门人员档案并输入个人银行账号

第一步：在薪资管理系统中，执行“工资类别”→“打开工资类别”命令，打开“打开工资类别”窗口，选择“001 正式员工工资类别”，单击“确定”按钮，如图 4-2-4 所示。

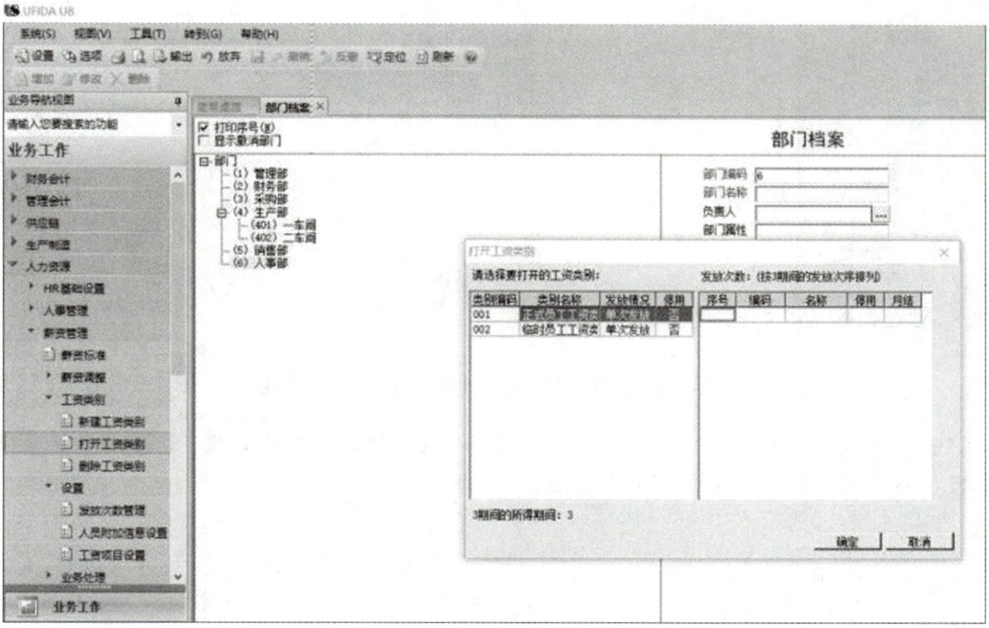

图 4-2-4　批量设置人员档案

第二步：执行“设置”→“人员档案”命令，打开“人员档案”窗口，单击“批增”按钮，打开“人员批量增加”窗口，单击“查询”按钮，系统显示该类别下员工档案，单击“确定”按钮。

第三步：返回“人员档案”窗口，看到所设置的各部门人员档案，双击第一条记录，打开“人员档案明细”窗口，选择银行名称为“交行康复路支行”，输入银行账号“02000300001”，单击“确定”按钮，系统弹出“写入该人员档案信息吗?”提示框，单击“确定”按钮。系统自动列出下一位职员档案。

第四步：重复第三步的操作，完成其他人员档案中银行名称及银行账号信息的设置。

【操作提示】

(1)在增加人员档案时，“停发”“调出”和“数据档案”不可选，在修改状态下才能编辑。

(2)在人员档案对话框中，可以单击“数据档案”按钮，录入薪资数据。如果个别人员档案需要修改，在人员档案对话框中可以直接修改。如果一批人员的某个薪资项目同时需要修改，可以利用数据替换功能，将符合条件人员的某个薪资项目的内容统一替换为某个数据。若被替换的薪资项目已设置了计算公式，则在重新计算时以计算公式为准。

五、设置"正式员工工资类别"的工资项目

第一步：在薪资管理系统中，执行"工资类别"→"打开工资类别"命令，打开"打开工资类别"窗口，选择"001 正式员工工资类别"，单击"确定"按钮，如图 4-2-5 所示。

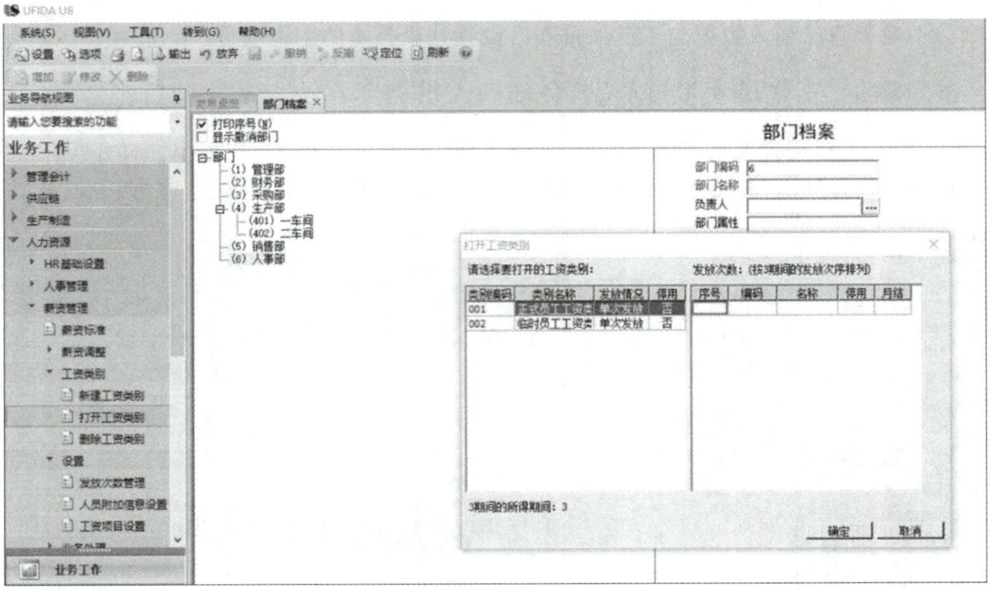

图 4-2-5　设置"正式员工工资类别"的工资项目

第二步：执行"设置"→"工资项目设置"命令，打开"工资项目设置"窗口，工资项目列表中显示系统提供的固定工资项目，如图 4-2-6 所示。

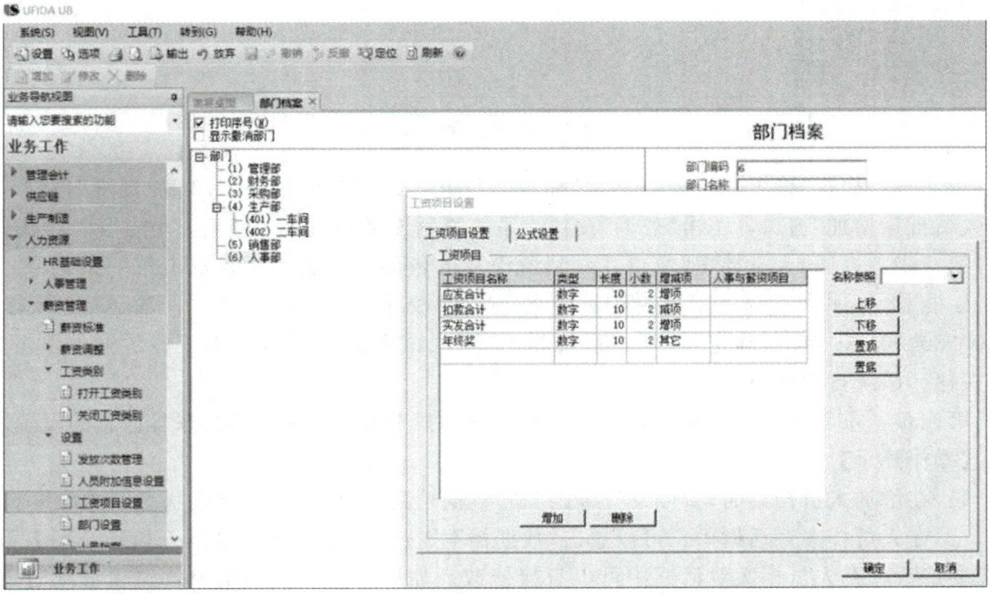

图 4-2-6　固定工资项目

第三步：单击"增加"按钮，从"名称参照"中选择各工资项目名称，全部设置完毕后，

单击“确定”按钮。

六、设置“正式员工工资类别”工资项目的计算公式

第一步：在薪资管理系统中，执行“工资类别”→“打开工资类别”命令，打开“打开工资类别”窗口，选择“001 正式员工工资类别”，单击“确定”按钮。

第二步：执行“设置”→“工资项目设置”命令，打开“工资项目设置”对话框。

第三步：单击“公式设置”选项卡，单击“增加”按钮，从工资项目下拉列表中选择“交补”，单击“函数公式向导输入…”按钮，打开“ 函数向导——步骤之 1”对话框，如图 4-2-7 所示。

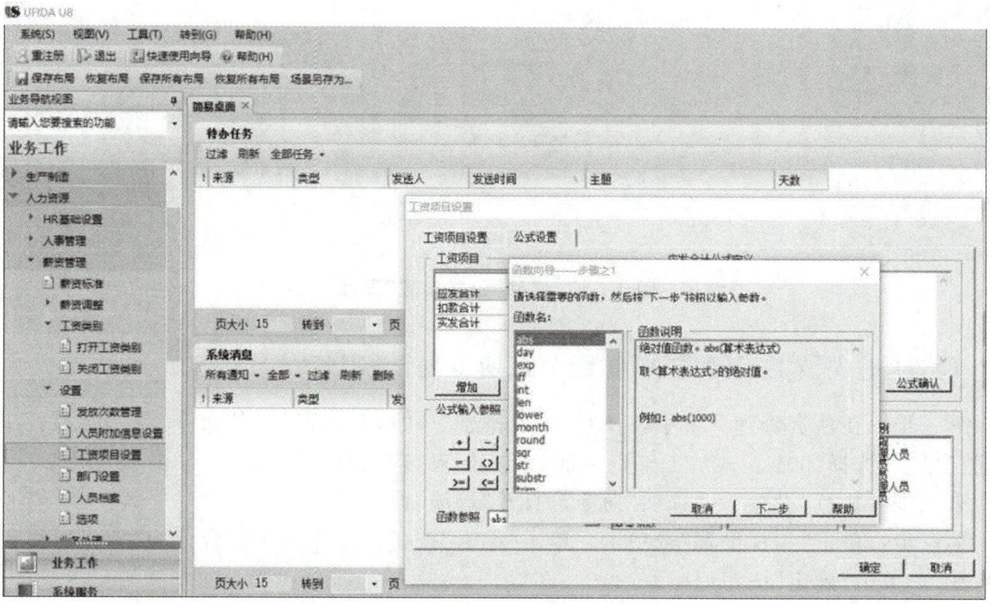

图 4-2-7 “函数向导——步骤之 1”对话框

第四步：在“函数名”列表中选择“iff”函数，右侧出现对应的函数说明及范例，单击“下一步”按钮，打开“函数向导——步骤之 2”对话框。单击“逻辑表达式”右侧的 参照按钮，打开“参照”对话框。从下拉列表中选择“人员类别，从人员类别列表中选择“营销人员”，单击“确定”按钮，返回“函数向导——步骤之 2”后，输入“or”，重复上述步骤选择“采购人员”，在“算术表达式 l”文本框中输入“400”，在“算术表达式 2”文本框中输入“200”，单击“完成”按钮，返回“公式设置”界面，单击“公式确认”按钮，如图4-2-8 所示。

第五步：单击“增加”按钮，从工资项目下拉列表中选择“医疗保险”，单击公式定义区，选择工资项目“基本工资”；在运算符区域单击“ * ”(或直接输入)，输入数字“0.02”，单击“公式确认”按钮。

第六步：继续完成对其他工资项目公式的定义。全部公式定义完毕后，单击“确定”按钮。

【操作提示】

公式的设置可以利用系统提供的函数、工资项目、部门、人员类别参照进行，若定义的公式不符合逻辑，系统会给出“非法的公式定义”提示。

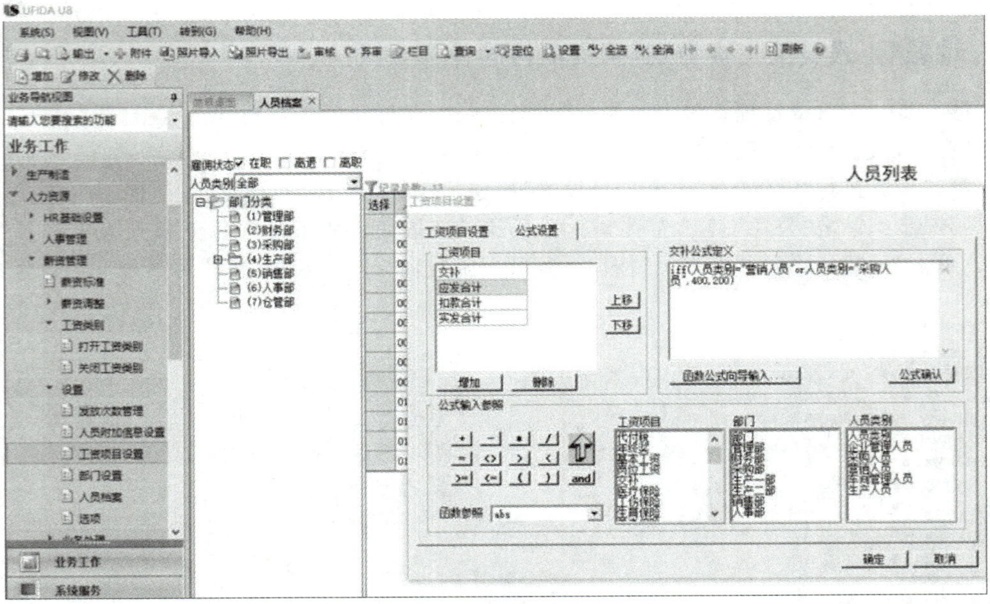

图 4-2-8　返回“公式设置”界面

七、设置“正式员工工资类别”扣缴个人所得税计税基数

第一步：在薪资管理系统中，执行“工资类别”→“打开工资类别”命令，打开“打开工资类别”窗口。选择“001 正式员工工资类别”，单击“确定”按钮。

第二步：执行“设置”→“选项”命令，打开“选项”设置窗口。

第三步：单击“扣税设置”选项卡，单击“编辑”按钮，选择收入额合计为“个人所得税计提基数”，单击“确定”按钮返回。

操作提示：

系统默认以“实发合计”作为扣税基数。如果想以其他工资项目作为扣税标准，则需要在定义工资项目时单独为应税所得设置一个工资项目。

任务三　薪资管理系统日常业务处理

本任务进行如下操作。

在薪资管理系统中，以账套主管张雨的身份，打开“正式员工工资类别”，

1. 录入所有人员工资的固定数据、变动数据并计算与汇总

录入所有人员工资的固定数据、变动数据并计算与汇总，如表 4-3-1 所示。

表 4-3-1　利达有限责任公司人员工资数据统计

人员编号	姓名	部门	人员类别	基本工资(元)	岗位工资(元)	缺勤天数(天)
001	陈强	综合管理部	企业管理人员	4 000	1 500	
002	徐冰	综合管理部	企业管理人员	3 200	1 200	
003	李晶	财务部	企业管理人员	3 500	1 400	
004	王一红	财务部	企业管理人员	3 200	1 200	

续表

人员编号	姓名	部门	人员类别	基本工资(元)	岗位工资(元)	缺勤天数(天)
005	张明	采购部	采购人员	2 200	1 200	
006	黄平	采购部	采购人员	2 200	1 200	1
007	章立	销售部	营销人员	2 200	1 200	
008	吴立行	销售部	营销人员	2 200	1 200	
009	赵兵	生产一部	车间管理人员	2 400	1 400	2
010	张恒	生产一部	生产人员	1 800	1 200	
011	王一菲	生产二部	车间管理人员	2 400	1 400	
012	何原	生产二部	生产人员	1 800	1 200	
013	倪展鹏	仓管部	企业管理人员	2 000	1 000	
合计				33 100	16 300	

2. 数据替换

因去年销售部推广产品业绩较好，2019 年 1 月，销售部员工的岗位工资在原有 1 200 元的基础上，每人调增 200 元。

3. 定义分配工资费用并生成凭证

根据表 4-3-2 定义分配工资费用的凭证并生成 1 月份工资费用分配凭证。

表 4-3-2　利达有限责任公司定义分配工资费用凭证

分摊构成设置(计提比例 100%)						
部门名称	人员类别	工资项目	借方科目	借方项目大类	借方项目	贷方科目
综合管理部、财务部 仓管部	企业管理人员	计提工资费用基数	660202			221101
销售部	营销人员	计提工资费用基数	660102			221101
采购部	采购人员	计提工资费用基数	660102			221101
生产一部	生产人员	计提工资费用基数	500102	服装成本核算	女士连衣裙	221101
生产二部	生产人员	计提工资费用基数	500102	服装成本核算	男士衬衫	221101
生产一部、生产二部	车间管理人员	计提工资费用基数	510102			221101

4. 定义由公司承担的住房公积金的凭证

根据表 4-3-3 定义由公司承担的住房公积金的凭证。

表 4-3-3　利达有限责任公司定义由公司承担的住房公积金凭证

分摊构成设置(计提比例 12%)						
部门名称	人员类别	工资项目	借方科目	借方项目大类	借方项目	贷方科目
综合管理部、财务部、仓管部	企业管理人员	五险一金计提基数	660202			221108

续表

销售部	营销人员	五险一金计提基数	660102			221108
采购部	采购人员	五险一金计提基数	660102			221108
生产一部	生产人员	五险一金计提基数	500102	服装成本核算	女士连衣裙	221108
生产二部	生产人员	五险一金计提基数	500102	服装成本核算	男士衬衫	221108
生产一部、生产二部	车间管理人员	五险一金计提基数	510102			221108

5. 定义计提工会经费的凭证

根据表4-3-4定义计提工会经费的凭证。

表4-3-4 利达有限责任公司定义计提工会经费的凭证

分摊构成设置(计提比例2%)						
部门名称	人员类别	工资项目	借方科目	借方项目大类	借方项目	贷方科目
综合管理部、财务部、仓管部	企业管理人员	应发合计	660202			221109
销售部	营销人员	应发合计	660102			221109
采购部	采购人员	应发合计	660102			221109
生产一部	生产人员	应发合计	500102	服装成本核算	女士连衣裙	221109
生产二部	生产人员	应发合计	500102	服装成本核算	男士衬衫	221109
生产一部、生产二部	车间管理人员	应发合计	510102			221109

6. 定义计提代扣个人所得税的凭证

根据表4-3-5定义计提代扣个人所得税的凭证。

表4-3-5 利达有限责任公司定义计提代扣个人所得税凭证

部门名称	人员类别	工资项目	借方科目	贷方科目
综合管理部、财务部、仓管部	企业管理人员	代扣税	221101	222104
销售部	营销人员	代扣税	221101	222104
采购部	采购人员	代扣税	221101	222104
生产一部、生产二部	生产人员	代扣税	221101	222104
生产一部、生产二部	车间管理人员	代扣税	221101	222104

7. 批量生成凭证

批量生成1月由公司承担的住房公积金的凭证、由个人承担的住房公积金的凭证、计提工会经费的凭证及计提代扣个人所得税的凭证。

8. 使用系统缴纳费用

开出转账支票(票号：zz201905)，缴纳本月由公司及个人承担的住房公积金共计11 808元。初次使用薪资管理系统，需要录入全部人员所有可录入的工资数据，在以后的正常使用中，只要录入工资数据发生变动的项目即可，定义了计算公式的工资项目数据由系统自动计算生成。

相关知识

一、薪资管理系统提供的工资数据的快速输入方法

第一次使用薪资管理系统时，必须将所有人员的基本工资数据录入计算机，每月发生的工资数据变动，如代扣款项的扣发、缺勤情况的录入、奖金的录入等，也需要及时进行调整。为了快速、准确地输入工资数据，在工资变动窗口可以使用以下工资数据的快速输入方法。

单击“编辑”按钮，在页编辑器中可以对选定的人员进行工资数据的快速输入，单击“上一人”或“下一人”选项可变更人员。

如果只有一个或几个工资项目需要输入工资数据，可以单击“过滤器”的下拉按钮，选择“过滤设置”选项，将要输入工资数据的项目设置为“已选项目”，“工资变动”界面就只显示被过滤的项目。

如果只需要对部分人员的工资数据进行输入，可通过单击“筛选”或“定位”按钮过滤目标人员。

单击“替换”按钮可将符合条件人员的某个工资项目数据统一替换为另一个数据。

二、职工薪酬包含的内容及分配工资计提五险一金、工会经费和职工教育经费的账务处理

按照《企业会计准则第 9 号——职工薪酬》的规定，职工薪酬包括短期薪酬、离职后福利、辞退福利和其他长期职工福利等内容。其中，短期薪酬具体包括以下内容：① 职工工资、奖金、津贴和补贴；② 职工福利费；③ 医疗保险费、工伤保险费和生育保险费；④ 住房公积金；⑤ 工会经费和职工教育经费；⑥ 短期带薪缺勤；⑦ 短期利润分享计划；⑧ 其他短期薪酬。

公司在分配工资、职工福利费，计提各种社会保险费、住房公积金、工会经费和职工教育经费等职工薪酬时，应做如下账务处理。

借：生产成本
——制造费用
——管理费用
——销售费用等
　　贷：应付职工薪酬——工资
　　　　　　　　　　——职工福利费
　　　　　　　　　　——社会保险费
　　　　　　　　　　——住房公积金
　　　　　　　　　　——工会经费
　　　　　　　　　　——职工教育经费

在明确了工资费用分配等账务处理之后，可以在薪资管理系统中正确定义分配工资、职工福利费、计提各种社会保险费、住房公积金、工会经费和职工教育经费等会计凭证，正确计算应付职工薪酬金额和应计入成本费用的薪酬金额。

具体操作

1. 录入所有人员工资固定数据、变动数据并计算与汇总

第一步：在薪资管理系统中，执行“工资类别”→“打开工资类别”命令，打开“打开工资类别”窗口。选择“001 正式员工工资类别”，单击“确定”按钮。

第二步：执行“业务处理”→“工资变动”命令，打开“工资变动”窗口，如图 4-3-1 所示。

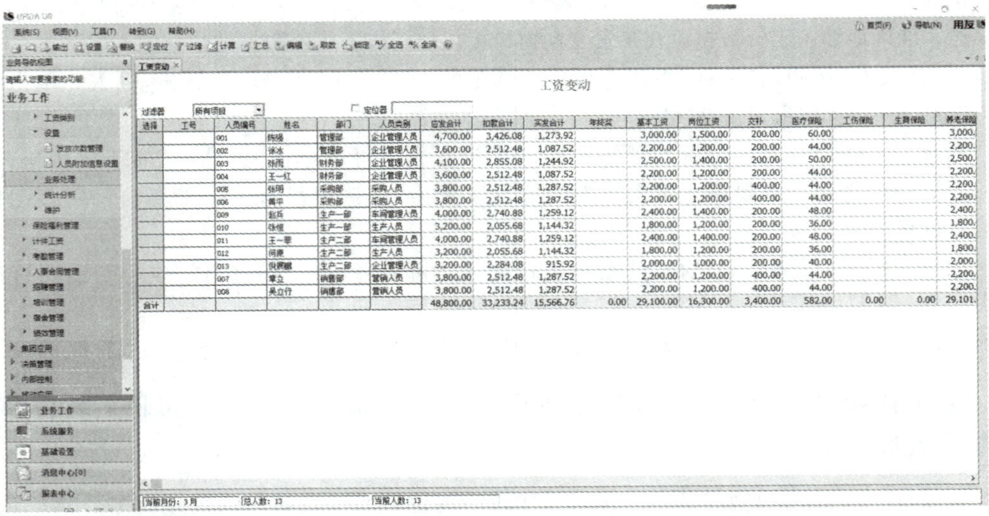

选择	工号	人员编号	姓名	部门	人员类别	应发合计	扣款合计	实发合计	年终奖	基本工资	岗位工资	交补	医疗保险	工伤保险	生育保险	养老保险
		001	韩强	管理部	企业管理人员	4,700.00	3,426.08	1,273.92		3,000.00	1,500.00	200.00	60.00			3,000.
		002	徐冰	管理部	企业管理人员	3,600.00	2,512.48	1,087.52		2,200.00	1,200.00	200.00	44.00			2,200.
		003	张雨	财务部	企业管理人员	4,100.00	2,855.08	1,244.92		2,500.00	1,400.00	200.00	50.00			2,500.
		004	王一红	财务部	企业管理人员	3,600.00	2,512.48	1,087.52		2,200.00	1,200.00	200.00	44.00			2,200.
		005	张明	采购部	采购人员	3,800.00	2,512.48	1,287.52		2,200.00	1,200.00	400.00	44.00			2,200.
		006	黄平	采购部	采购人员	3,800.00	2,512.48	1,287.52		2,200.00	1,200.00	400.00	44.00			2,200.
		009	赵兵	生产一部	车间管理人员	4,000.00	2,740.88	1,259.12		2,400.00	1,400.00	200.00	48.00			2,400.
		010	张恒	生产一部	生产人员	3,200.00	2,055.68	1,144.32		1,800.00	1,200.00	200.00	36.00			1,800.
		011	王一莘	生产二部	车间管理人员	4,000.00	2,740.88	1,259.12		2,400.00	1,400.00	200.00	48.00			2,400.
		012	何康	生产二部	生产人员	3,200.00	2,055.68	1,144.32		1,800.00	1,200.00	200.00	36.00			1,800.
		013	倪琳琳	生产二部	企业管理人员	3,200.00	2,284.08	915.92		2,000.00	1,000.00	200.00	40.00			2,000.
		007	章立	销售部	营销人员	3,800.00	2,512.48	1,287.52		2,200.00	1,200.00	400.00	44.00			2,200.
		008	吴立行	销售部	营销人员	3,800.00	2,512.48	1,287.52		2,200.00	1,200.00	400.00	44.00			2,200.
合计						48,800.00	33,233.24	15,566.76	0.00	29,100.00	16,300.00	3,400.00	582.00	0.00	0.00	29,101.

图 4-3-1　录入工资固定数据和变动数据并计算与汇总

第三步：分别录入每位员工的基本工资、岗位工资及缺勤人员的缺勤天数。

第四步：执行“计算”命令，执行“汇总”命令，进行工资的重新计算与汇总。

【操作提示】

(1)在工资变动界面单击鼠标右键，选择“动态计算”，则工资数据变动时，带有计算公式的工资项目会据此重新计算，否则，需要单击“计算”按钮进行重新计算。

(2)若在个人所得税功能区中修改了“税率表”或重新选择了“收入额合计”项，则在退出个人所得税功能区后，需要到“工资变动”中，单击“计算”和“汇总”按钮重新计算，以保证“代扣税”这个工资项目正确反映单位实际代扣个人所得税的金额。

(3)退出“工资变动”窗口前，需要进行工资数据的“汇总”操作。

2. 数据替换

因 2018 年销售部推广产品业绩较好，2019 年 3 月，销售部员工的岗位工资在原有 1 200 元的基础上，每人调增 200 元。

第一步：在“001 正式员工工资类别”下，在“工资变动”窗口，单击“全选”按钮，单击“替换”按钮，打开“工资项数据替换”对话框，如图 4-3-2 所示。

第二步：选择要替换的工资项目为“岗位工资”，输入替换目标数据“岗位工资＋200”，确定替换条件“部门＝销售部”，单击“确定”按钮，系统弹出“数据替换后将不可恢复，是否继续？提示框”，单击“是”按钮，系统弹出“2 条数据被替换，是否重新计算？”提示框，单击“是”按钮。

【操作提示】

(1)若进行数据替换的工资项目已设置了计算公式，则在重新计算时以计算公式为准。

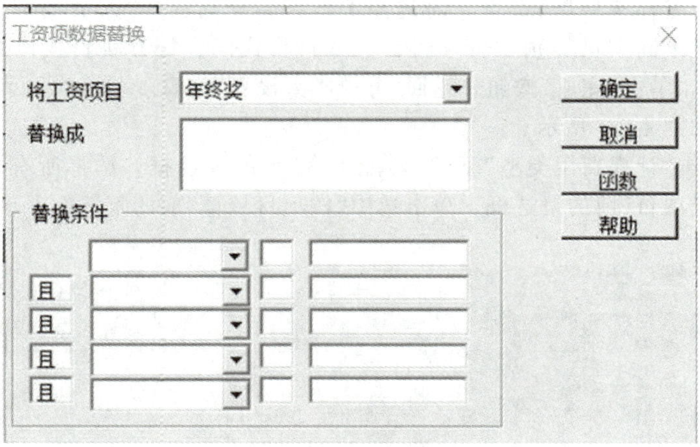

图 4-3-2　数据替换

(2)如未输入替换条件而进行替换，则系统默认替换条件为本工资类别的全部人员。

(3)如果想对某数据类型的工资项目按特定比例增加或减少同样的数额，需要录入此工资项目的名称、运算符及常数。

3. 定义分配工资费用并生成凭证

定义分配工资费用的凭证并生成 3 月工资费用分配凭证。

第一步：在“001 正式员工工资类别”下，执行“业务处理”→“工资分摊”命令，打开“工资分摊”对话框。

第二步：在“工资分摊”界面单击“工资分摊设置……”按钮，打开“分摊类型设置”对话框，单击“增加”按钮，打开“分摊计提比例设置”对话框，输入计提类型名称“分配工资”，系统默认分摊计提比例“100％”，单击“下一步”按钮，如图 4-3-3 所示。

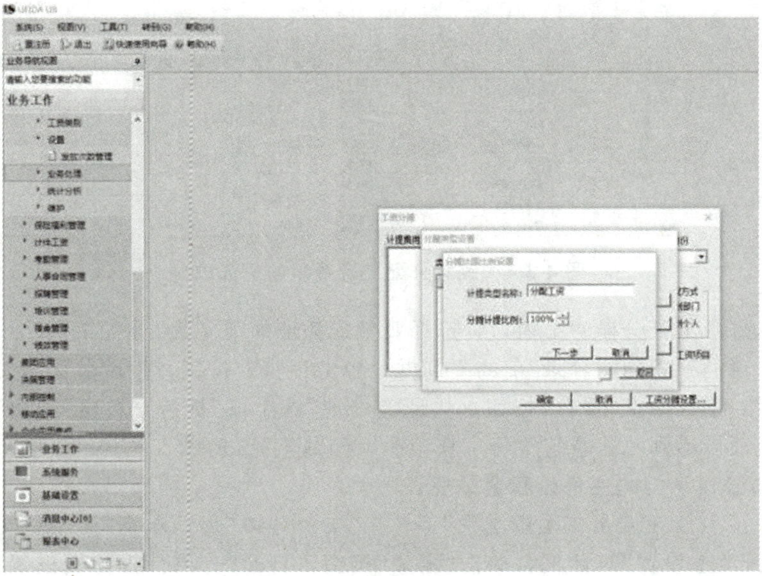

图 4-3-3　定义分配工资费用的凭证(1)

第三步：打开“分摊构成设置”对话框。双击“部门名称”空白栏，再单击随后显示的按钮，打开“部门名称参照”对话框，勾选相关部门。分别选择“人员类别”、所属“部门名称”，输入或选择不同人员类别工资项目、借方科目代码、贷方科目代码及借方项目大类等。设置完毕后，单击“完成”按钮，返回“分摊类型设置”窗口，单击“返回”按钮，返回“工资分摊”窗口，如图 4-3-4 所示。

第四步：单击“计提费用类型”下的“分配工资”前的复选框，选择所有核算部门，单击选中“明细到工资项目”前的复选框，单击选中“按项目核算”前的复选框，单击“确定”按钮。

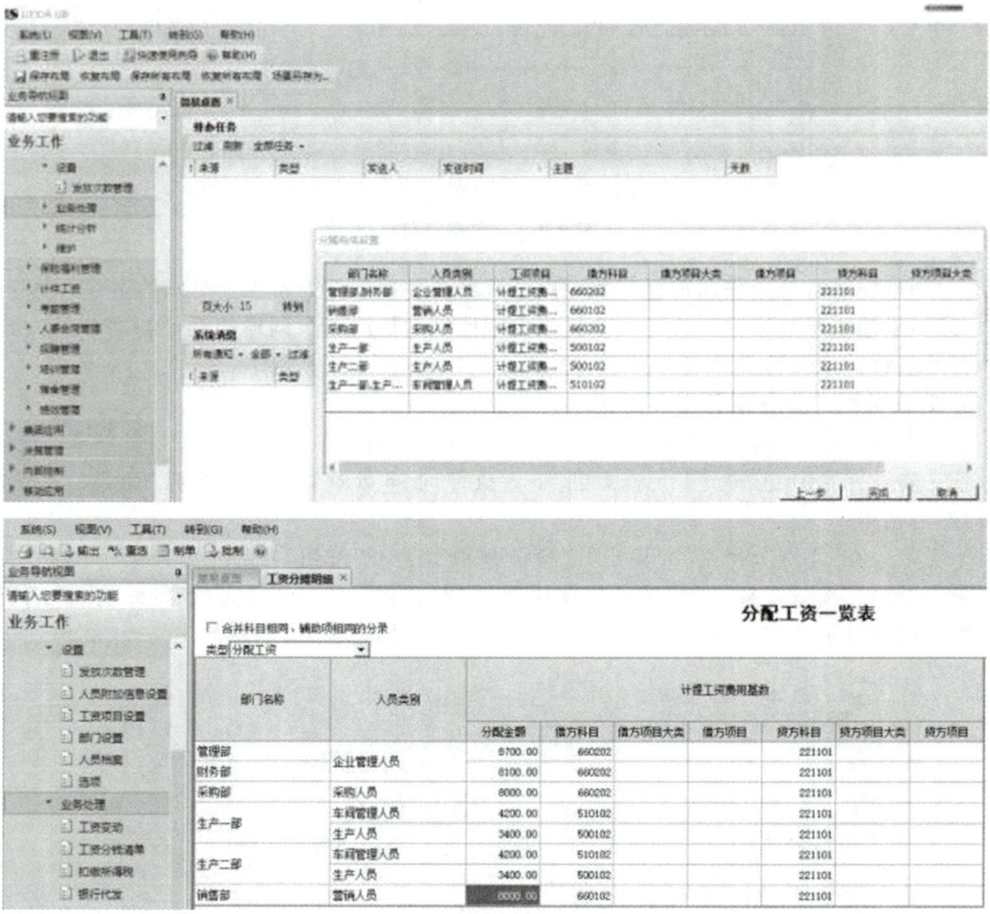

图 4-3-4　定义分配工资费用的凭证(2)

第五步：打开工资分摊明细窗口，选择要生成凭证的类型为“分配工资”，单击选中“合并科目相同、辅助项相同的分录”前的复选框，单击“制单”按钮，生成分配工资的凭证，选择凭证类别“转”字，单击“保存”按钮。凭证上出现“已生成”标志，单击“退出”按钮，系统自动将当前凭证传递到总账系统等待审核记账，如图 4-3-5 所示。

4. 定义由公司承担的住房公积金的凭证

第一步：在“001 正式员工工资类别”下，在“工资分摊”界面单击“工资分摊设置...”按钮，打开“分摊类型设置”对话框，单击“增加”按钮，打开“分摊计提比例设置”对话框，输入计提类型名称“公司—住房公积金”，输入分摊计提比例“12%”，单击“下一步”按钮，如图 4-3-6 所示。

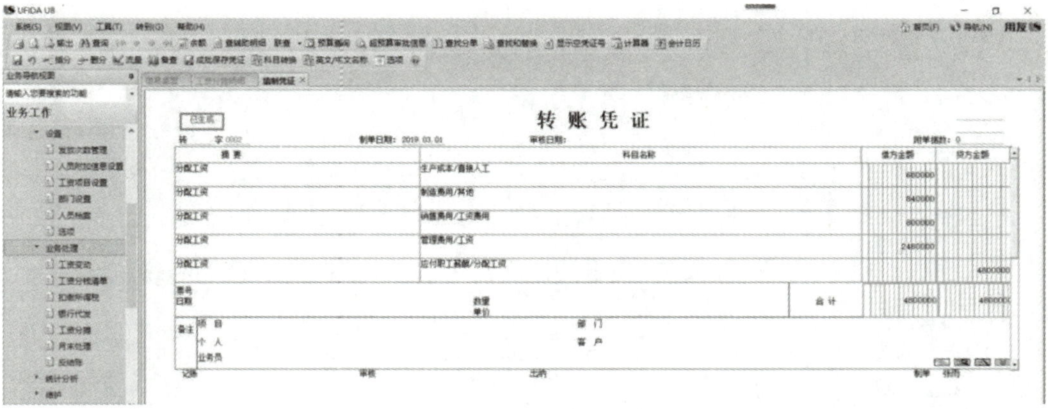

图 4-3-5 生成工资费用分配凭证

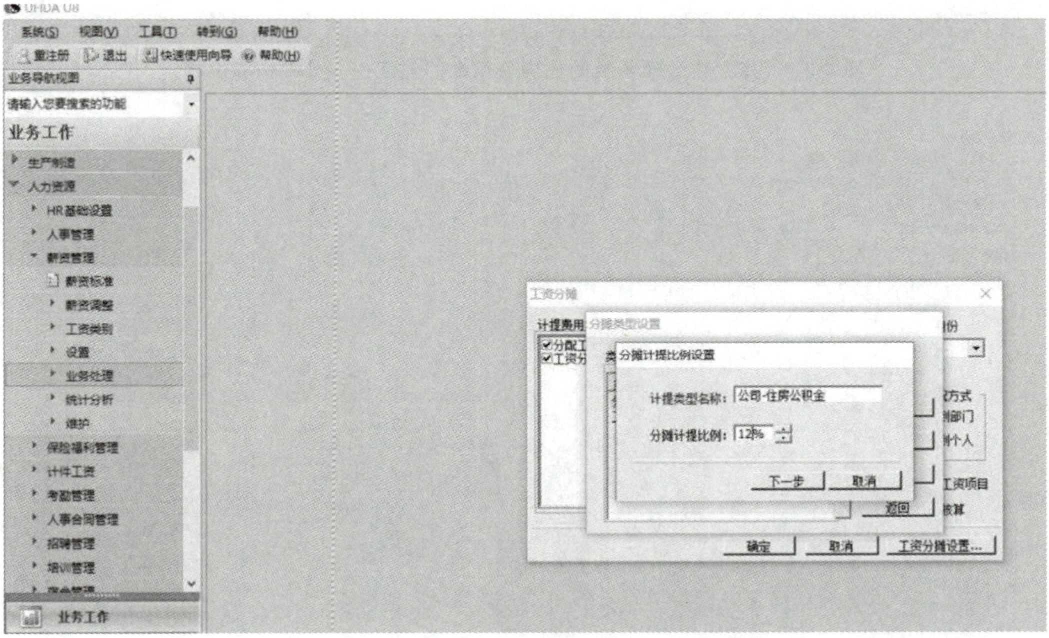

图 4-3-6 定义由公司承担的住房公积金的凭证——名称及计提比例

第二步：打开“分摊构成设置”对话框，分别选择“人员类别”、所属“部门名称”，输入或选择不同人员类别工资项目、借方科目代码、贷方科目代码及借方项目大类等。设置完毕后，单击“完成”按钮，返回“分摊类型设置”窗口，单击“返回”按钮，返回“工资分摊”窗口。由公司承担的住房公积金分摊构成设置如图 4-3-7 所示。

5. 定义计提工会经费的凭证

第一步：在“001 正式员工工资类别”下，在“工资分摊”界面单击“工资分摊设置...”按钮，打开“分摊类型设置”对话框，单击“增加”按钮，打开“分摊计提比例设置”对话框，输入计提类型名称“公司—工会经费”，输入分摊计提比例“2%”，单击“下一步”按钮，如图 4-3-8 所示。

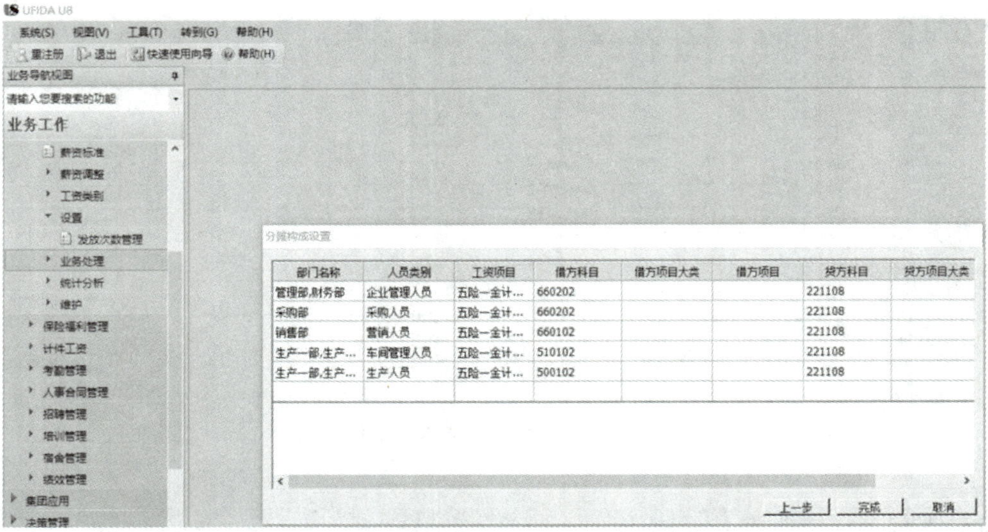

图 4-3-7　定义由公司承担的住房公积金的凭证——分摊构成设置

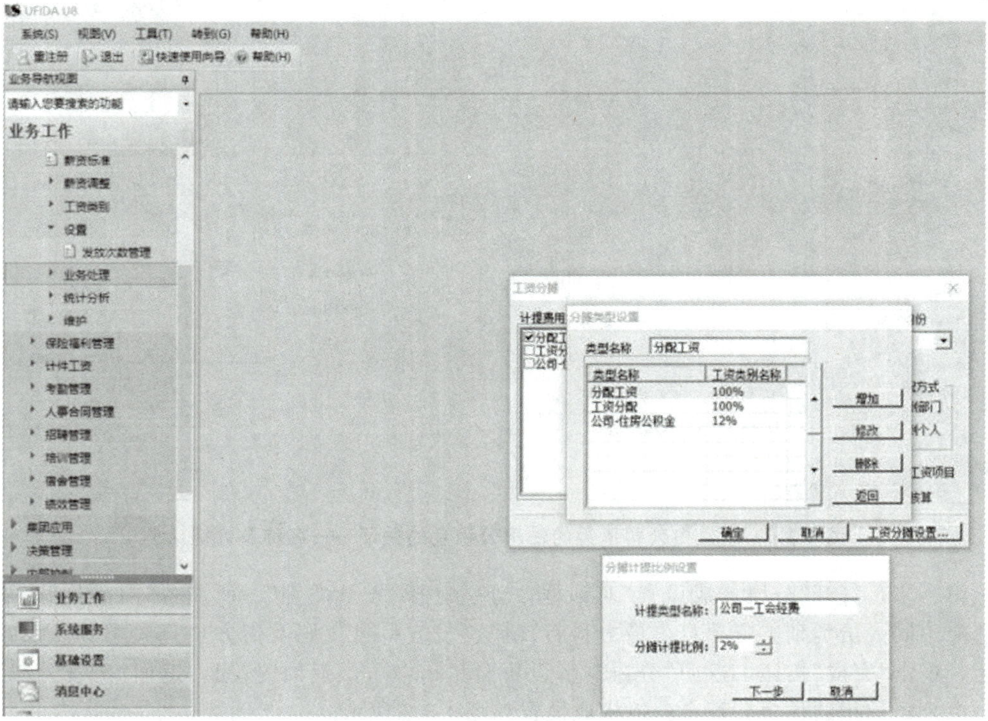

图 4-3-8　定义由公司承担的工会经费凭证——名称及计提比例

第二步：打开“分摊构成设置”对话框，分别选择“人员类别”、所属“部门名称”，输入或选择不同人员类别工资项目、借方科目代码、贷方科目代码及借方项目大类等。设置完毕后，单击“完成”按钮，返回“分摊类型设置”窗口，单击“返回”按钮，返回“工资分摊”窗口。计提工会经费分摊构成设置如图 4-3-9 所示。

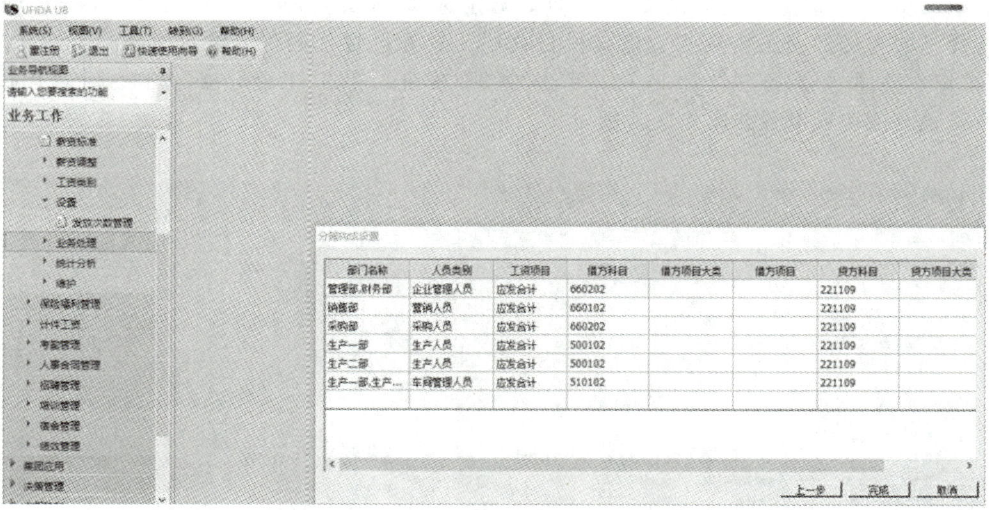

图 4-3-9　定义由公司承担的工会经费凭证——分摊构成设置

6. 定义计提代扣个人所得税的凭证

第一步：在“001 正式员工工资类别”下，在“工资分摊”界面单击“工资分摊设置...”按钮，打开“分摊类型设置”对话框，单击“增加”按钮，打开“分摊计提比例设置”对话框，输入计提类型名称“计提代扣个人所得税”，输入分摊计提比例“100%”，单击“下一步”按钮，如图 4-3-10 所示。

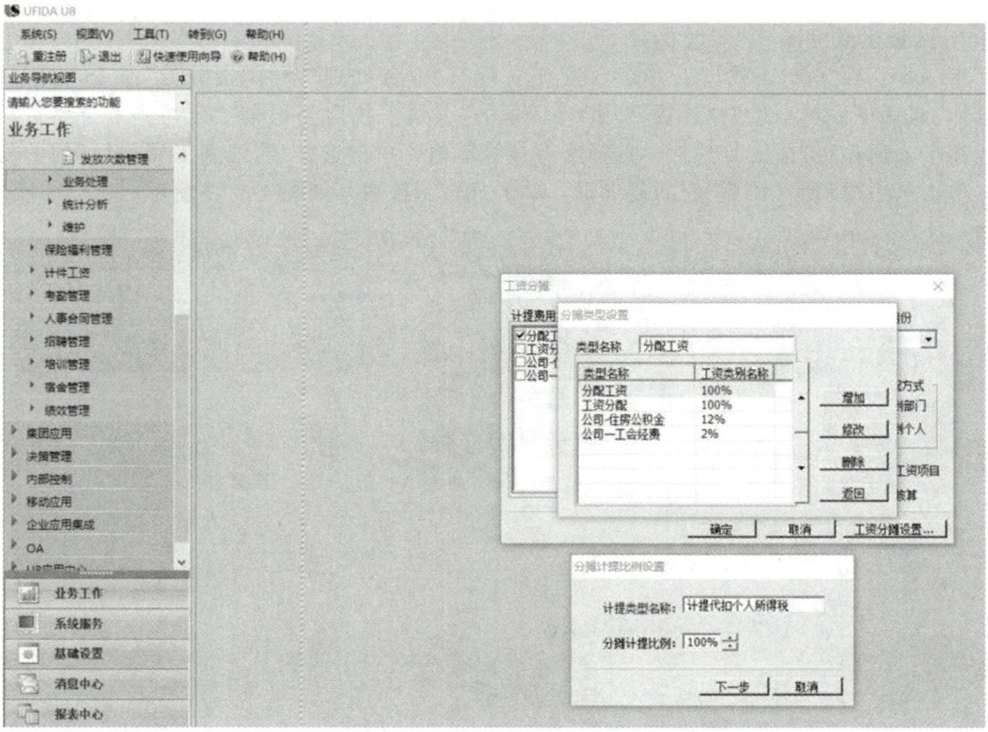

图 4-3-10　定义计提代扣个人所得税凭证——名称及计提比例

第二步：打开“分摊构成设置”对话框，分别选择“人员类别”、所属“部门名称”，输入或选择不同人员类别工资项目、借方科目代码、贷方科目代码等。设置完毕后，单击“完成”按钮，返回“分摊类型设置”窗口，单击“返回”按钮，返回“工资分摊”窗口。计提代扣个人所得税分摊构成设置如图 4-3-11 所示。

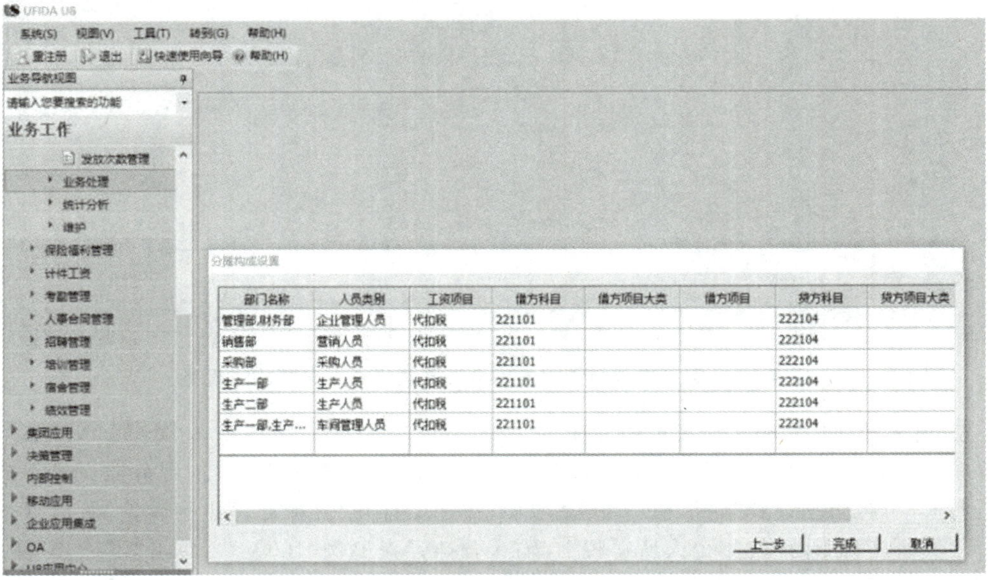

图 4-3-11　定义计提代扣个人所得税凭证——分摊构成设置

7. 批量生成凭证

第一步：在“001 正式员工工资类别”下，执行“业务处理”→“工资分摊”命令，打开“工资分摊”对话框，单击选中“计提费用类型”下的“公司—住房公积金”“公司—工会经费”“计提代扣个人所得税”前的复选框，选择所有核算部门，单击选中“明细到工资项目”前的复选框，单击选中“按项目核算”前的复选框，单击“确定”按钮，如图 4-3-12 所示。

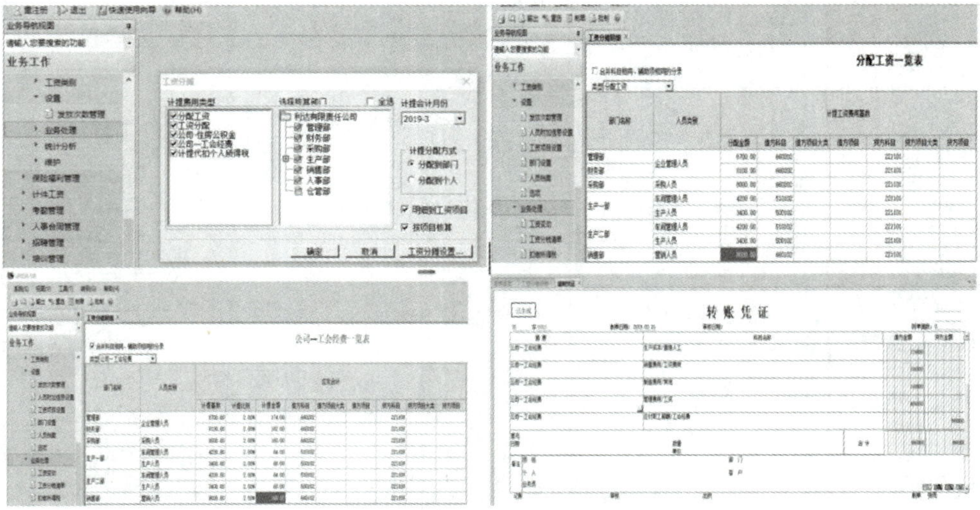

图 4-3-12　批量生成凭证

第二步：打开“工资分摊明细”窗口，选择要生成凭证的类型“公司—住房公积金”，单击选中“合并科目相同、辅助项相同的分录”前的复选框；选择要生成凭证的类型“公司—工会经费”，单击选中“合并科目相同、辅助项相同的分录”前的复选框；选择要生成凭证的类型“计提代扣个人所得税”，单击选中“合并科目相同、辅助项相同的分录”前的复选框；单击“批制”按钮，依次生成“公司—住房公积金”“公司—工会经费”“计提代扣个人所得税”的凭证，依次选择凭证类别“转”字，单击“成批保存凭证”按钮，系统弹出“本次生成成功的凭证有[4]张”提示框，单击“确定”按钮，凭证上出现“已生成”标志，单击“退出”按钮，系统自动将当前凭证传递到总账系统等待审核记账。

8. 缴费

开出转账支票(票号：zz201905)，缴纳本月由公司及个人承担的住房公积金共计 11 808 元。

执行“财务会计”→“总账”→“凭证”→“填制凭证”命令，打开“填制凭证”对话框，单击“增加”按钮，输入缴纳本月由公司及个人承担的住房公积金共计 11 808 元的会计凭证，如图 4-3-13 所示。

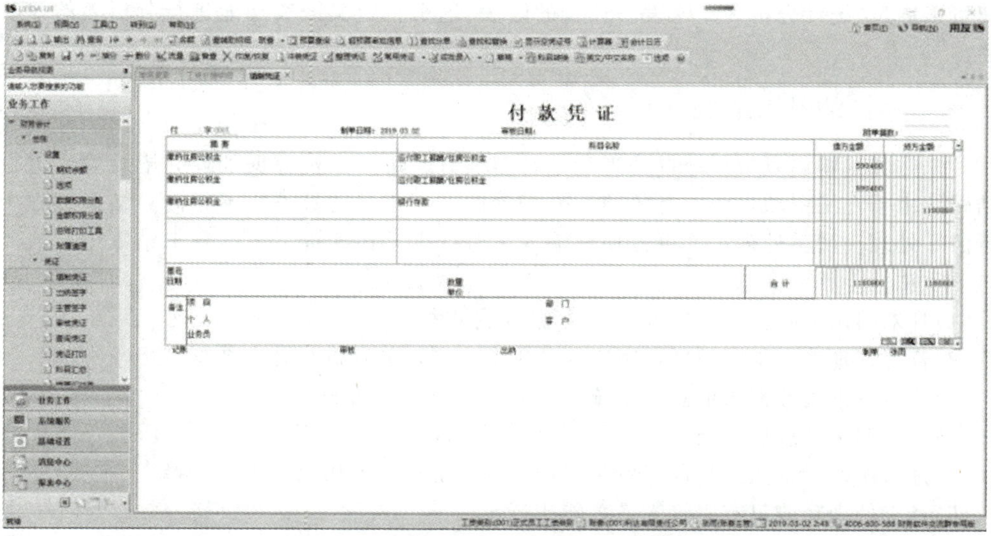

图 4-3-13　凭证——缴纳住房公积金

【操作提示】

(1)工资分摊应按分摊类型依次进行。

(2)若选择费用分摊明细到工资项目，系统提供的一览表会显示分摊构成中已设置好的借/贷方科目。

(3)工资分摊凭证生成后即被传递到总账系统，所以用户如果发现由于数据错误等需要重新分摊工资，可以通过执行“统计分析”→“凭证查询”命令来清除凭证，然后重新进行工资分摊。

任务四　薪资管理系统期末业务处理

本任务进行如下操作。

在薪资管理系统中，以账套主管张雨的身份，打开正式人员工资类别页面。

(1)查询 2019 年 3 月各部门的工资项目分析表。

(2)办理月末结账，将“缺勤天数”“缺勤扣款”和“代扣税”清零。

相关知识

一、工资数据的查询统计

工资数据处理结果最终通过工资报表的形式反映。薪资管理系统提供了多种形式的报表反映工资核算的结果，报表的格式是工资项目按照一定的格式由系统设定的，如果对报表提供的固定格式不满意，系统还有修改表、新建表的功能。

(1)工资表。工资表包括工资发放签名表、工资发放条、工资卡、部门工资汇总表、人员类别工资汇总表、条件汇总表、条件统计表、条件明细表、工资变动明细表、工资变动汇总表等由系统提供的原始表。工资表主要用于本月工资的发放和统计，可以修改和重建。

(2)工资分析表。工资分析表是以工资数据为基础，用来对部门、人员类别的工资数据进行分析和比较的各种分析表，供决策人员使用。如果系统提供的分析表不能满足需要，用户可以通过“统计分析”→“账表”→“我的账表”这个自定义账表功能进行分析表的修改或重建。

二、薪资系统的月末结账

月末结账是将当月数据经过处理后结转至下月。每月工资数据处理完毕后均可进行月末结转。由于在工资项目中，有的项目是变动的，即每月的数据均不相同，结账过程中应进行清零处理。清零处理后，可方便地输入下月数据。在薪资系统的月末结账中，需要注意以下事项。

(1)月末结账只有在会计年度的 1 月至 11 月进行。

(2)若要处理多个工资类别，则应打开工资类别，分别进行月末结算。

(3)若本月工资数据未汇总，系统将不允许进行月末结账。

(4)进行期末处理后，当月数据将不允许再变动。

(5)月末结账后，系统将保存所选需清零的工资项，不用每月重新选择。

(6)月末处理功能只有主管人员才能执行。

(7)在多次发放的工资类别下，各个发放次数的结账要按照打开工资类别界面中设置的顺序依次进行。

(8)同一个工资类别中必须将当月所有未停用的发放次数全部月结后，才能进行下月业务处理。

若已启用工资变动审核控制则只有该工资类别的工资数据全部被审核后才允许进行月末处理。

具体操作

一、查询 2019 年 1 月各部门的工资项目分析表

第一步：在薪资管理系统中“正式员工工资类别”下，执行“统计分析”→“账表”→“工资分析表”命令，打开“工资分析表”对话框，如图 4-4-1 所示。

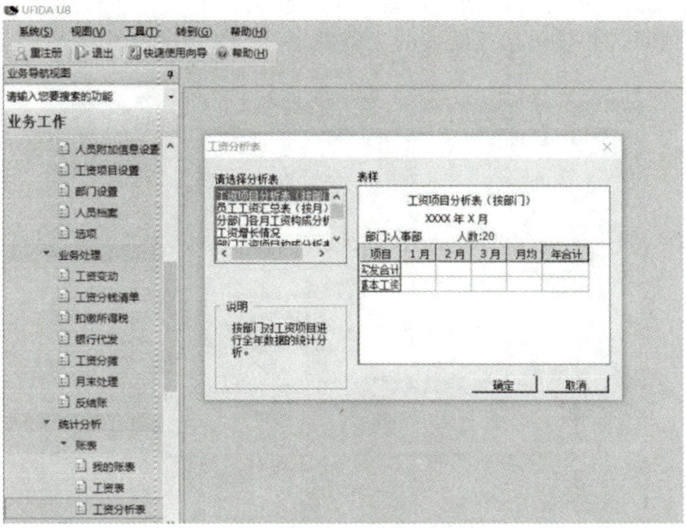

图 4-4-1　查询工资项目分析表

第二步：系统默认所选分析表为“工资项目分析表(按部门)”，单击“确定”按钮。打开“请选择分析部门”对话框，选择所有部门以及下级部门，单击“确定”按钮。

第三步：打开“分析表选项”对话框，选择全部工资项目，单击“确定”按钮，查看“工资项目分析(按部门)”。查询完毕后，单击“退出”按钮。

二、办理月末结账

对“正式员工工资类别”办理月末结账，将“缺勤天数”“缺勤扣款”“代扣税”清零。

第一步：在薪资管理系统中“正式员工工资类别”下，执行“业务处理”→“月末处理”命令，打开“月末处理”对话框。

第二步：单击“确定”按钮，系统弹出“月末处理之后，本月工资将不许变动！继续月末处理吗?”提示框，单击“是”按钮，系统继续弹出“是否选择清零项?”提示框，单击“是”按钮，打开“选择清零项目”对话框，如图 4-4-2 所示。

第三步：选择需要清零的项目“缺勤扣款”“缺勤天数”“代扣税”后，单击“确定”按钮，系统弹出“月末处理完毕!”提示框。并且按用户设置将清零项目中的数据清空，其他项目继承当前月数据。单击“确定”按钮。如果选中“保存本次选择结果”前的复选框，则本次选择的需清零的工资项系统将予以保存，每月不必重新选择。

【操作提示】

(1)薪资系统月末结账时，若处理多个工资类别，则应打开工资类别，分别进行月末结算。本书只演示了对“正式员工工资类别”办理月末结账，请结合所学的薪资管理系统的有关知识，根据系统的提示，对“临时员工工资类别”办理月末结账。

(2)在进行月末处理后，如果还发现有一些业务或其他事项要在已进行月末处理的月份进行账务处理，可以由账套主管以下月日期登录，使用反结账功能，取消已结账标记。

(3)本月工资分摊、计提凭证传递到总账系统，如果总账系统已审核并记账，用户需做红字凭证冲销后，才能反结账；如果总账系统未做任何操作，用户只需删除此凭证即可。如果凭证已经由出纳或主管签字，用户应在取消出纳签字或主管签字并删除该张凭证后，才能反结账。

(4)有下列情况之一不允许反结账：总账系统已经结账；汇总工资类别的会计月份与反结账的会计月份相同，并且包括反结账的工资类别。

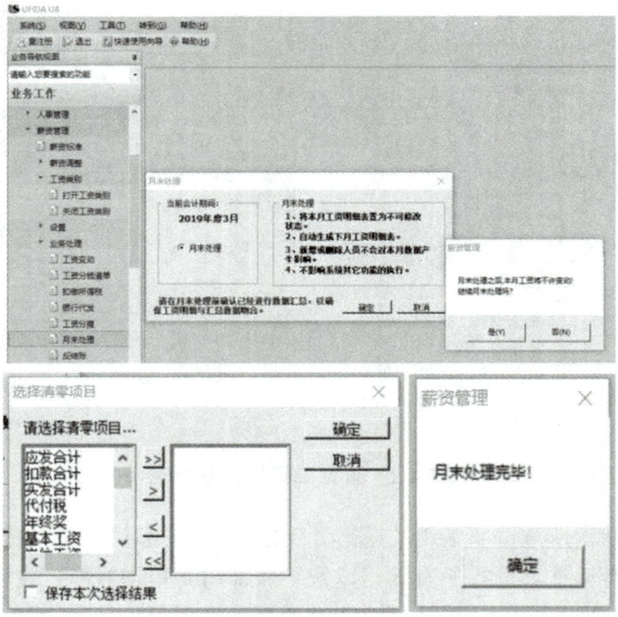

图 4-4-2　月末处理

项目五　固定资产管理系统处理

情境引例

手工会计中，对固定资产的核算通常使用固定资产卡片详细记录每一项固定资产从形成到处置的相关事项。如果企业的固定资产种类不多、规模不大，使用手工的固定资产卡片可及时、全面地对固定资产业务进行记录和管理。但对深圳市佳华实业有限责任公司来说，其固定资产数量较多、品种较杂、使用部门多且较为分散，持有期间需要维修的事项也较多，使用手工卡片很不方便，业务核算容易出现疏漏或卡片记录混乱现象，不便于对固定资产业务进行数据分析。因此，伴随着企业的迅速发展，使用 ERP 的资产管理系统，加强对固定资产业务的核算、分析和管理，就成了必然的选择。

知识目标

通过本项目学习需要达到如下目标：

1. 了解用友 ERP-U8 固定资产系统的功能和操作流程；
2. 掌握固定资产系统基础设置的内容和方法；
3. 掌握固定资产业务处理的内容和方法；
4. 掌握固定资产系统期末对账和结账方法。

任务实施

任务一　固定资产管理系统概述及初始化操作

本任务将进行如下操作。

1. 了解固定资产系统基本概述

2. 建立固定资产账套

固定资产系统的参数。

固定资产账套的启用月份为“2016 年 1 月”，本账套计提折旧，固定资产采用“平均年限法(一)”计提折旧，折旧汇总分配周期为一个月；当(月初已计提月份＝可使用月份－1)时将剩余折旧全部提足。

固定资产编码方式为“2-1-1-2”；固定资产编码方式采用自动编码方式，编码方式为“类别编号＋序号”；序号长度为“5”。要求固定资产系统与总账进行对账；固定资产对账科目为“1601，固定资产”；累计折旧对账科目为“1602，累计折旧”；对账不平衡的情况下允许固定资产月末结账。

3. 固定资产选项设置

修改主要折旧方法为“平均年限法(二)”。

4. 设置与财务系统的接口

“固定资产缺省”入账科目(1601，固定资产)；

“累计折旧缺省”入账科目(1602，累计折旧)；

“减值准备”缺省入账科目(1603，固定资产减值准备)；
“增值税进项税额”缺省入账科目(22210101，进项税额)；
固定资产清理缺省入账科目(1606，固定资产清理)。
业务发生后立即制单。

5. 设置部门对应折旧科目(见表 5-1-1)

表 5-1-1　设置部门对应折旧科目

部门名称	对应折旧科目
管理部	管理费用——折旧费
生产部——一车间 二车间	制造费
销售部	销售费用
采购部	管理费用——折旧费
财务部	管理费用——折旧费
人事部	管理费用——折旧费

6. 设置固定资产类别(见表 5-1-2)

表 5-1-2　设置固定资产类别

类别编码	类别名称	使用年限/年	净残值率/%	计提属性	折旧方法	卡片样式
01	房屋及建筑物	30	2	正常计提	平均年限法(二)	通用样式
011	办公楼	30	2	正常计提	平均年限法(二)	通用样式
012	厂房	30	2	正常计提	平均年限法(二)	通用样式
02	机器设备		3	正常计提	平均年限法(二)	含税卡片样式
021	生产设备	15	3	正常计提	平均年限法(二)	含税卡片样式
022	办公设备	5	3	正常计提	平均年限法(二)	含税卡片样式
023	运输设备	10	3	正常计提	平均年限法(二)	含税卡片样式

7. 设置固定资产增减方式对应入账科目(见表 5-1-3)

表 5-1-3　设置固定资产增减方式对应入账科目

增减方式	对应入账科目
增加方式	
直接购入	100 201，中国工商银行
投资者投入	4 001，实收资本
捐赠	6 301，营业外收入
盘盈	6 901，以前年度损益调整
在建工程转入	1 604，在建工程
减少方式	
出售	1 606，固定资产清理
盘亏	1 901，待处理财产损益

续表

增减方式	对应入账科目
投资转出	1 606，固定资产清理
捐赠转出	1 606，固定资产清理
报废	1 606，固定资产清理

8. 录入固定资产原始卡片(见表 5-1-4)

表 5-1-4　录入固定资产原始卡片

卡片编号	00001	00002	00003	00004	00005	00006	00007
固定资产编号	01100001	01200001	02100001	02100002	02100003	02300001	02200002
固定资产名称	1 号办公楼	厂房	1 号生产线	2 号生产线	双针车	小轿车	电脑
资产类别编码	011	012	021	021	021	023	022
资产类别名称	办公楼	厂房	生产设备	生产设备	生产设备	运输设备	办公设备
使用部门名称	管理部 50%，财务部 50%	一车间、二车间各占 50%	一车间	二车间	一车间	管理部	管理部
增加方式	在建工程转入	在建工程转入	直接购入	投资者投入	直接购入	直接购入	直接购入
使用状况	在用	在用	在用	在用	在用	在用	在用
使用年限/年	30	30	15	15	15	10	5
折旧方法	平均年限法 2	平均年限法 2	平均年限法 2	平均年限法 2	平均年限法 2	平均年限法 2	平均年限法 2
开始使用日期	2010-12-10	2010-12-15	2010-12-20	2010-12-20	2010-12-20	2010-12-25	2013-6-25
币种	人民币	人民币	人民币	人民币	人民币	人民币	人民币
原值	1 000 000	2 200 000	252 000	420 000	12 000	256 000	4 000
净残值率/%	2	2	3	3	3	3	3

相关知识

固定资产是指为生产商品、提供劳务、出租或经营管理而持有的，使用寿命超过 1 年的有形资产，如房屋、机器、建筑物等。固定资产管理系统是核算企事业单位固定资产的子系统，它的主要任务是正确反映固定资产的分类、计价以及增减变动等情况，编制固定资产增减明细表，正确计提固定资产折旧，编制固定资产折旧报告，保护单位资产的安全和完整。固定资产系统主要包括以下基本功能。

一、固定资产系统初始化设置

启动固定资产子系统，首先要进行初始设置，主要是有利于以后的核算与管理，包括设置参数、部门对应折旧科目、资产类别、增减方式、使用状况、折旧方法、与其他子系统参数接口等。

二、固定资产卡片的操作

固定资产通过卡片操作可以实现卡片的项目和样式设置，原始卡片录入、资产增加、资产减少，固定资产原值增加及减少、部门转移、使用状况变化、折旧方法、使用年限等固定资产变动，固定资产批量变动，固定资产评估变动，固定资产盘点及固定资产盘盈盘亏等操作，实现固定资产的资料管理。

三、固定资产业务处理

固定资产业务处理包括工作量输入、计提本月折旧、折旧清单、折旧分配表、批量制单、凭证查询、月末结账、恢复月末结账前状态等内容的操作。

四、固定资产账表

固定资产账表包括固定资产分析表、减值准备表、统计表、账簿、折旧表等各项账表的查询与打印操作。

五、固定资产维护

固定资产维护包括数据接口管理与重新初始化账套的处理。

具体操作

一、建立固定资产账套

【操作步骤】

(1)以 105 号操作员夏雪的身份，选择 2016 年 1 月 1 日的日期，选择“216 深圳市佳华实业有限责任公司”账套，登录企业应用平台，初始化固定资产账套。在用友应用平台中，依次执行“业务工作”→“财务会计”→“固定资产”命令，系统弹出对话框，如图 5-1-1 所示。

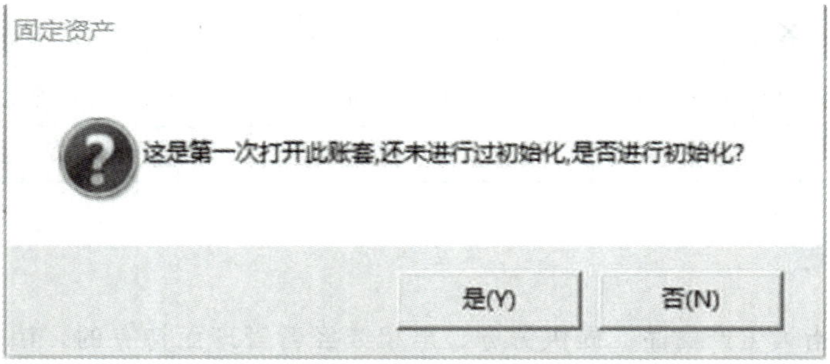

图 5-1-1　固定资产系统初始化提示

(2)单击“是”按钮，打开“初始化账套向导”对话框，选中“我同意”单选按钮，如图 5-1-2 所示。

(3)单击“下一步”按钮，系统默认账套启用月份为“2016.01”，如图 5-1-3 所示。

【注意】

固定资产账套中的启用月份只能查看，不能修改。启用日期确定后，在该日期前的所有固定资产都将作为期初数据录入本系统，在启用月份开始计提折旧。

(4)单击“下一步”按钮，勾选“本账套计提折旧”，选择主要折旧方法为“平均年限法

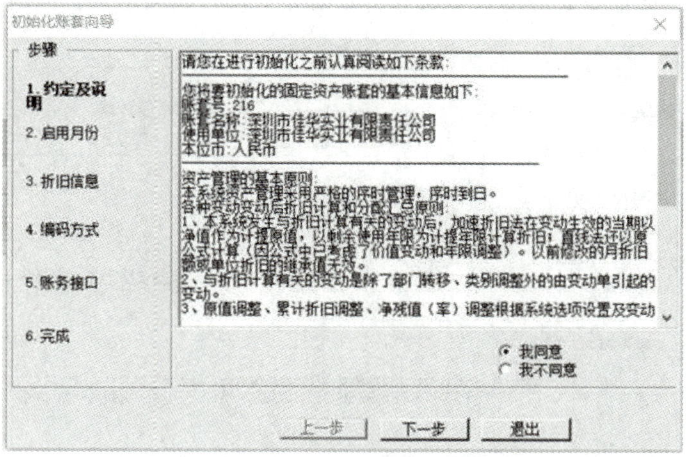

图 5-1-2　初始化账套向导—“我同意”

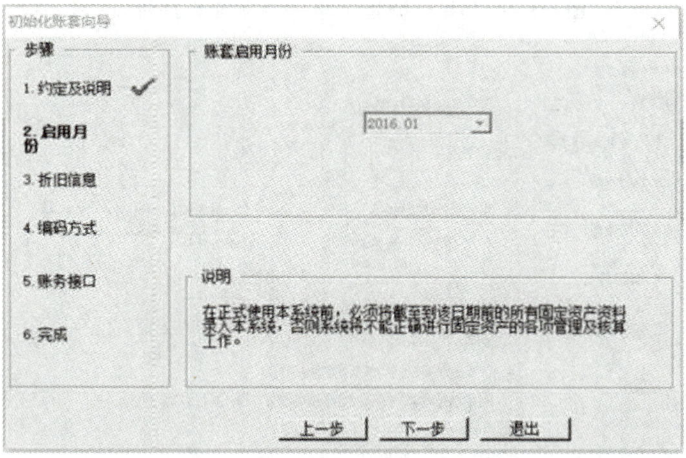

图 5-1-3　初始化账套向导—“账套启用月份”

(一)”，折旧汇总分配周期为“1 个月”；勾选当(月初已计提月份＝可使用月份－1)时将剩余折旧全部提足(工作量法除外)，如图 5-1-4 所示。

(5)单击“下一步”按钮，设置固定资产编码方式为“2-1-1-2”；在固定资产编码方式中，单击“自动编码”单选按钮，编码方式选为“类别编号＋序号”，序号长度设置为“5”，如图 5-1-5 所示。

【注意】

完成资产类别编码方式设置后，则该级编码的长度不能修改，未使用过的各级编码长度可以修改。固定资产编码方式包括“手工输入”和“自动编码”两种方式。自动编码方式包括“类别编号＋序号”“编码编号＋序号”“类别编码＋部门编码＋序号”“部门编码＋类别编码＋序号”，类别编号中的序号长度可自由设定为 1～15 位。每一个账套的自动编码方式只能选择一种，一经设定，该自动编码方式不得修改。

(6)单击“下一步”按钮，勾选“与账务系统进行对账”；在对账科目中，在固定资产对账科目栏输入“1601，固定资产”；在累计折旧对账科目栏输入“1602，累计折旧”；勾选“在对账不平情况下允许固定资产月末结账”，如图 5-1-6 所示。允许固定资产月末结账是指固定资产系统在月末结账前与对应的账务账套自动对账一次，如果不平，说明存在误差，应予以调整。

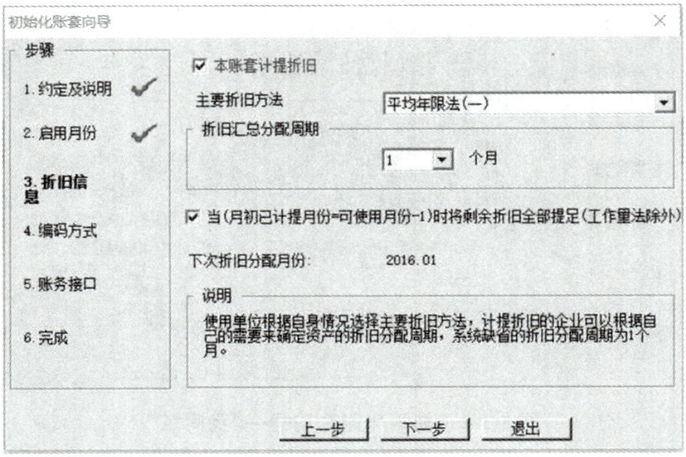

图 5-1-4　初始化账套向导—“本账套计提折旧”

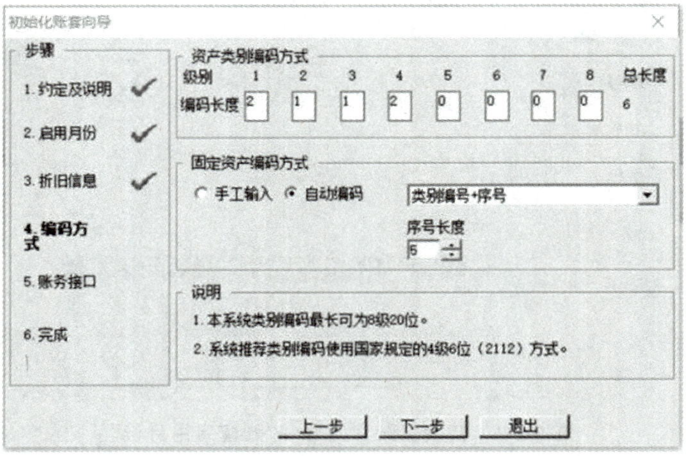

图 5-1-5　初始化账套向导—“资产类别编码方式”

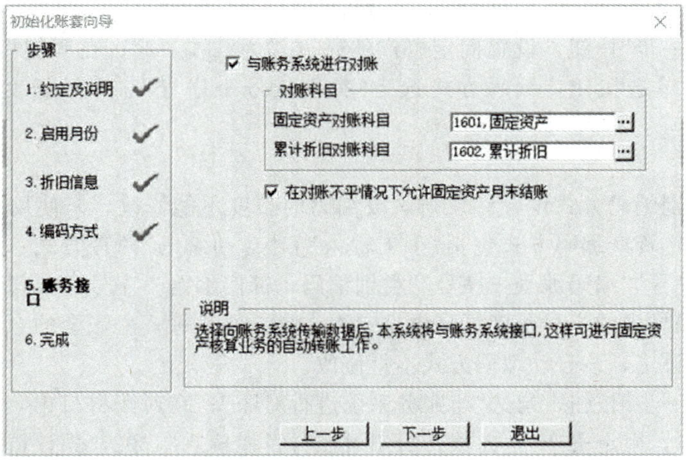

图 5-1-6　初始化账套向导—“与账务系统进行对账”

【注意】

固定资产对账科目和累计折旧对账科目应与账务系统对应科目一致。在对账不平情况下允许固定资产月末结账是指固定资产系统在月末结账前与对应的账务账套自动对账一次，如果不平，说明存在误差，应予以调整。

(7)单击“下一步”按钮，如图 5-1-7 所示。

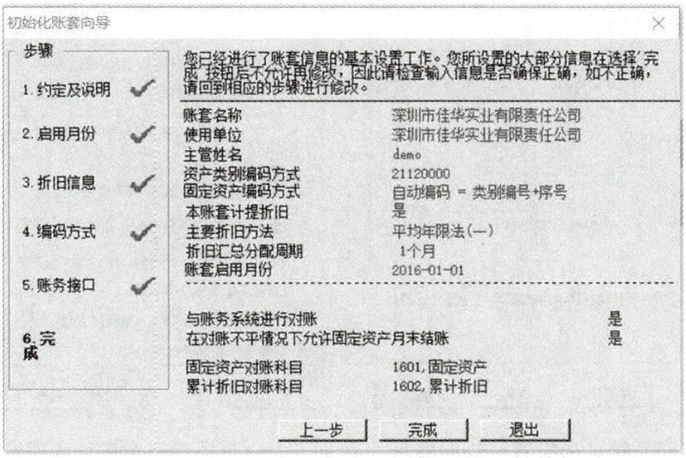

图 5-1-7　初始化账套向导

(8)单击“完成”，弹出固定资产设置完成提示对话框，如图 5-1-8 所示。

(9)单击“是”按钮，如图 5-1-9 所示。

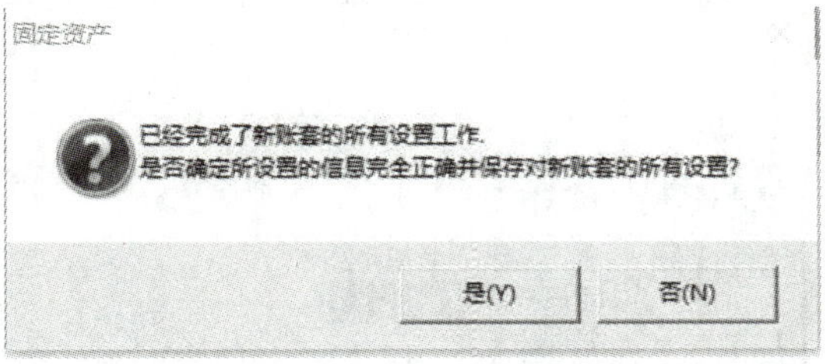

图 5-1-8　固定资产系统新账套设置完成提示

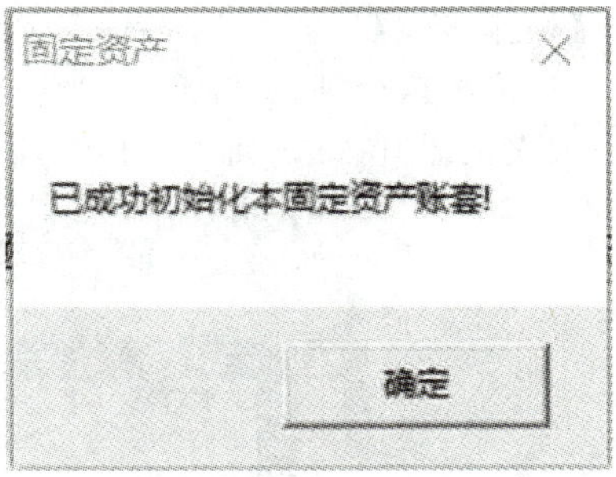

图 5-1-9　固定资产账套初始化完成提示

(10)单击“确定”按钮，固定资产建账完成。

二、固定资产选项设置

【操作步骤】

(1)依次执行“固定资产”→“设置”→“选项”命令，选择“折旧信息”选项卡，单击“编辑”按钮，在“主要折旧方法”处选择“平均年限法(二)”，如图 5-1-10 所示。

【注意】

主要折旧方法，指出现“折旧方法”一栏的地方，系统自动默认为“主要折旧方法”。管理员针对各项固定资产在具体操作过程中可以根据实际情况进行更改。

(2)选择“与账务系统接口”选项卡，勾选“业务发生后立即制单”，设置“‘固定资产’缺省入账科目”为“1601，固定资产”，“‘累计折旧’缺省入账科目”为“1602，累计折旧”，“‘减值准备'缺省入账科目”为“1603，固定资产减值准备”，“'增值税进项税额'缺省入账科目”为“22210101，进项税额”，“'固定资产清理'缺省入账科目”为“1606，固定资产清理”，如图 5-1-11 所示。

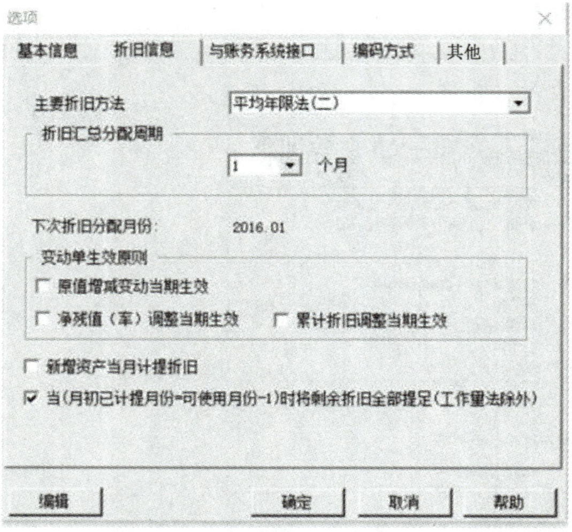

图 5-1-10　固定资产系统选项设置—折旧信息

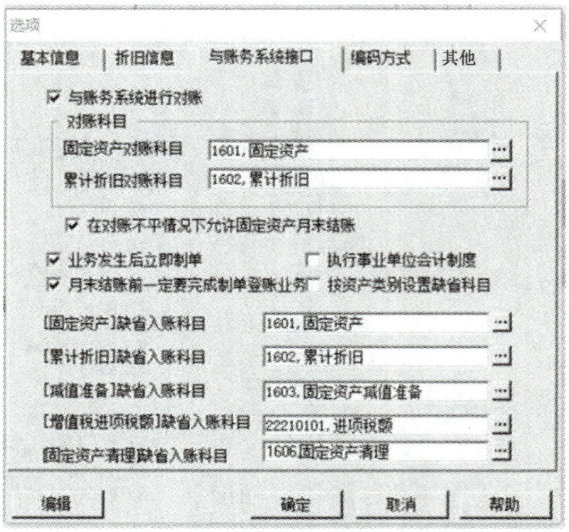

图 5-1-11　固定资产系统选项设置—与账务系统接口

（3）单击“确定”按钮，设置完成。

三、设置部门对应折旧科目

【操作步骤】

（1）依次执行“固定资产”→“设置”→“部门对应折旧科目”命令，进入“部门对应折旧科目—列表试图”窗口，如图 5-1-12 所示。

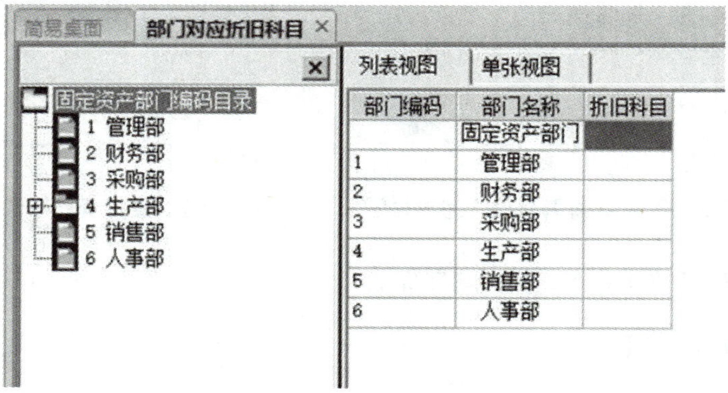

图 5-1-12　“列表视图”窗口

（2）依次执行“管理部”→“单张视图”→“修改”或者“编辑”命令。输入“660203，折旧费”，如图 5-1-13 所示，单击“保存”按钮。

（3）执行“列表视图”→“生产部”→“单张视图”→“修改”或者“编辑”命令，输入“5101，制造费用”，单击“保存”按钮，如图 5-1-14 所示。

（4）单击“是”按钮。以此方法继续录入财务部、采购部、销售部、人事部各部门对应的折旧科目。

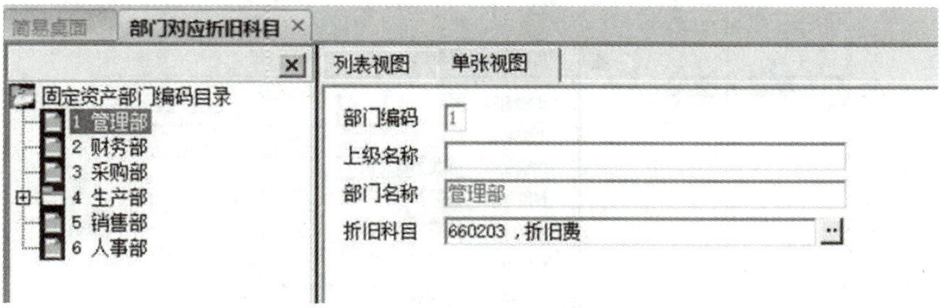

图 5-1-13　固定资产系统部门对应折旧科目

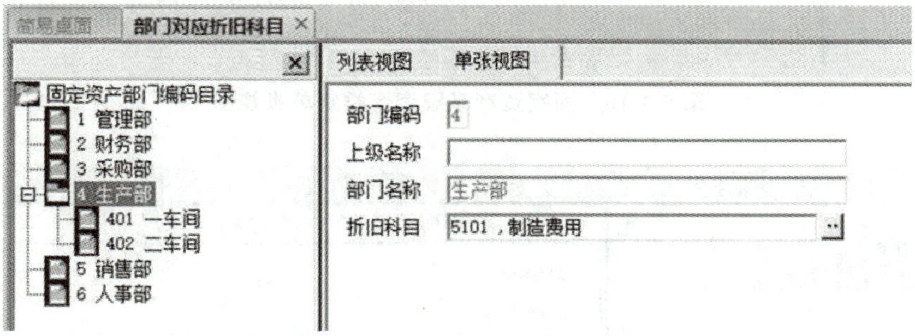

图 5-1-14　输入“5101，制造费用”

【注意】

录入固定资产系统卡片时，只能选择末级部门，所以设置折旧科目也需对应末级部门。如果某一非末级部门设置了对应的折旧科目，则所属的下级部门可以沿用上级部门的设置，也可以选择不同的科目。设置部门对应的折旧科目，必须选择末级会计科目。

四、设置固定资产类别

(1)依次执行“固定资产”→“设置”→“资产类别”命令，如图 5-1-15 所示。

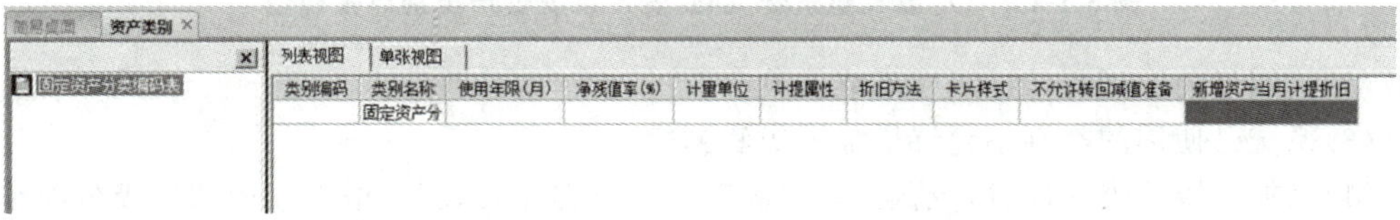

图 5-1-15　固定资产系统资产类别

(2)单击“增加”按钮，在“类别名称”栏输入“房屋及建筑物”，在“使用年限”栏录入“30”年，在“净残值率”栏录入“2(%)”，在“计提属性”栏选择“正常计提”，在“折旧方法”栏选择“平均年限法(二)”，在“卡片样式”栏选择“通用样式”，如图 5-1-16 所示，单击“保存”按钮。

(3)单击“固定资产分类编码表”下的“01 房屋及建筑物”，系统提示“是否保存数据?”，单击“否”按钮，再单击“增加”按钮，在“类别名称”栏录入“办公楼”，如图 5-1-17 所示，单击“保存”按钮。

(4)以此方法继续录入其他资产类别。

【注意】

(1)应先增加上级固定资产类别，再增加下级类别。下级类别的使用年限、净残值率默认与上级一致。如果下级相同，则不需要修改；不一致，可以修改。

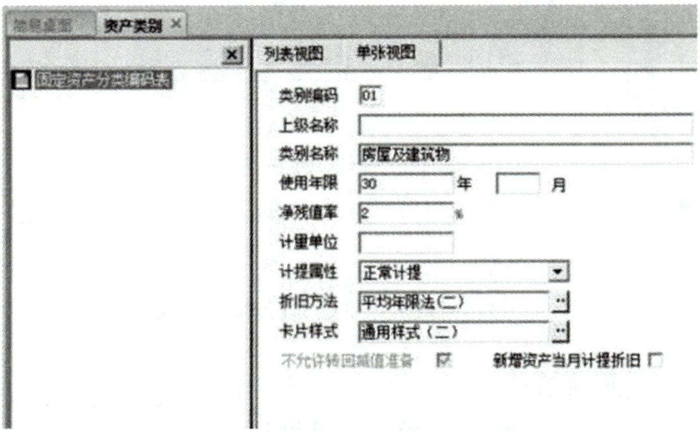

图 5-1-16　固定资产系统资产类别单张视图

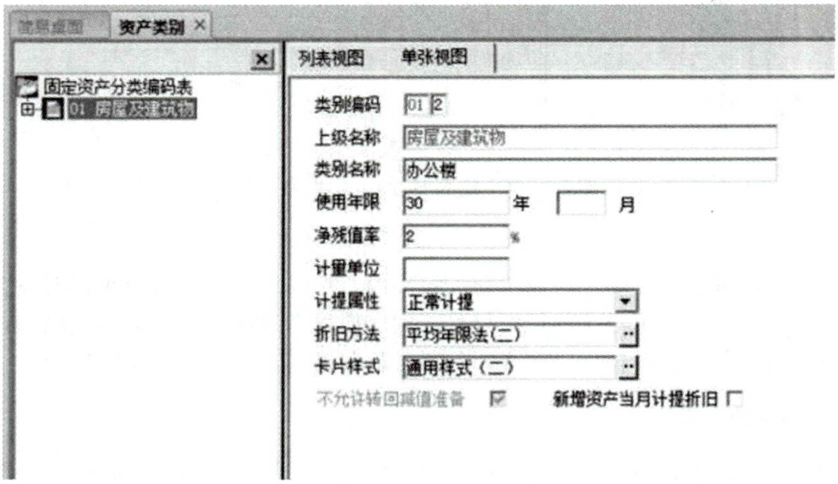

图 5-1-17　"房屋及建筑物"固定资产系统资产类别单张视图

(2)使用过的类别的计提属性不能修改。

(3)系统已使用的类别不允许增加下级和删除。

(4)增加一级分类编码时，请选择在"固定资产分类编码表"下增加；增加二级分类编码时，应选择在相应的一级分类编码下增加。

五、设置固定资产增减方式对应入账科目

【操作步骤】

(1)依次执行"固定资产"→"设置"→"增减方式"命令，打开"增减方式"窗口，如图 5-1-18 所示。

(2)在增减方式目录表中，选中"直接购入"→"单张视图"→"修改"命令，在"对应入账科目"栏录入"100201，中国工商银行"，如图 5-1-19 所示，单击"保存"按钮。

(3)以此方法继续录入其他增减方式对应入账科目，如图 5-1-20 所示。

【注意】

(1)在资产增减方式中设置对应入账科目是为了产生凭证时系统能自动默认。

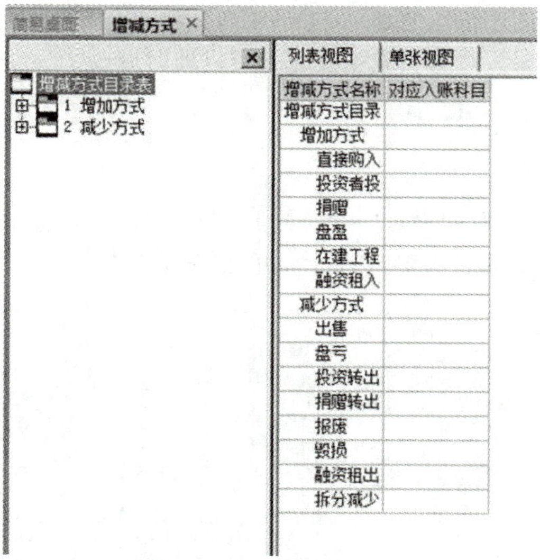

图 5-1-18　固定资产系统增减方式列表视图

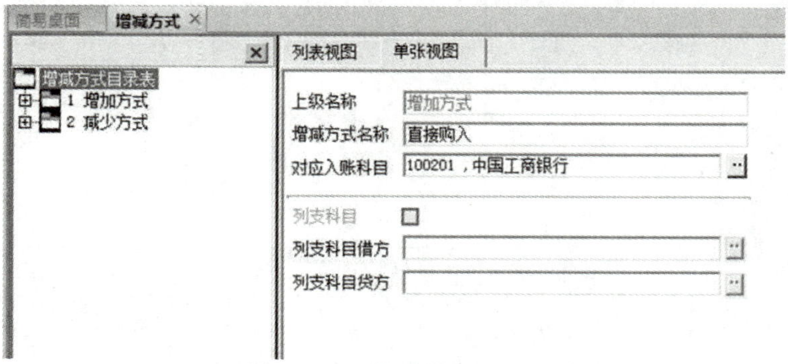

图 5-1-19　固定资产系统增减方式单张视图

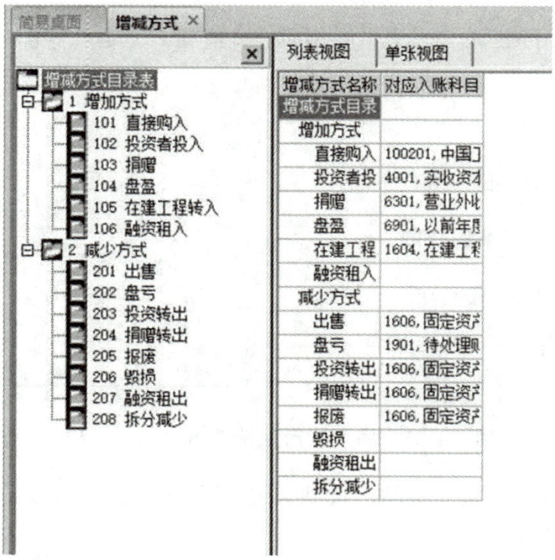

图 5-1-20　固定资产系统增减方式列表

(2)已使用的增减方式不能删除。

(3)产生凭证时，如果入账科目发生变化，可以即时修改。

六、录入固定资产原始卡片

【操作步骤】

(1)依次执行“固定资产”→“卡片”→“录入原始卡片”命令，打开“固定资产类别档案”对话框，勾选“011 办公楼”，如图 5-1-21 所示，单击“确定”按钮。

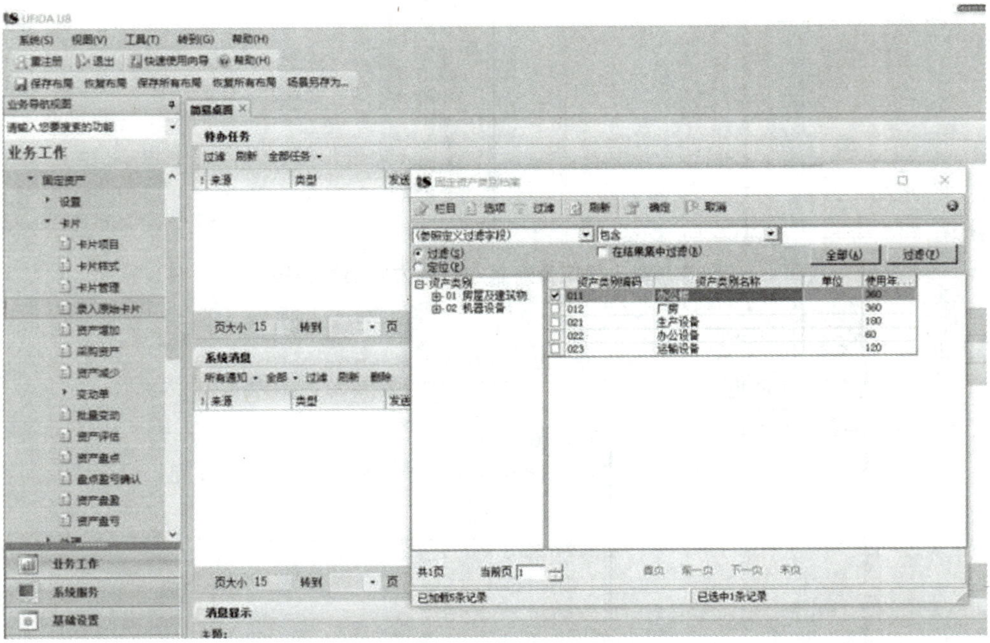

图 5-1-21 “固定资产类别档案”对话框

(2)在固定资产名称处录入“1 号办公楼”。

(3)单击“使用部门”栏，再单击“使用部门”按钮，选择“多部门使用”，如图 5-1-22 所示。

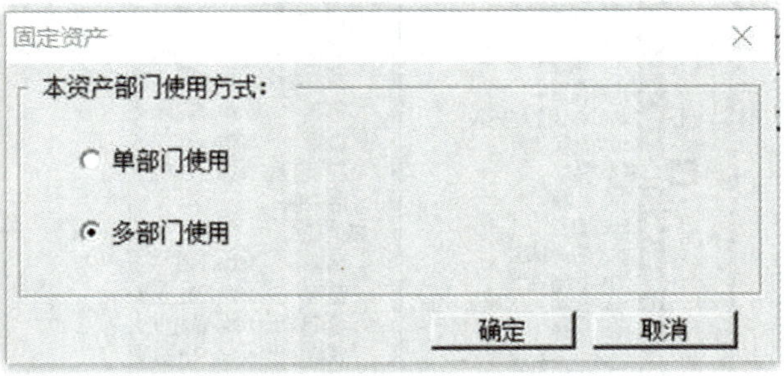

图 5-1-22 固定资产系统使用方式对话框

(4)单击“确定”按钮，单击“增加”按钮，选择录入“管理部 50%，财务部 50%”，如图 5-1-23 所示，单击“确定”按钮。

(5)单击“增加方式”栏，再单击“增加方式”按钮，打开“固定资产增加方式参照”对话

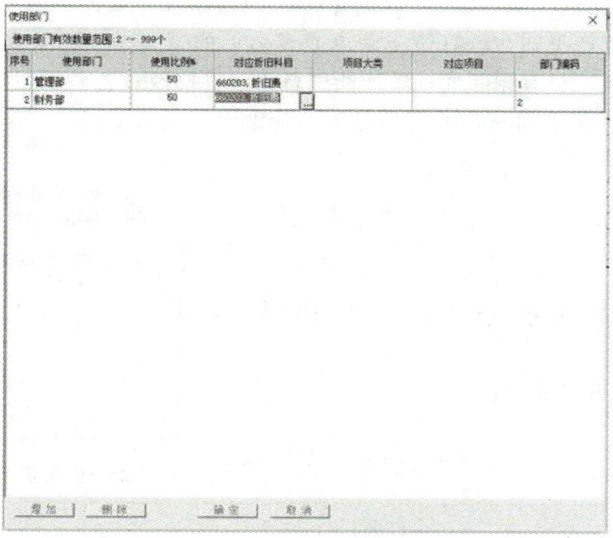

图 5-1-23　固定资产使用部门

框，选择“在建工程转入”，单击“确定”按钮。

(6)单击“使用状况”栏，再双击“使用状况”按钮，打开“使用方式参照”对话框，选择“在用”，单击“确定”按钮。

(7)在“开始使用日期”栏录入“2010-12-10”，“原值”栏录入“1 000 000”，“累计折旧”栏录入“163 333”，如图 5-1-24 所示。

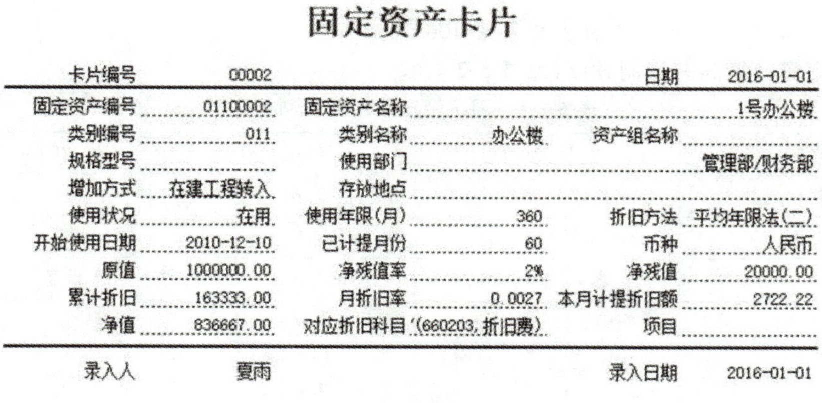

图 5-1-24　固定资产卡片

(8)单击“保存”按钮，系统提示“数据成功保存!”，单击“确定”按钮。以此方法继续在“固定资产卡片”页面录入信息。

【注意】

(1)在原始卡片上录入开始使用日期后，已提折旧月份会自动计算出来，不需要录入；录入固定资产原值及累计折旧后，固定资产净值由系统自动计算出来，不需要录入。

(2)设置部门对应折旧后，录入卡片的折旧对应科目系统根据使用部门自动选择，不用手工设置。

(3)当发现卡片有录入错误，或资产使用过程中有必要修改卡片的一些内容时，可以通过卡片管理找到卡片后，通过卡片修改功能来实现，这种修改为无痕迹修改。

(4)原始卡片的原值、使用部门、工作总量、使用状况、累计折旧、净残值(率)、折旧方法、使用年限、资产类别在没有做变动单或评估单的情况下，在录入当月可以无痕迹修改；如果做过变动单，只有删除变动单才能进行无痕迹修改；若各项目做过一次月末结账，只能通过变动单或评估单调整，不能通过卡片修改功能改变。

七、期初对账

【操作步骤】

(1)依次执行“固定资产”→“处理”→“对账”命令，如图 5-1-25 所示。

(2)单击“确定”按钮返回。

【注意】

只有设置账套参数时选择了“与账务系统进行对账”，本功能才能操作。

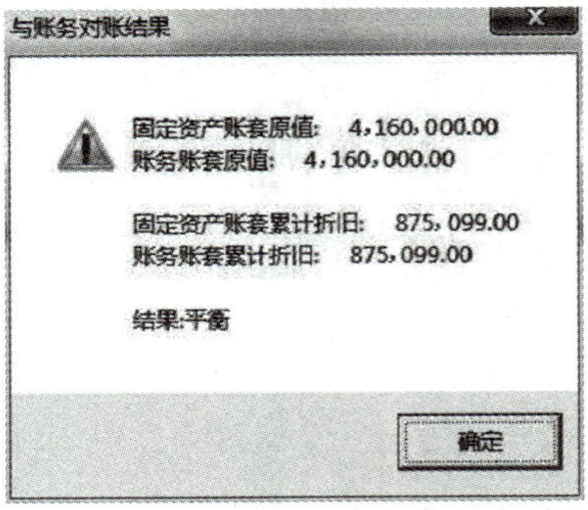

图 5-1-25　固定资产系统与账务对账结果

任务二　固定资产管理系统日常业务处理的操作

本任务将进行如下操作。

1. 采购需要安装的生产设备

1 月 5 日，出于大幅提高生产效率需要，一车间采用工行存款转账支票(票号：54578586)购入一台需要安装的搅拌机，该搅拌机不含税单价为 22 600 元，增值税进项税额为3 842 元。

1 月 6 日，现金支付搅拌机安装费用 400 元。

2. 固定资产增加并填制凭证(见表 5-2-1)

表 5-2-1　固定资产增加并填制凭证

业务发生日期	2016-01-08	2016-01-15	2016-01-18
固定资产名称	打字复印一体机	3 号生产线	印花机
类别编号	022	021	021
类别名称	办公设备	生产设备	生产设备
使用部门	财务部	车间	车间
增加方式	现金支票购入，票号：25121012	投资者投入	在建工程转入
使用状况	在用	在用	在用
使用年限/年	5	10	8
折旧方法	平均年限法(二)	平均年限法(一)	平均年限法(二)
开始使用日期	2016-01-10	2016-01-16	2016-01-18
币种	人民币	人民币	人民币
原值	8 000	900 000	23 000
价税合计	1 360	153 000	230 000
净残值率/%	4	3	3

3. 固定资产变动处理

(1)原值变动并填制凭证。

1月19日，以现金购买电脑内存条，电脑因增加内存条，原值增加300元。

(2)部门转移。

1月29日，1号办公楼由原管理部和财务部平均使用变成管理部使用20%、财务部使用20%、采购部使用20%、销售部使用20%、人事部使用20%。变动原因：各部门使用情况已经划分。

(3)使用状况变动。

1月29日，1号生产线使用状况变动为“大修理停用”，变动原因为“修理停用”。

(4)新增固定资产卡片修改

将新增打字复印一体机的折旧方法修改为“年数总和法”。

1月31日，新增搅拌机折旧方法变动为“工作量法”，工作总量为“5 000 000h”，工作计量单位为“小时”。

(5)固定资产折旧处理。

计提本月固定资产折旧。

(6)固定资产报废。

相关知识

固定资产管理系统日常业务处理主要完成固定资产的核算和管理工作，包括卡片管理、资产的增加和减少、固定资产变动管理等。

一、卡片管理

卡片管理是对固定资产管理系统中所有卡片进行综合管理的功能操作，通过卡片管理，可以完成卡片查询、卡片修改、卡片删除和卡片打印等功能。

1. 卡片查询

卡片查询可以按部门查询、按类别查询和自定义查询，在“卡片管理”对话框中可以查看该资产的简要信息，若需查看详细资料，选择相应的固定资产后，双击即可显示。

2. 卡片修改

当发现卡片录入错误，或在使用固定资产的过程中需要修改卡片中的一些内容时，可采用卡片修改功能。这种修改为无痕迹修改，即在变动清单和查看历史状态时不体现，无痕迹修改前的内容在任何查看状态下都不会再看到。

3. 卡片删除

卡片删除指将卡片信息彻底地从系统内清除，而不是固定资产的清理或者减少。需要注意的是，本月录入的卡片不能删除，卡片结账后不能删除，制作过凭证的卡片需要在删除了对应的凭证后才能删除。

4. 卡片打印

卡片打印是将固定资产卡片打印输出。卡片打印有卡片和卡片列表两种打印结果，卡片打印又有单张打印和批量打印两种形式。

二、固定资产的增加

固定资产的增加是指企业通过购买或者其他方式新取得固定资产时要填制新的固定资产卡片，也称“新卡片录入”。只有当固定资产开始使用日期等于录入日期时，才能通过“资产增加”录入，否则应通过“录入原始卡片”录入。

新卡片录入的第一个月不计提折旧，如果新增加的固定资产是已使用的旧设备，那么该设备已计提的累计折旧、累计工作量、计提折旧的时间等必须准确填列。

三、固定资产的减少

固定资产的减少主要是指在资产使用过程中，各种原因，如出售、盘亏等，导致需要做固定资产的减少处理，称为“资产减少”。

四、固定资产变动管理

固定资产在使用过程中可能会有某些变动，需要调整卡片的一些项目，这种变动要求留下的原始凭证称为“变动单”。固定资产的变动管理包括原值变动、部门转移、折旧方法调整、使用年限调整、使用状况调整、净残值(率)调整、资产类别调整等，其他项目，如名称、编号，自定义项目的变动，可直接在卡片上进行修改

系统规定本月录入的卡片和本月新增的固定资产不允许进行变动处理，因此，要进行资产变动处理，必须先计提折旧并完成制单、结账工作。

1. 原值变动

原值变动是指固定资产的原值增加或减少，原值增加与原值减少的操作过程类似，原值增加的操作流程如下。

(1)单击“固定资产”—“卡片“—“变动单”—“原值增加”，打开“固定资产变动单”—“原值增加”窗口。

(2)直接输入卡片编号或单击“卡片编号“按钮，弹出“固定资产卡片编号”对话框，从中选择需要进行变动的资产。

(3)输入增加金额后，输入变动原因，系统自动计算出变动的净残值、变动后的原值和变动后的净残值。若变动的净残值率不正确，可以手动修改其中的一项，另一项自动计算。

(4)单击“保存“按钮，弹出“填制凭证”对话框，“凭证类别”一栏选择“付　付款凭证”，同时注意制单日期、贷方科目，单击“保存”按钮，生成凭证。

(5)单击“退出”，系统弹出“数据成功保存!”的信息提示对话框，单击“确定”按钮。

【操作提示】

变动单保存后不能修改，只有当月可删除重做。

2. 部门转移

固定资产在使用过程中，因内部调配产生的部门变动，需要进行部门转移处理，以便对各部门的折旧正确计提。

3. 折旧方法调整

固定资产的折旧方法一经确定，通常不再变动，当遇到特殊情况确实需要调整改变的，也可以改变，在折旧方法调整中完成。

4. 使用年限调整

固定资产在使用过程中，其使用年限可能由于资产的重估、大修等原因而调整。使用年限调整的资产在调整的当月就按调整后的使用年限计提折旧。

5. 使用状况调整

在固定资产使用过程中，可能会出现某种原因导致固定资产的使用状况发生变化的情况，这种变化影响固定资产的折旧计提，因此需要及时调整。

6. 变动单管理

变动单管理是指对系统制作的变动单进行综合管理，其操作流程如下。

（1）单击“固定资产”—“卡片”—“变动单”—“变动单管理”，打开“变动单管理”对话框。

（2）在“变动单管理”对话框中可对系统制作的变动单进行查看、修改、删除等操作，操作方式与卡片管理的操作方式类似。

五、资产评估

企业在经营过程中可能会根据业务需要或国家要求对部分资产进行评估。资产评估的主要功能是将评估机构的评估数据或定义公式录入系统，生成评估结果，并对评估单进行管理。资产评估功能提供的可评估资产内容包括原值、累计折旧、净值、使用年限、工作总量、净残值率。

无论是资产评估还是评估单管理，都要在“资产评估管理”对话框中进行操作。依次单击“固定资产”—“卡片”—“资产评估”，打开“资产评估管理”对话框完成操作。

具体操作

一、采购需要安装的生产设备

【操作步骤】

（1）以 103 号操作员何大鹏的身份，于 2016 年 1 月 6 日，选择“216 深圳市佳华实业有限责任公司”账套，登录企业应用平台，在总账系统录入增加在建工程的会计凭证：“总账”→“凭证”→“填制凭证”，打开“凭证”对话框。

（2）单击“增加”按钮，凭证字为“付款凭证”，制单日期为“2016.01.01”，录入购入需要安装的固定资产的会计凭证，结算方式选择“转账支票”，票号为“302－54578586”，按要求登记支票登记簿，单击“保存”按钮，提示保存成功，如图 5-2-1 所示。

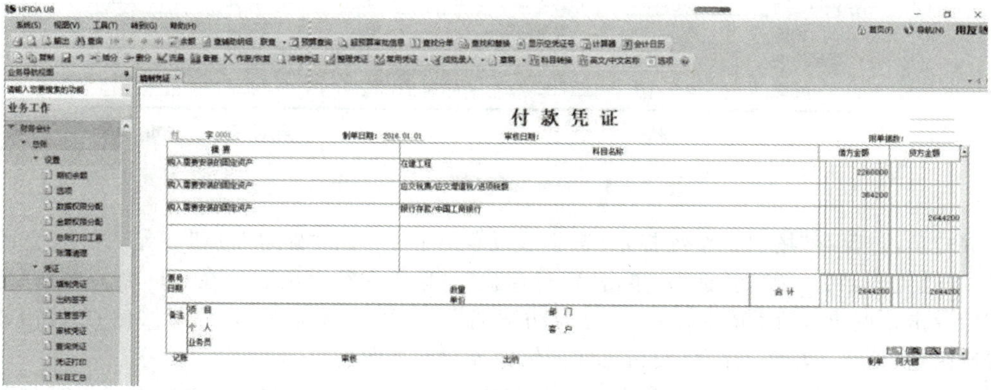

图 5-2-1　2016.01.01“付款凭证”窗口

（3）单击“增加”按钮，凭证字为“付款凭证”，制单日期为“2016.01.01”，录入支付购入固定资产安装费的会计凭证，单击“保存”按钮，提示保存成功，如图 5-2-2 所示。

二、固定资产增加

【操作步骤】

（1）以 101 号操作员李伟的身份，于 2016 年 1 月 8 日，选择“216 深圳市佳华实业有限责任公司”账套，登录企业应用平台，依次执行“固定资产”→“卡片”→“资产增加”命令，勾选“办公设备”，单击“确定”按钮。

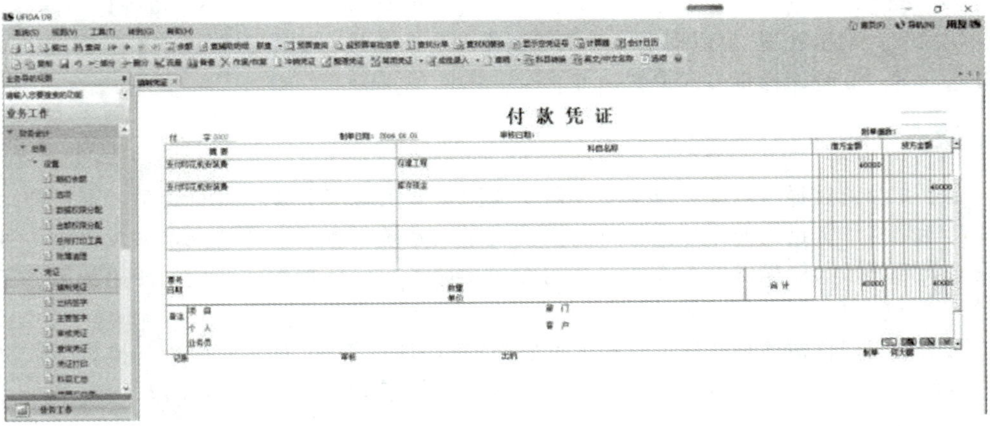

图 5-2-2　2016.01.01“付款凭证”窗口

(2)在“固定资产名称”栏录入“打字复印一体机”，使用部门选择“财务部”，增加方式选择“直接购入”，使用状况选择“在用”，在使用年限一栏录入“5”，开始使用日期为“2016-01-10”，折旧方法为“平均年限法(二)”，原值为“8 000”，净残值率为“4%”，如图 5-2-3 所示。

固定资产卡片

卡片编号	00010			日期	2016-01-08
固定资产编号	02200003	固定资产名称			打字复印一体机
类别编号	022	类别名称	办公设备	资产组名称	
规格型号		使用部门			财务部
增加方式	直接购入	存放地点			
使用状况	在用	使用年限(月)	5	折旧方法	平均年限法(二)
开始使用日期	2016-01-10	已计提月份	0	币种	人民币
原值	8000.00	净残值率	4%	净残值	320.00
累计折旧	0.00	月折旧率	0	本月计提折旧额	0.00
净值	8000.00	对应折旧科目	660203，折旧费	项目	
录入人	李伟			录入日期	2016-01-08

图 5-2-3　编号“00010”固定资产卡片

(3)单击“保存”按钮，系统提示“数据成功保存!”；单击“确定”按钮，弹出一张会计凭证，修改凭证字为“付款凭证”；单击“银行存款”科目所在行，鼠标放在该区域，出现“光标笔”后双击，调出“辅助项”对话框，结算方式选择“301-现金支票”，票号“301-25121012”，单击“确定”按钮，单击“保存”按钮，凭证保存成功，如图 5-2-4 所示。

(4)以 101 号操作员李伟的身份，于 2016 年 1 月 15 日，选择“216 深圳市佳华实业有限责任公司”账套，登录企业应用平台，依次执行“固定资产”→“卡片”→“资产增加”命令，勾选“生产设备”，单击“确定”按钮，依次录入“3 号生产线”卡片相关内容，如图 5-2-5 所示，生成凭证如图 5-2-6 所示。

(5)以 101 号操作员李伟的身份，于 2016 年 1 月 18 日，选择“216 深圳市佳华实业有限责任公司”账套，登录企业应用平台，依次录入“搅拌机”卡片相关内容如图 5-2-7 所示，生成凭证如图 5-2-8 所示。

【注意】

(1)新卡片录入的第一个月不提折旧，折旧额为空或为零。

(2)如果录入的累计折旧、累计工作量大于零，说明是旧资产，该累计折旧或累计工作

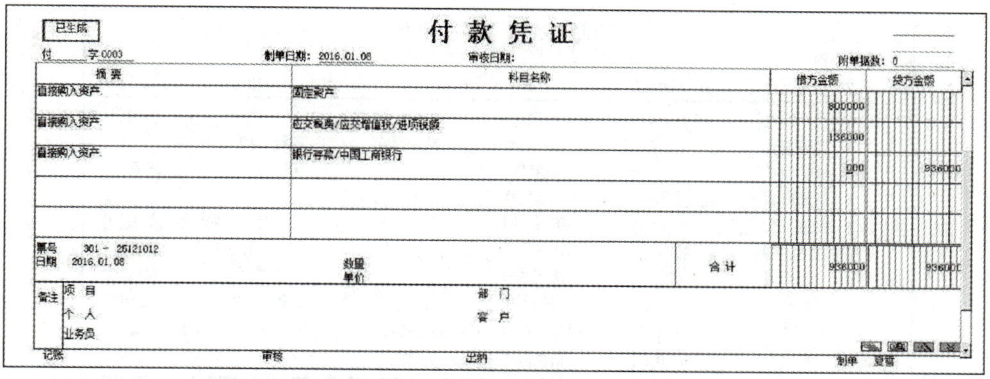

已生成

付 款 凭 证

付 字 0003　　制单日期：2016.01.06　　审核日期：　　附单据数：0

摘要	科目名称	借方金额	贷方金额
直接购入资产	固定资产	800000	
直接购入资产	应交税费/应交增值税/进项税额	136000	
直接购入资产	银行存款/中国工商银行	000	936000
票号 301 - 25121012 日期 2016.01.06	数量 单价 合计	936000	936000

备注　项目　　部门
　　　个人　　客户
　　　业务员

记账　审核　出纳　制单 夏雪

图 5-2-4　2016.01.06“付款凭证”窗口

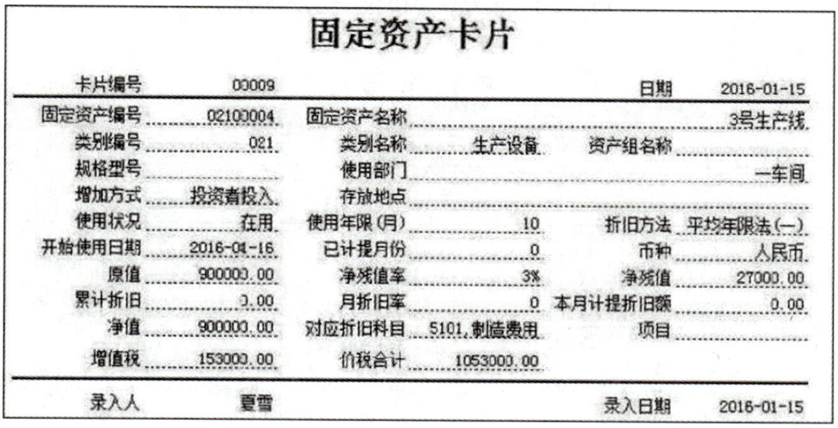

固定资产卡片

卡片编号	00009			日期	2016-01-15
固定资产编号	02100004	固定资产名称			3号生产线
类别编号	021	类别名称	生产设备	资产组名称	
规格型号		使用部门			一车间
增加方式	投资者投入	存放地点			
使用状况	在用	使用年限(月)	10	折旧方法	平均年限法(一)
开始使用日期	2016-04-16	已计提月份	0	币种	人民币
原值	900000.00	净残值率	3%	净残值	27000.00
累计折旧	0.00	月折旧率	0	本月计提折旧额	0.00
净值	900000.00	对应折旧科目	5101，制造费用	项目	
增值税	153000.00	价税合计	1053000.00		
录入人	夏雪			录入日期	2016-01-15

图 5-2-5　编号“00009”固定资产卡片

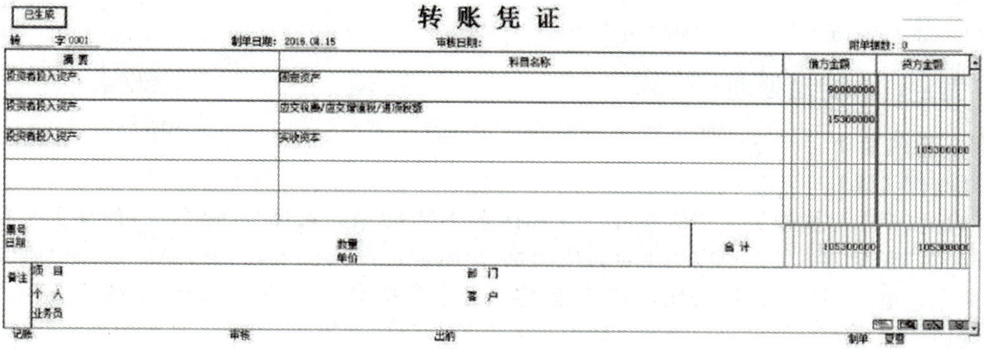

已生成

转 账 凭 证

转 字 0001　　制单日期：2016.01.15　　审核日期：　　附单据数：0

摘要	科目名称	借方金额	贷方金额
投资者投入资产	固定资产	90000000	
投资者投入资产	应交税费/应交增值税/进项税额	15300000	
投资者投入资产	实收资本		105300000
票号 日期	数量 单价 合计	105300000	105300000

备注　项目　　部门
　　　个人　　客户
　　　业务员

记账　审核　出纳　制单 夏雪

图 5-2-6　2016.01.15“转账凭证”窗口

量是进入本单位前的值，已计提月份必须严格按照该资产在其他单位已经计提或估计已计提的月份数核算，不包括使用期间停用等不计提折旧的月份。

（3）通过资产增加录入系统的卡片，如果在没有做变动单或评估单，没有制作凭证的情况下，在录入当月可以无痕迹修改；如果做过变动单，只有删除变动单才能进行无痕迹修改；如果已制作凭证，要修改原值或累计折旧，必须删除凭证后，才能做无痕迹修改，卡片上其他项目，任何时候均可以进行无痕迹修改。

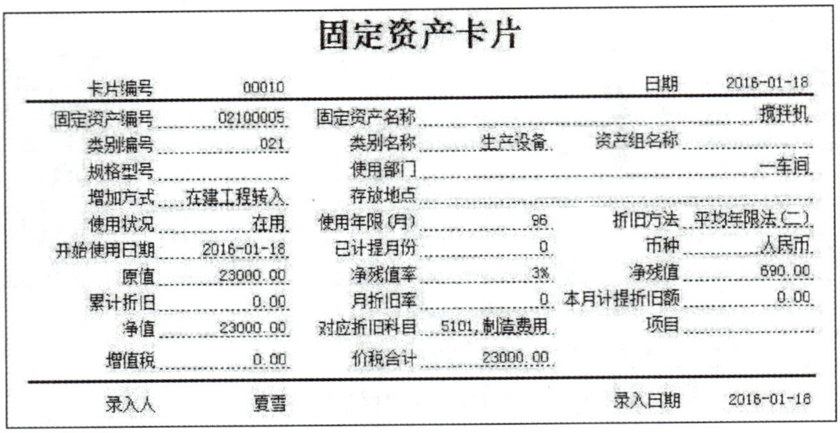

图 5-2-7 编号“00010”固定资产卡片

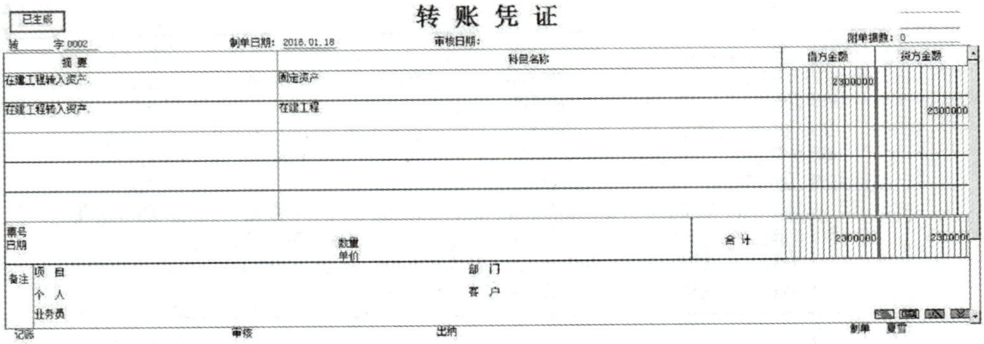

图 5-2-8 2016.01.18“转账凭证”窗口

(4)非本月录入的卡片，不能删除。

(5)卡片做过一次月末结账后不能删除。

三、固定资产变动处理

1. 原值变动

【操作步骤】

(1)以 101 号操作员李伟的身份，于 2016 年 1 月 19 日，选择“216 深圳市佳华实业有限责任公司”账套，登录企业应用平台，依次执行“固定资产”→“卡片”→“变动单”→“原值增加”命令，单击“卡片编号”按钮，打开“固定资产卡片档案”对话框，选择“电脑”，单击“确定”按钮。

(2)在“增加金额”栏录入“300”；在“变动原因”栏录入“增加内存条”。

(3)单击“保存”按钮，系统提示“数据成功保存!”，单击“确定”按钮，弹出一张会计凭证，修改凭证字为“付款凭证”，在贷方录入“1001，库存现金”科目，单击“保存”按钮，凭证保存成功。

2. 部门转移

【操作步骤】

(1)以 101 号操作员李伟的身份，于 2016 年 1 月 29 日，选择“216 深圳市佳华实业有限责任公司”账套，登录企业应用平台，依次执行“固定资产”→“卡片”→“变动单”→“部门转移”命令，单击“卡片编号”按钮，打开“固定资产卡片档案”对话框，选择“1 号办公楼”，单击“确定”按钮。

(2)单击“变动后部门”按钮，选择“多部门使用”，录入各部门使用情况：管理部使用 20%，财务部使用 20%，采购部使用 20%，销售部使用 20%，人事部使用 20%。在“变动原因”栏，录入变动原因“各部门使用情况已经划分”后，单击“保存”按钮，如图 5-2-9 所示。

固定资产变动单
— 部门转移 —
变动单编号 00003 变动日期 2016-01-29
卡片编号 00001 资产编号 01100001 开始使用日期 2010-12-10
资产名称 1号办公楼 规格型号
变动前部门 管理部/财务部 变动后部门 里部/财务部/采购部/销售部/人事部
存放地点 新存放地点
变动原因 各部门使用情况已经划分
经手人 李伟

图 5-2-9　编号“00003”固定资产变动单

(3)弹出“数据成功保存!”对话框，单击“确定”按钮。

3. 使用状况变动

【操作步骤】

(1)依次执行“固定资产”→“卡片”→“变动单”→“使用状况调整”命令，单击“卡片编号”栏，再双击“卡片编号”按钮，打开“固定资产卡片档案”对话框。

(2)选择“1 号生产线”，单击“确定”按钮。

(3)单击“变动后使用状况”按钮，选择“大修理停用”。在“变动原因”栏，录入变动原因“修理停用”后，单击“保存”按钮，如图 5-2-10 所示。

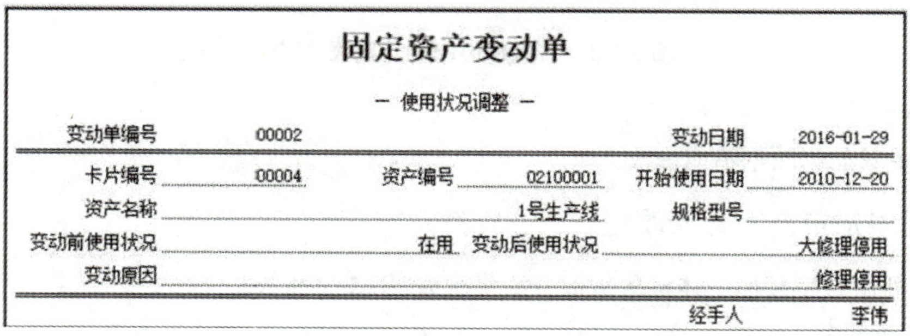
固定资产变动单
— 使用状况调整 —
变动单编号 00002 变动日期 2016-01-29
卡片编号 00004 资产编号 02100001 开始使用日期 2010-12-20
资产名称 1号生产线 规格型号
变动前使用状况 在用 变动后使用状况 大修理停用
变动原因 修理停用
经手人 李伟

图 5-2-10　编号“00002”固定资产变动单

4. 计提资产减值准备

【操作步骤】

(1)以 101 号操作员李伟的身份，于 2016 年 1 月 30 日，选择“216 深圳市佳华实业有限责任公司”账套，登录企业应用平台，依次执行“固定资产”→“卡片”→“变动单”→“计提减值准备”命令，单击“卡片编号”按钮，打开“固定资产卡片档案”对话框，选择“2 号生产线”，单击“确定”按钮。

(2)在“减值准备金额”栏录入“30 000”，在“变动原因”栏，录入变动原因“资产减值”后，单击“保存”按钮，如图 5-2-11 所示。

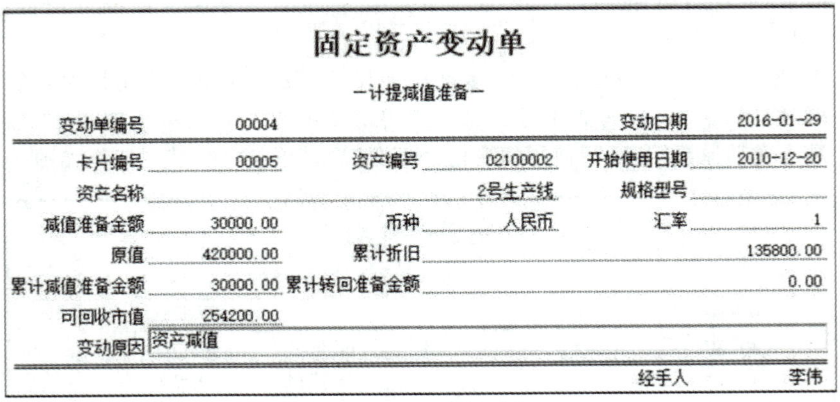
固定资产变动单

—计提减值准备—

变动单编号	00004			变动日期	2016-01-29
卡片编号	00005	资产编号	02100002	开始使用日期	2010-12-20
资产名称			2号生产线	规格型号	
减值准备金额	30000.00	币种	人民币	汇率	1
原值	420000.00	累计折旧			135800.00
累计减值准备金额	30000.00	累计转回准备金额			0.00
可回收市值	254200.00				
变动原因	资产减值				
				经手人	李伟

图 5-2-11　编号“00004”固定资产变动单

(3)单击“保存”按钮，系统提示“数据成功保存!”，单击“确定”按钮，弹出一张记账凭证，修改凭证字为“转账凭证”，在借方录入“6701，资产减值损失”科目，单击“保存”按钮，凭证保存成功，如图 5-2-12 所示。

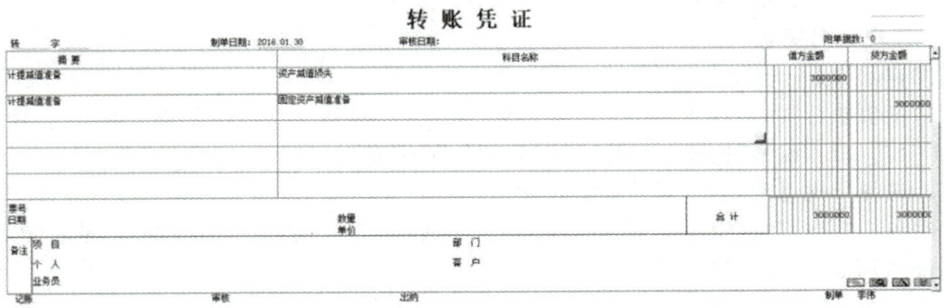

图 5-2-12　2016.01.30“转账凭证”窗口

【注意】

变动单只能删除，不能修改。

四、新增固定资产卡片修改

1. 将新增打字复印一体机的折旧方法修改为“年数总和法”

【操作步骤】

(1)以 101 号操作员李伟的身份，于 2016 年 1 月 31 日选择“216 深圳市佳华实业有限责任公司”账套，登录企业应用平台，依次执行“固定资产”→“卡片”→“卡片管理”命令，弹出“查询条件选择－卡片管理”对话框，如图 5-2-13 所示。

【注意】

开始使用日期选择需要查询的固定资产的开始使用日期之前或者当日。

(2)单击“确定”按钮，选择需要修改的固定资产“00009 打字复印一体机”，单击“修改”按钮，单击“折旧方法”按钮，选择“年数总和法”，如图 5-2-14 所示。

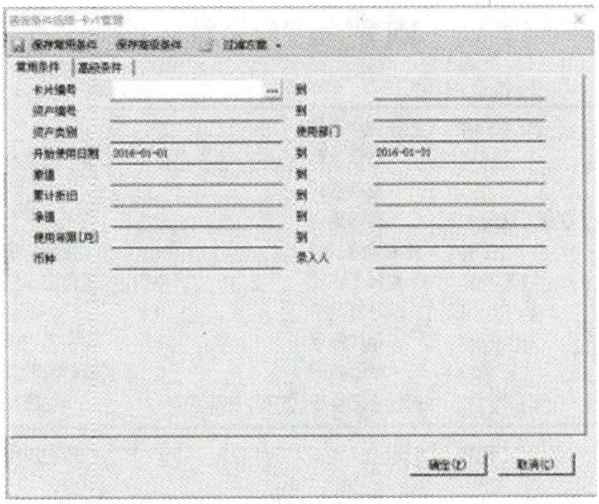

图 5-2-13　固定资产“查询条件选择—卡片管理”对话框

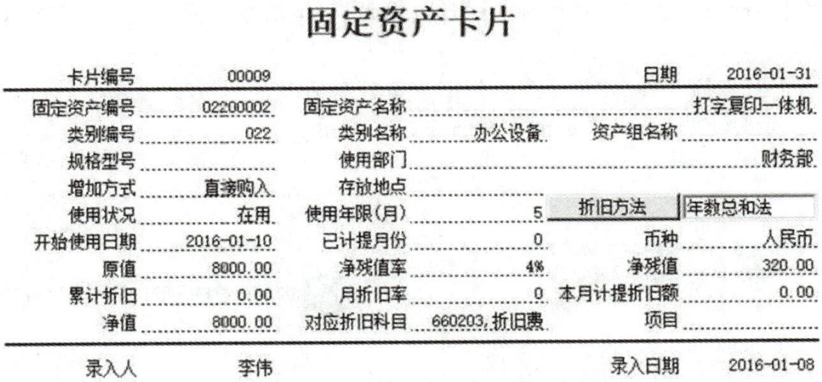

图 5-2-14　编号“00009”固定资产卡片修改

(1)单击“保存”按钮，系统提示“数据成功保存!”，单击“确定”按钮。

2. 1 月 31 日，新增印花机折旧方法变动为“工作量法”，工作总量为“5 000 000h”，工作计量单位为“小时”

【操作步骤】

(1)依次执行“固定资产”→“卡片”→“卡片管理”命令，弹出“查询条件选择－卡片管理”对话框，单击“确定”按钮，选择需要修改的固定资产“00011 印花机”。

(2)单击“修改”按钮，单击“折旧方法”按钮，选择“工作量法”。

(3)在“工作总量”栏录入“5 000 000”，在“工作量单位”栏录入“小时”，如图 5-2-15 所示。

(4)单击“保存”按钮，系统提示“数据成功保存!”，单击“确定”按钮。

【注意】

卡片查询时，注意开始使用时间。如果查询所有卡片，开始使用时间可以为空。

五、固定资产折旧处理

计提本月固定资产折旧。

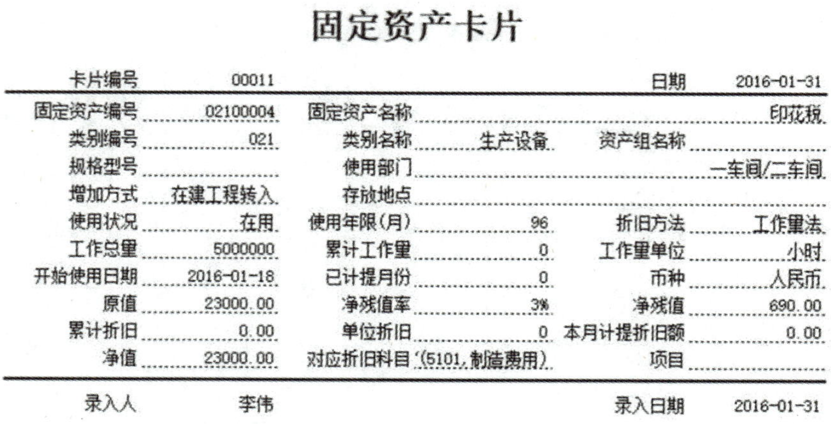

图 5-2-15 编号“00011”固定资产卡片修改

【操作步骤】

(1)依次执行“固定资产”→“处理”→“计提本月折旧”命令，弹出“固定资产”对话框，如图 5-2-16 所示。

(2)单击“是”按钮，弹出“是否查看折旧清单?”对话框。

(3)单击“是”按钮，弹出提示框，如图 5-2-17 所示。

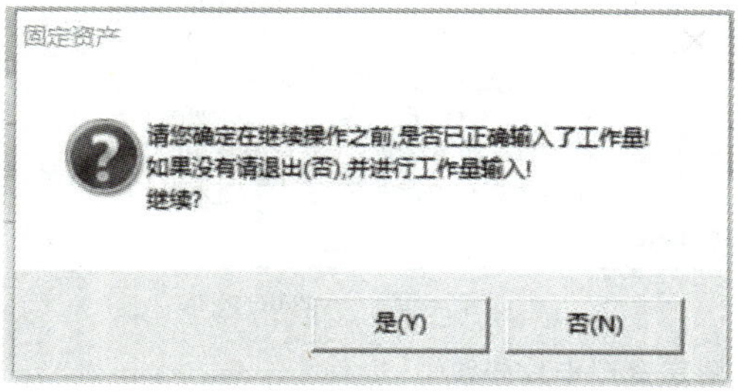

图 5-2-16 “固定资产”对话框

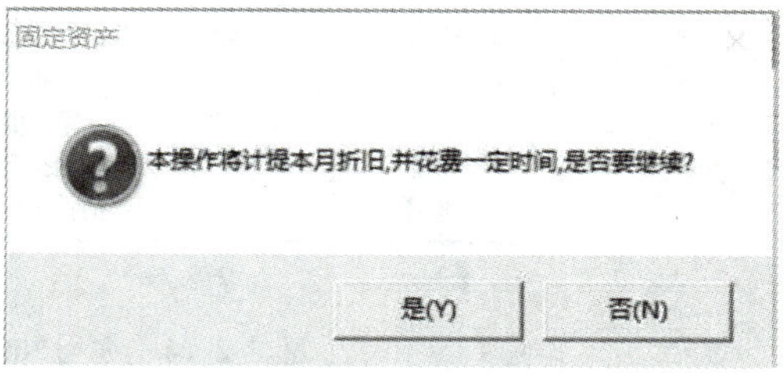

图 5-2-17 “固定资产”提示框—计提本月折旧

(4)单击“是”按钮，弹出对话框，如图 5-2-18 所示。

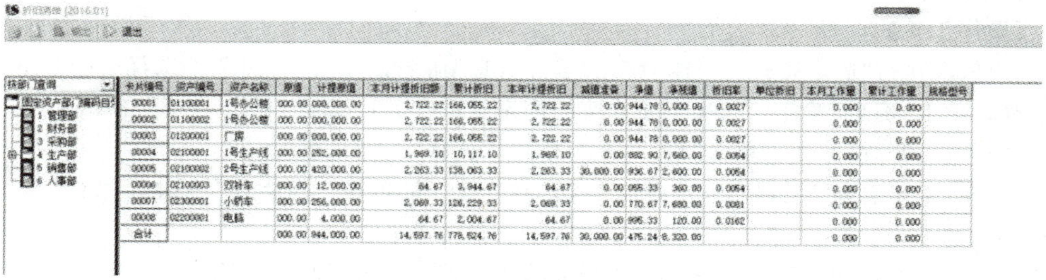

卡片编号	资产编号	资产名称	原值	计提原值	本月计提折旧额	累计折旧	本年计提折旧	减值准备	净值	净残值	折旧率	单位折旧	本月工作量	累计工作量	规格型号
00001	01100001	1号办公楼	000.00	000,000.00	2,722.22	166,055.22	2,722.22	0.00	944.78	0,000.00	0.0027		0.000	0.000	
00002	01100002	1号办公楼	000.00	000,000.00	2,722.22	166,055.22	2,722.22	0.00	944.78	0,000.00	0.0027		0.000	0.000	
00003	01200001	厂房	000.00	000,000.00	2,722.22	166,055.22	2,722.22	0.00	944.78	0,000.00	0.0027		0.000	0.000	
00004	02100001	1号生产线	000.00	252,000.00	1,969.10	10,117.10	1,969.10	0.00	882.90	7,560.00	0.0054		0.000	0.000	
00005	02100002	2号生产线	000.00	420,000.00	2,263.33	138,063.33	2,263.33	30,000.00	936.67	2,600.00	0.0054		0.000	0.000	
00006	02100003	双桥车	000.00	12,000.00	64.67	3,944.67	64.67	0.00	055.33	360.00	0.0054		0.000	0.000	
00007	02300001	小轿车	000.00	256,000.00	2,069.33	126,229.33	2,069.33	0.00	770.67	7,680.00	0.0081		0.000	0.000	
00008	02200001	电脑	000.00	4,000.00	64.67	2,004.67	64.67	0.00	995.33	120.00	0.0162		0.000	0.000	
合计			000.00	944,000.00	14,597.76	778,524.76	14,597.76	30,000.00	475.24	8,320.00			0.000	0.000	

图 5-2-18 固定资产折旧清单

(5)单击“退出”按钮，弹出提示框，如图 5-2-19 所示。

(6)单击“确定”按钮，系统弹出“折旧分配表”对话框，如图 5-2-20 所示。

(7)单击左上方“凭证”按钮，生成一张记账凭证，修改凭证字为“转账凭证”。单击“保存”按钮，凭证保存成功，如图 5-2-21 所示。

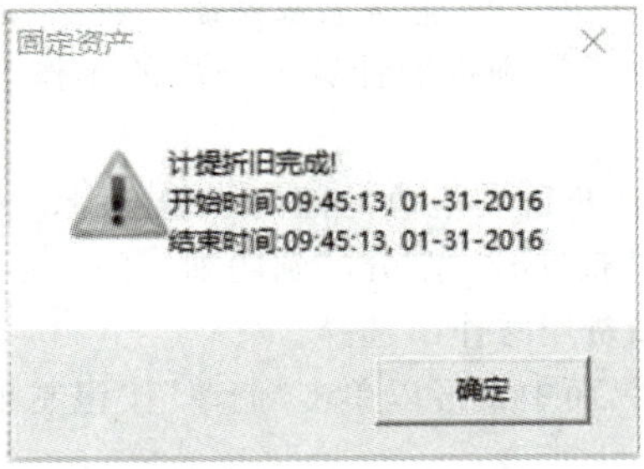

图 5-2-19 “固定资产”提示框—计提折旧完成

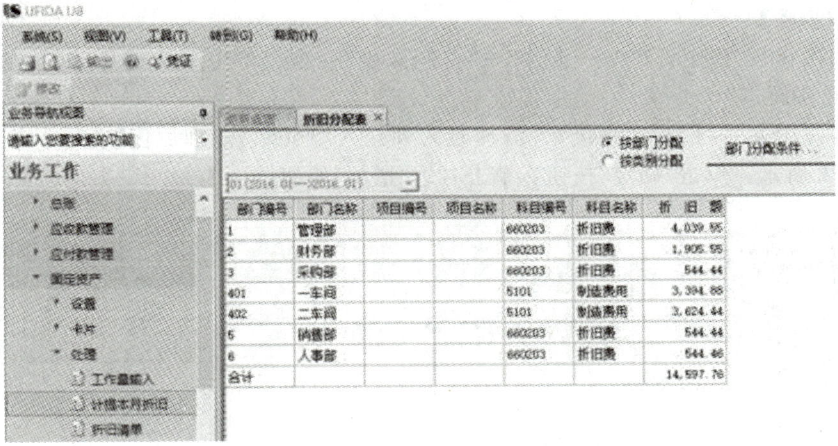

图 5-2-20 固定资产“折旧分配表”

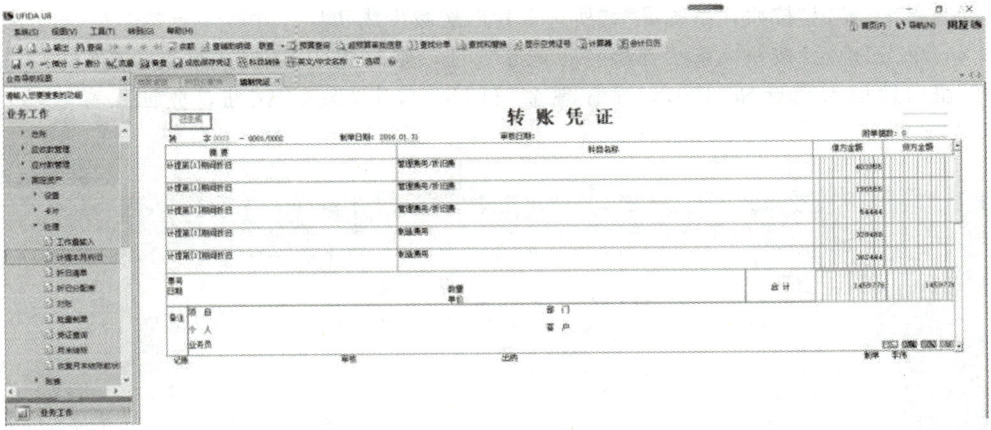

图 5-2-21 2016.01.31“转账凭证”窗口

【注意】

(1)计提折旧功能对各项资产每期计提一次折旧，并自动生产折旧分配表，然后生成记账凭证，将本期的折旧费用自动登账。

(2)部门转移和类别调整的资产当月计提的折旧分配到变动后的部门和类别。

(3)在一个期间内可以多次计提折旧，每次计提折旧后，只是将计提的折旧累加到月初的累计折旧上，不会重复累计。

(4)若上次计提折旧已制单并已传递到总账系统，则必须删除该凭证才能重新计提折旧。计提折旧后又对账套进行了影响折旧计算或分配的操作，必须重新计提折旧，否则系统不允许结账。

(5)资产的使用部门和资产折旧要汇总的部门可能不同，为了加强资产管理，使用部门必须是明细部门，而折旧分配部门不一定分配到明细部门。不同的单位处理方法可以不同，因此要在计提折旧后分配折旧费用时作出选择。

(6)在“折旧费用分配表”界面中，可以单击“制单”按钮制单，也可以在“批量制单”功能中进行制单。

六、固定资产报废

【操作步骤】

(1)依次执行“固定资产”→“卡片”→“资产减少”命令，单击卡片编号后的“参照”按钮，选择“0000 小轿车”。

(2)在减少方式列录入“报废”，清理收入列录入“800”，清理原因列录入“资产报废”，如图 5-2-22 所示。单击“确定”按钮，单击右边“增加”按钮。

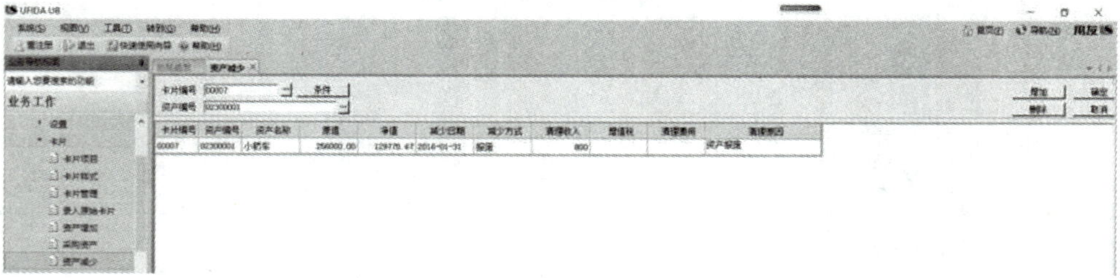

图 5-2-22 “资产减少”窗口

(3)单击“确定”按钮，系统提示“所选卡片已经减少成功!”。

(4)单击“确定”按钮，系统弹出一张记账凭证，修改凭证类别为“收款凭证”，在“科目名称”空白处录入或选择“1001，库存现金”科目，单击“保存”按钮，凭证保存成功，如图 5-2-23 所示。

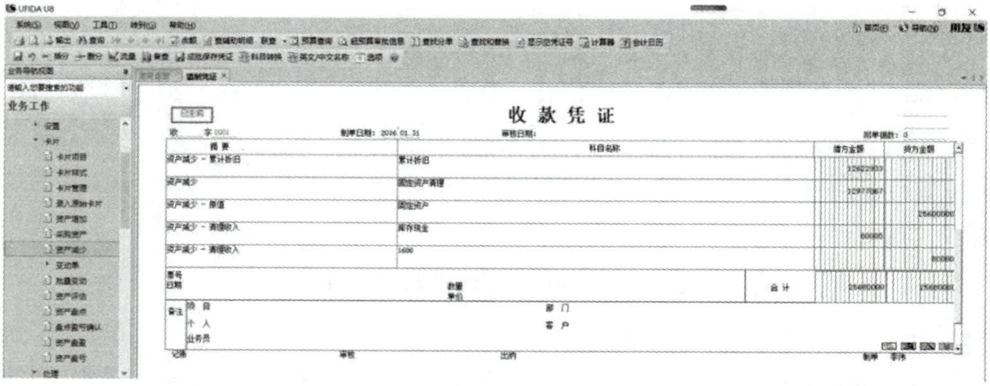

图 5-2-23 “收款凭证”窗口

(5)操作员李伟在 2016 年 1 月 31 日，在总账系统，依次执行“总账”→“凭证”→“填制凭证”命令，打开“凭证”对话框。

(6)单击“增加”按钮，凭证类别为“转账凭证”，摘要为“结转固定资产清理”，根据“固定资产净值－清理收入＝固定资产清理结转值”，即“18 796.11－800＝17 996.11”，录入结转固定资产清理的会计凭证。

(7)单击“保存”按钮，凭证保存成功，如图 5-2-24 所示。

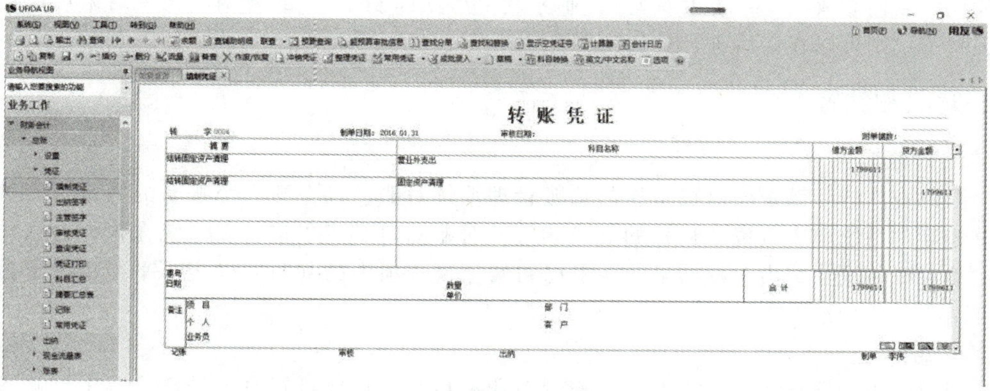

图 5-2-24 “转账凭证”窗口

【注意】

只有当资产开始计提折旧后才可以使用资产减少功能，否则，减少资产只能通过删除卡片来完成。

任务三 固定资产管理系统期末业务处理的操作及账表查询

本任务将进行如下操作。

1. 查找、修改、删除已生成的固定资产凭证及卡片

经查询相关评估资料，3 号生产线的原值为 700 000 元，增值税为 119 000 元，请查找新增 3 号生产线的凭证，修改其入账金额。

2. 查询固定资产原值一览表、价值结构分析表、(部门)折旧计提汇总表

3. 月末对账、月末结账

4. 账套备份

在 E 盘根目录下建立一个文件夹，文件夹的名字为“216 账套备份”，在该文件中建立一个名为“固定资产期末处理的操作及账表查询 7-3”的文件夹，将账套备份到该文件夹中。

相关知识

固定资产管理系统的期末处理主要包括计提减值准备、计提折旧、制单、对账和结账等。

一、计提减值准备

企业在会计期末对各项固定资产逐项检查，若固定资产可收回金额低于账面价值，则应当将可收回金额低于账面价值的差额作为固定资产减值准备。

二、计提折旧

自动计提折旧是固定资产管理系统的主要功能之一。系统根据录入的资料自动计算每项资产的折旧，并生成折旧分配表和记账凭证，自动登记入账。

三、制单

若在“选项”中勾选了“业务发生后立即制单”，则在变动单完成后自动调出内容不完整的凭证，以便修改制单；若没有勾选“业务发生后立即制单”，或者调出凭证后未修改就直接关闭了，则可以在以后进行批量制单。

四、对账和结账

1. 对账

固定资产管理系统的对账是指与总账管理系统对账，以保证系统账套的固定资产数值与总账管理系统中固定资产科目的数值相等。对账随时都可以进行，系统在执行月末结账时自动对账一次，给出对账结果，并根据初始化或选项中的判断来确定不平衡情况下是否允许结账。

2. 结账

当固定资产管理系统完成本月全部制单业务后，才可以进行月末结账。月末结账每月进行一次，结账后当期数据不能修改。如果必须修改结账前的数据，只能使用“恢复月末结账前状态”命令。结账前不能处理下期的数据；另外，结账前一定要进行数据备份，否则数据一旦丢失，将造成无法挽回的后果。

3. 反结账

恢复月末结账前状态，称为反结账，它是固定资产管理系统提供的一个纠错功能，如果某种原因导致在结账后发现结账前的操作有误，而结账后不能修改结账前的数据，则可使用此功能恢复到结账前的状态去修改错误。

具体操作

一、查找、修改、删除已生成的固定资产凭证及卡片

【操作步骤】

(1)以 101 号操作员李伟的身份，于 2016 年 1 月 31 日，选择“216 深圳市佳华实业有限责任公司”账套，登录企业应用平台，单击“业务工作”→双击“财务会计”→双击“固定资产”→双击“卡片”→双击“卡片管理”，系统弹出对话框，如图 5-3-1 所示。

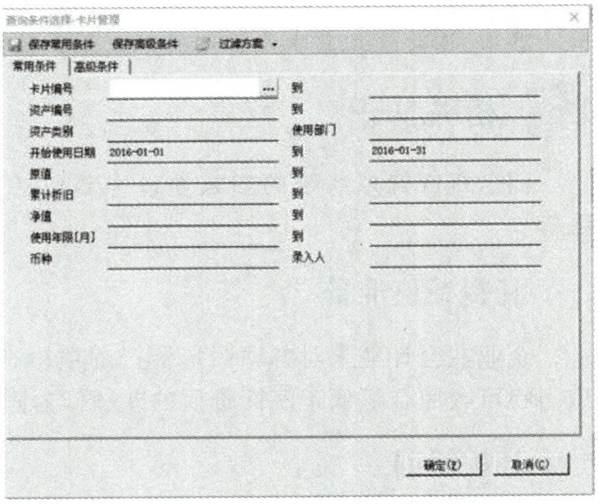

图 5-3-1 固定资产“查询条件选择—卡片管理”

(2)开始使用日期选择“2016-01-01”到“2016-01-31”，单击“确定”按钮，系统弹出卡片列表，如图 5-3-2 所示。

(3)双击“00009 卡片”需要制单的记录，单击“修改”按钮，修改原值为“7 000”，如图 5-3-3 所示。

(4)单击“保存”按钮。

(5)关闭“固定资产卡片”及“卡片管理”界面，弹出“是否保存数据”对话框，单击“否”按钮。

(6)执行“固定资产”→“处理”→“凭证

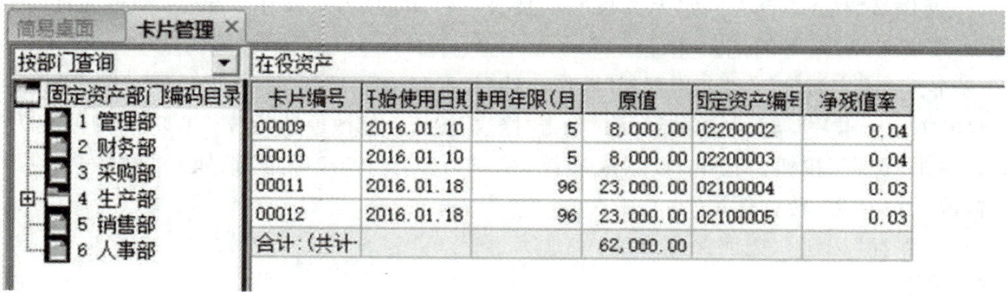

图 5-3-2　卡片管理

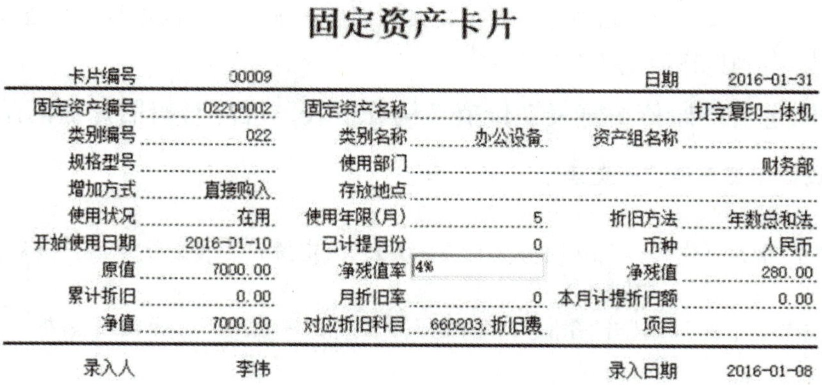

图 5-3-3　编号“00009”固定资产卡片

查询”命令，单击，选中业务日期为“2016-01-08”、业务号为“00010”的记录，如图 5-3-4 所示。单击“删除”按钮，弹出对话框，单击“是”按钮，如图 5-3-5 所示。

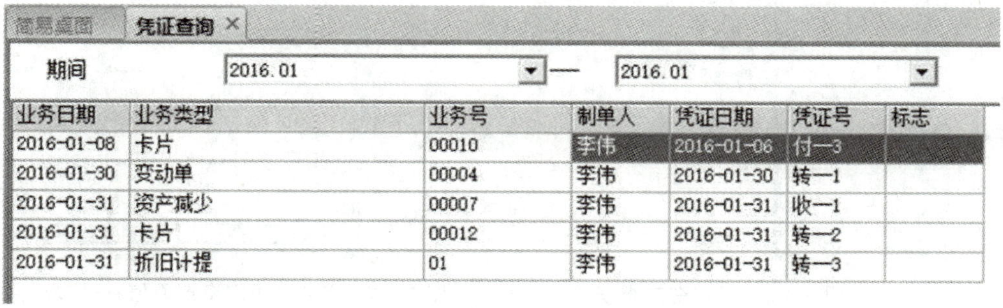

图 5-3-4　选中业务号为“00010”的记录

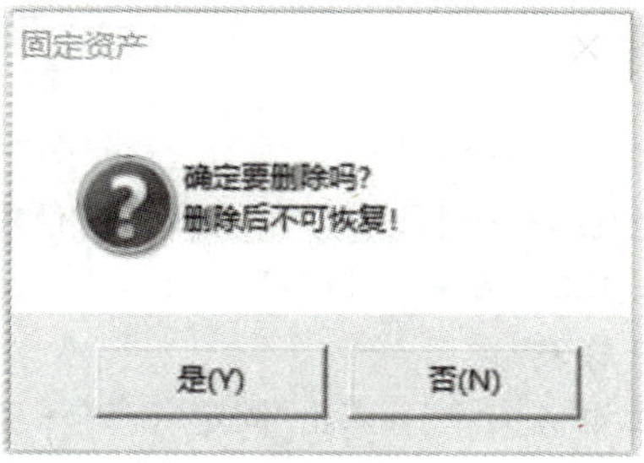

图 5-3-5　固定资产删除凭证提示框

(7)操作员“101 李伟”，执行“总账”→“凭证”→“填制凭证”操作，单击“整理凭证”按钮，整理“3 号生产线”新增的记账凭证。

(8)执行“固定资产”→“卡片管理”操作，选择“2016-01-01”到“2016-01-31”，单击“确定”按钮。双击“00009 卡片”需要制单的记录，单击“修改”按钮，修改原值为“700 000”，增值税为“11 900”，单击“保存”按钮，弹出“数据成功保存”对话框，单击“确定”按钮，弹出一张会计凭证，修改凭证字为“转款凭证”。

单击“保存”按钮，凭证保存成功。

【注意】

通过资产增加录入系统的卡片，在没有做变动单或评估单，没有制作凭证的情况下，在录入当月可以进行无痕迹修改；如果做过变动单，只有删除变动单才能进行无痕迹修改；如果已制作凭证，要修改原值或累计折旧，必须删除凭证后，才能进行无痕迹修改，卡片上其他项目，任何时候均可以无痕迹修改。

二、查询固定资产原值一览表、价值结构分析表、(部门)折旧计提汇总表

1. 查询固定资产原值一览表

【操作步骤】

(1)单击“业务工作”→双击“财务会计”→双击“固定资产”→双击“账表”→双击“我的账表”，系统弹出对话框，如图 5-3-6 所示。

(2)双击“统计表”，双击“条件一(固定资产原值)一览表”，弹出对话框，如图 5-3-7 所示。

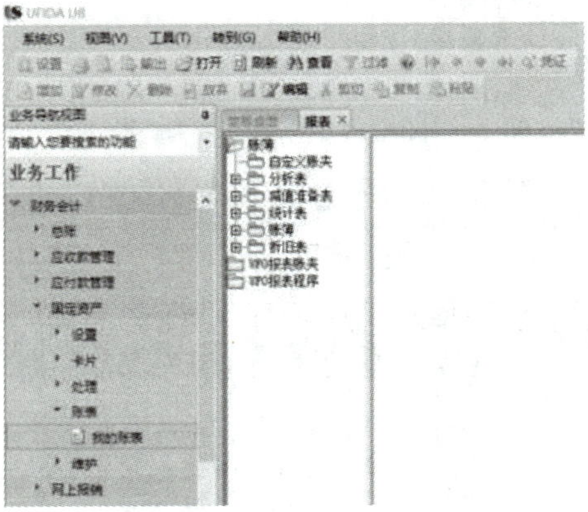

图 5-3-6　固定资产报表

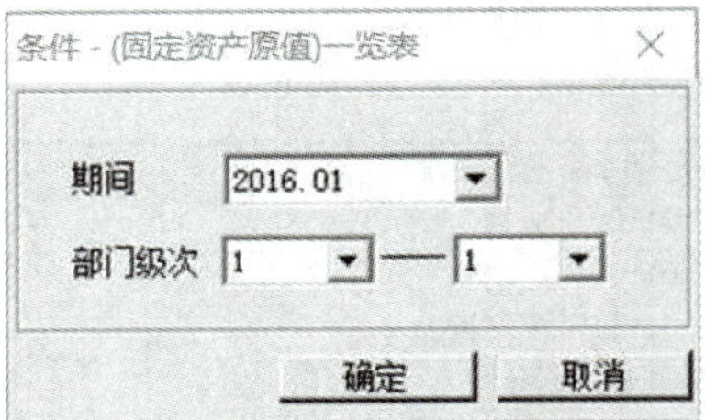

图 5-3-7　条件-(固定资产原值)一览表

(3)单击“确定”按钮，弹出“(固定资产原值)一览表”对话框，如图 5-3-8 所示。

2. 查询价值结构分析表

【操作步骤】

(1)单击“业务工作”→双击“财务会计”→双击“固定资产”→双击“账表”→双击“我的账表”→双击“分析表”→双击“价值结构分析表”，系统弹出对话框，如图 5-3-9 所示。

(2)单击“确定”按钮，弹出“价值结构分析表”，如图 5-3-10 所示。

3. 查询(部门)折旧计提汇总表

(1)单击“业务工作”→双击“财务会计”→双击“固定资产”→双击“账表”→双击“我的账表”→双击“折旧表”→双击“条件一(部门)折旧计提汇总表”，系统弹出对话框，如图 5-3-11 所示。

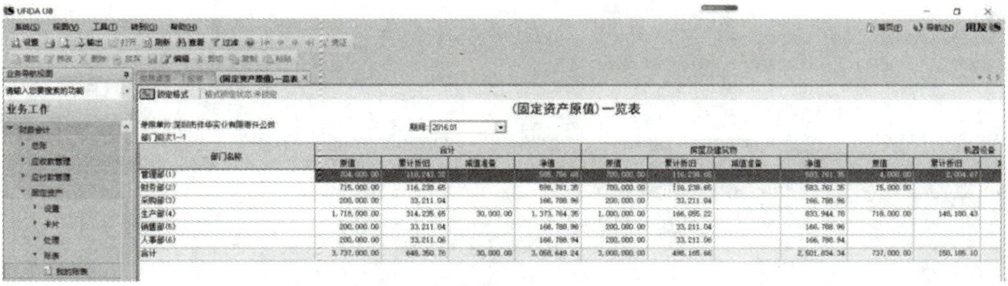

图 5-3-8 (固定资产原值)一览表

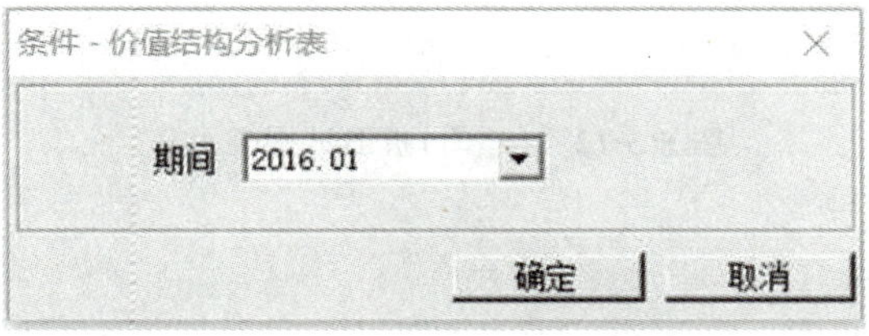

图 5-3-9 条件-价值结构分析表

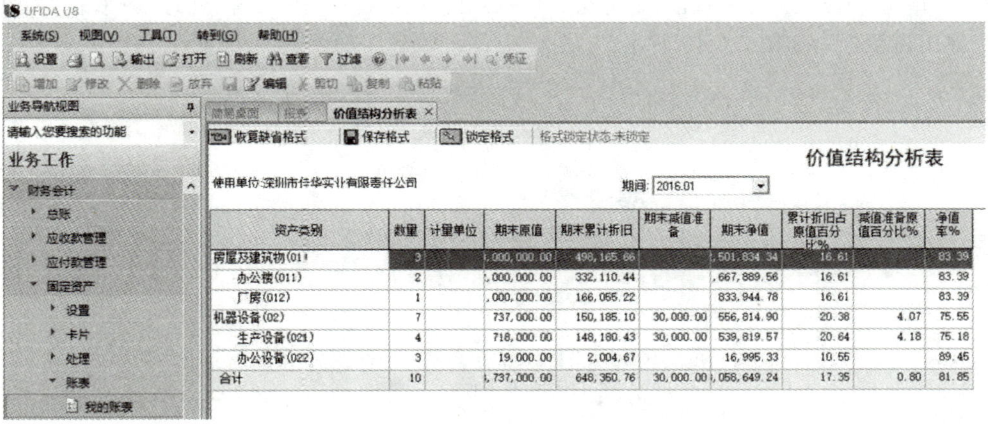

图 5-3-10 价值结构分析表

图 5-3-11 条件-(部门)折旧计提汇总表

(2)单击“确定”按钮，弹出“(部门)折旧计提汇总表”，如图 5-3-12 所示。

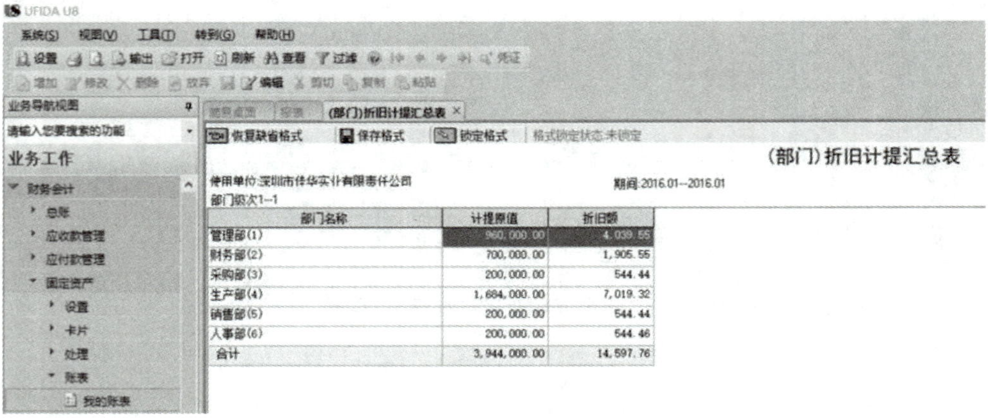

图 5-3-12　(部门)折旧计提汇总表

三、对账、月末结账

1. 对账

【操作步骤】

(1)单击“业务工作”→双击“财务会计”→双击“固定资产”→双击“处理”→双击“对账”，系统弹出提示框，如图 5-3-13 所示。

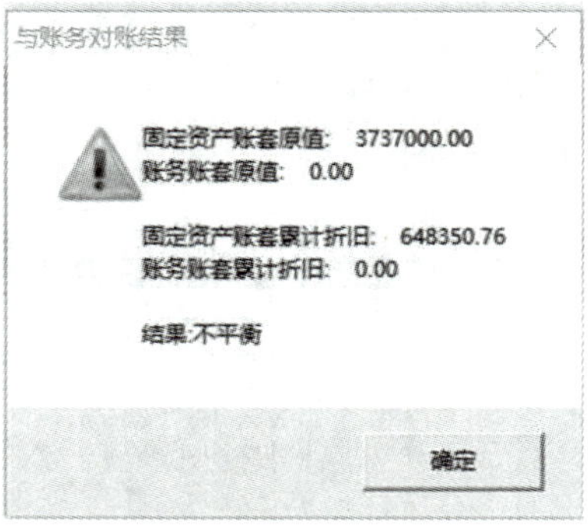

图 5-3-13　与账务对账结果—不平衡

(2)单击“确定”按钮，对账结果不平衡，进一步查找不平衡的原因。

(3)以 104 号操作员王利的身份，于 2016 年 1 月 31 日，选择“216 深圳市佳华实业有限责任公司”账套，登录企业应用平台，进入总账系统，对固定资产系统生成的记账凭证进行出纳签字。

(4)以 102 号操作员胡琳的身份，于 2016 年 1 月 31 日，选择“216 深圳市佳华实业有限责任公司”账套，登录企业应用平台，进入总账系统，审核固定资产系统生成的记账凭证。

(5)以 103 号操作员何大鹏的身份，于 2016 年 1 月 31 日，选择“216 深圳市佳华实业有限责任公司”账套，登录企业应用平台，进入总账系统，对固定资产相关凭证记账。

(6)以 105 号操作员夏雪的身份，于 2016 年 1 月 31 日，选择“216 深圳市佳华实业有限责任公司”账套，登录企业应用平台，进入固定资产系统，重新对账。结果显示“平衡”。

(7)单击“确定”按钮，完成对账。

【注意】

在固定资产系统中新增的卡片和计提折旧已经记账，但尚未在总账系统中记账，因此出现了金额不平衡现象。

2. 结账

【操作步骤】

(1)单击“业务工作”→双击“财务会计”→双击“固定资产”→双击“处理”→双击“月末结账”，系统弹出对话框。

(2)单击“开始结账”按钮，弹出对话框。

(3)单击“确定”按钮，弹出对话框。

(4)单击“确定”按钮，弹出对话框。

(5)单击“确定”按钮，完成月末结账。

项目六　应收款系统核算与管理

情境引例

深圳市佳华实业有限责任公司的经营业务以订单为主，围绕客户订单组织原材料采购和产品生产。随着生产能力的扩大，公司的客户规模也在增大，与更多的供应商建立了合作关系。一些应收款项由于未及时催收增大了坏账风险。应收款项核算的准确性、及时性、风险管理和信用管理显得越来越重要。对应收款项关系较为复杂的深圳市佳华实业有限责任公司来说，在对ERP系统积累了必要的运行经验的基础上，它可以通过启用金蝶K/3系统中的应收款管理系统来加强对应收款项的核算和管理。

知识目标

通过本项目学习需要达到如下目标：

1. 了解用友ERP-U8 V10.1应收款管理系统的基本功能；
2. 了解应收款管理系统不同应用方案的特点；
3. 熟悉应收款管理系统参数设置的主要内容；
4. 掌握应收款管理系统期初余额录入的方法；
5. 掌握应收款管理系统日常业务处理的方法；
6. 熟悉应收款管理系统账簿查询的作用和基本方法。

任务实施

任务一　认知应收款管理系统

本任务介绍应收款管理系统的基本功能、应收款管理系统的两种应用方案、应收款管理系统的业务处理流程及应收款管理系统与其他子系统之间的数据传递关系。

一、应收款管理系统的基本功能

应收款管理系统主要用于核算和管理客户往来款项。该系统以销售发票、收款单、其他应收单等原始单据为依据，记录销售业务及其他业务所形成的往来款项，处理应收款项收回、坏账、转账等事项，提供票据管理及统计分析功能。根据对客户往来款项核算和管理的程度不同，系统提供了应收款"详细核算"和"简单核算"两种应用方案供用户选择。

应收款管理系统主要提供了系统初始化设置、日常处理、单据查询、账表管理、其他处理、期末处理等功能，具体包括如下内容。

(1)系统初始化设置：系统参数设置、单据类型设置、账龄区间的设置、坏账初始设置及期初余额录入等。

(2)日常处理：应收单据和收款单据的录入、审核、核销、转账、汇兑损益、坏账、制单处理等。

(3)单据查询：对各类单据、详细核销信息、报警信息、凭证等内容的查询。

(4)账表管理：总账、明细账、余额表等多种账表查询功能和应收账款分析、收款账龄分析、欠款分析等统计分析功能。

(5)其他处理：对核销、转账等处理进行恢复的功能。

(6)期末处理：月末结账和取消月结等功能。

二、应收款管理系统的两种应用方案

应收款管理系统提供了“详细核算”和“简单核算”两种应用方案，满足用户不同的管理需要。

(1)“详细核算”应用方案。如果企业的销售业务及应收款核算与管理业务比较复杂，或者企业需要追踪每一笔业务的应收款、收款等情况，或者企业需要将应收款核算到产品一级，那么企业可以选择“详细核算”应用方案。“详细核算”应用方案的功能主要包括记录应收款项的形成(包括由商品交易和非商品交易所形成的所有应收项目)、处理应收项目的收款及转账问题、对应收票据进行记录和管理、随应收项目的处理过程自动生成凭证并传递给总账系统、对外币业务及汇兑损益进行处理，以及提供针对多种条件的各种查询和分析服务。

(2)“简单核算”应用方案。如果企业的销售、出口业务及应收账款业务比较简单，或者现结业务很多，可以选择“简单核算”应用方案。

“简单核算”应用方案的功能主要包括接收销售系统的发票并对其进行审核，以及对销售发票进行制单处理并传递给总账系统，着重对客户的往来款项进行查询和分析。

企业通过在应收款管理系统中设置“应收账款核算模型”来决定具体选择哪一种应用方案。

三、应收款管理系统业务处理流程

应收款管理系统业务处理流程如图 6-1-1 所示。

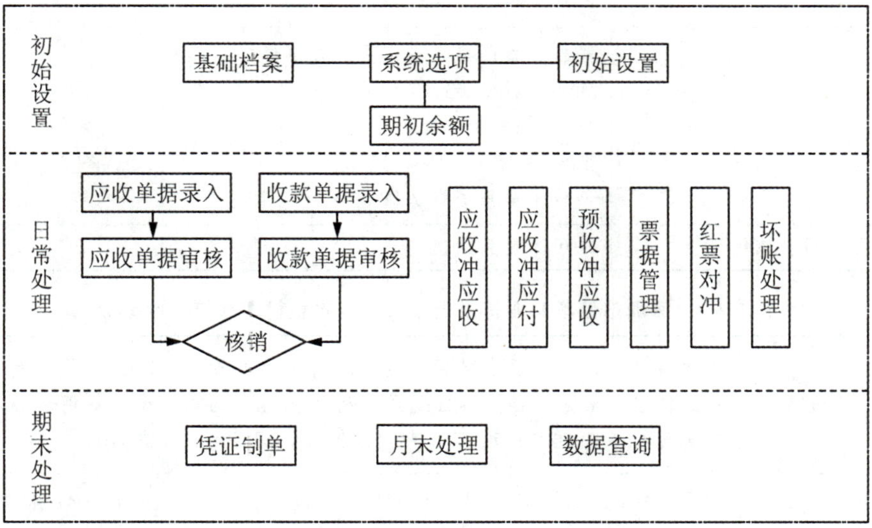

图 6-1-1 应收款管理系统的业务处理流程

应收款管理系统与其他子系统之间的数据传递关系在“详细核算”应用方案中，应收款管理系统与其他子系统的数据传递关系如图 6-1-2 所示。

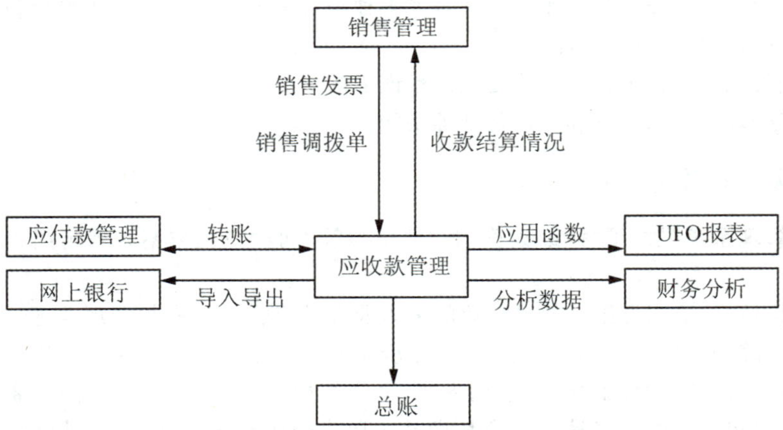

图 6-1-2　应收款管理系统与其他子系统的数据传递关系

任务二　应收款管理系统初始化设置

本任务将以账套主管李晶的身份，进行如下操作。

(1)设置应收款管理系统控制参数，如表 6-2-1 所示。

(2)设置应收款管理系统的会计科目，如表 6-2-2 所示。

表 6-2-1　设置应收款管理系统控制参数

选项卡	参数设置
常规	单据审核日期依据：单据日期 坏账处理方式：应收余额百分比法 其他采用系统默认值
凭证	受控科目制单方式：明细到单据 销售科目依据：按存货 取消“核销生成凭证” 取消“红票对冲生成凭证” 其他采用系统默认值
权限与预警核销设置	采用系统默认值

表 6-2-2　深圳市佳华实业有限责任公司应收款管理系统控制参数

基本科目设置	应收科目：1122；预收科目：2203；代垫费用科目：1001；商业承兑科目：1121；银行承兑科目：1121；票据利息科目：6603；票据费用科目：6603；现金折扣科目 6603；税金科目：2210104；运费科目：660105
产品科目设置	单色圆珠笔：销售收入科目 600101；应交增值税科目 22210104；销售退回科目 600101 双色圆珠笔：销售收入科目 600102；应交增值税科目 22210104；销售退回科目 600102

续表

基本科目设置	应收科目：1122；预收科目：2203；代垫费用科目：1001；商业承兑科目：1121；银行承兑科目：1121；票据利息科目：6603；票据费用科目：6603；现金折扣科目6603；税金科目：2210104；运费科目：660105
结算方式科目设置	结算方式为"现金支票"，科目为100201；结算方式为"转账支票"，科目为100201；结算方式为"现金"，科目为100201；结算方式为"托收承付"，科目为100201；结算方式为"商业承兑汇票"，科目为100201；结算方式为"银行承兑汇票"，科目为100201

(3)设置坏账准备，如表6-2-3所示。

表6-2-3　深圳市佳华实业有限责任公司坏账准备设置

提取比例	0.5%	坏账准备科目	1231
坏账准备期初余额	0	对方科目	6701

(4)录入应收款管理系统的期初余额。

①2018-08-20，凭证号：23；向长沙家纺服份有限公司销售女士连衣裙800件，无税单价为3元/件，价税合计278 400元，收到对方开来的6个月的商业承兑汇票一张，票据面值为278 400元，票号为88750。票据签发日期和收到日期：2018-08-20，到期日：2019-02-20。增值税专用发票号：5678950002。

②2018-11-25，凭证号：22；向武汉绮丽服饰有限公司销售男士衬衫500件，无税单价为4元/件，价税合计232 000元，款项尚未收到。增值税专用发票号：5678951203。

③2018-12-02，凭证号：5；向福州宏丰公司销售女士连衣裙300件，无税单价为3元/件，价税合计104 400元，款项尚未收到。增值税专用发票号：5678951256。

由于初次使用应收款管理系统，需要对该系统进行初始设置，确定使用哪些单据处理应收业务，确定各个业务类型的凭证科目，将正式将账套前的所有应收业务数据录入系统，便于日后进行日常业务处理。

相关知识

应收款管理系统应用前的准备工作如下。

在应用系统之前，应该对现有的数据资料进行整理，以便能够及时、顺利、准确地运用系统。为便于系统初始化，应该准备如下数据和资料。

(1)有业务往来的所有客户的详细资料，包括客户名称、地址、联系电话、开户银行、所属总公司、信用额度、最后的交易情况等。可以根据系统客户目录中的内容来准备资料。

(2)用于销售的所有存货的详细资料，包括存货的名称、规格型号、价格、成本等数据。可以根据系统存货目录中的内容来准备资料。

(3)定义发票、应收单的格式。

具体操作

一、设置应收款管理系统控制参数

第一步：在企业应用平台"业务工作"选项卡下，执行"财务会计"→"应收款管理"→

“设置”→“选项”命令，打开“账套参数设置”窗口，单击“编辑”按钮，系统提示“选项修改需要重新登录才能生效”，单击“确定”按钮，如图 6-2-1 所示。

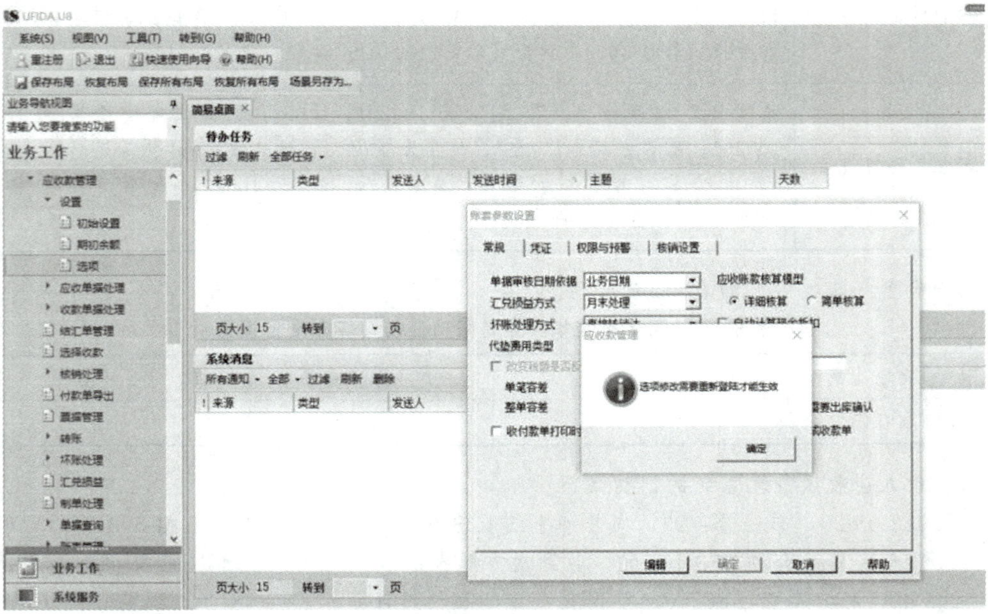

图 6-2-1　设置选项(1)

第二步：分别单击“常规”“凭证”“权限与预警”“核销设置”选项卡，根据表 6-2-1 对各参数进行选择设置，设置完毕后，单击“确定”按钮，如图 6-2-2 所示。

【选项卡内容说明】

(1)“常规”选项卡包含如下内容。

①单据审核日期依据。选项卡包括“单据日期”和“业务日期”两种审核依据。如果选择单据日期，则在单据处理功能中进行单据审核时，系统自动将单据的审核日期(即入账日期)记为该单据的单据日期。如果选择业务日期，则在单据处理功能中进行单据审核时，系统自动将单据的审核日期(即入账日期)记为当前业务日期(即登录日期)。因为单据需审核后记账，故单据审核日期依据单据日期还是业务日期，决定着业务总账、业务明细账、余额表等的查询期间取值。如果使用单据日期为审核日期，则月末结账时单据必须全部审核，因为下月无法以单据日期为审核日期。业务日期无此要求。在账套使用过程中，选择按单据日期进行单据审核较为灵活。

②汇兑损益方式。选项卡包括“外币余额结清时计算”和“月末处理”两种汇兑损益结算方式。一般应选择“月末处理”。

③坏账处理方式。系统提供的坏账处理方式有两种，即备抵法和直接转销法。如果选择备抵法，还应该选择系统提供的三种具体备抵的方法，即应收余额百分比法、销售收入百分比法、账龄分析法。这三种方法需要在初始设置中录入坏账准备期初和计提比例或输入账龄区间等，并在进行坏账处理时进行后续处理。值得注意的是，在账套使用过程中，如果当年已经计提过坏账准备，则坏账处理方式只能在下一年度修改。

④代垫费用类型。代垫费用类型具有解决从销售管理系统传递的代垫费用单在应收系统用何种单据类型进行接收的功能。系统默认为其他应收单，用户也可在单据类型设置中自行定义单据类型，然后在系统选项中进行选择。该选项可以随时更改。

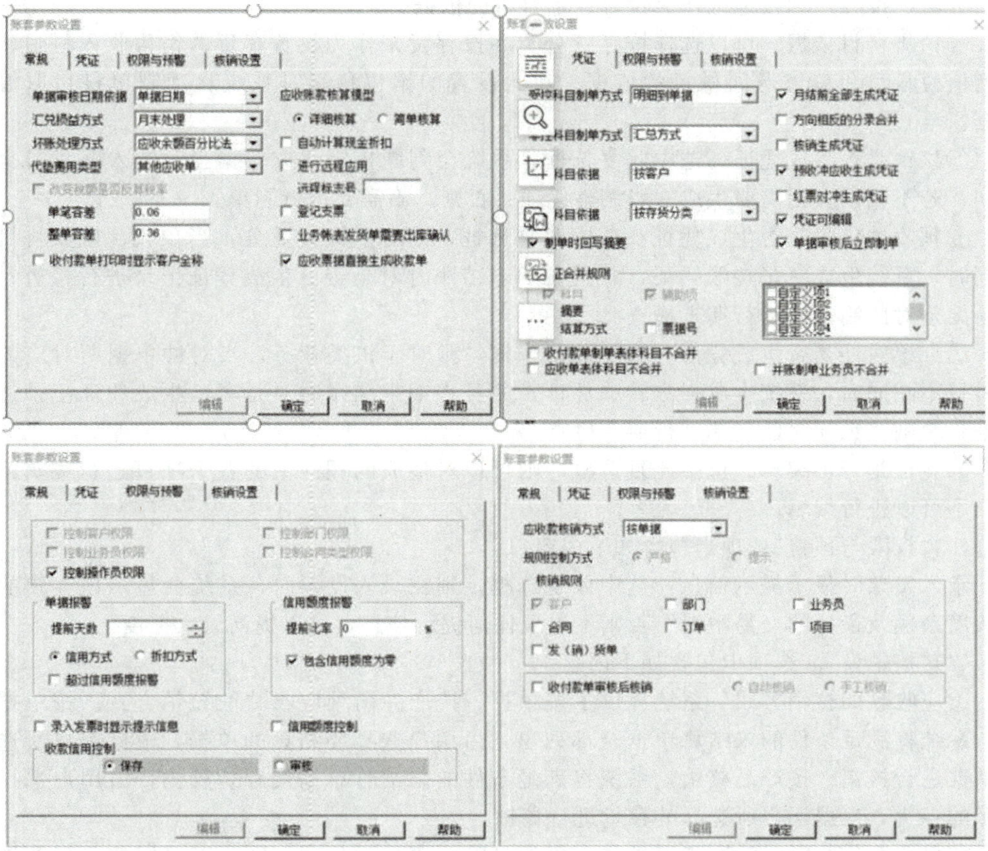

图 6-2-2　设置选项(2)

⑤是否登记支票。是否登记支票是系统提供给用户自动登记支票登记簿的功能。选择登记支票，则系统自动将具有票据管理的结算方式的付款单登记于支票登记簿。若不选择登记于支票登记簿，则用户也可以按付款单上的“登记”按钮，手工填制支票登记簿。该选项可以随时修改。

⑥应收账款核算模型。选项卡包括“简单核算”和“详细核算”两种应用模型。建议选择“详细核算”，便于对客户、供应商及往来款项进行更为详细的管理和核算。

(2)“凭证”选项卡包含如下内容。

①受控科目制单方式。有两种制单方式，即明细到客户的方式和明细到单据的方式。

明细到客户：当将一个客户的多笔业务合并生成一张凭证时，如果核算这些业务的控制科目相同，系统将自动将其合并成一条分录。使用这种方式能够在总账系统中根据客户来查询其详细信息。

明细到单据：当将一个客户的多笔业务合并生成一张凭证时，系统会将每一笔业务形成一条分录。使用这种方式能够在总账系统中查看每个客户的每笔业务的详细情况。

②非控科目制单方式。有“明细到客户”“明细到单据”和“汇总制单”3 种方式可供选择。“汇总制单”是指当将多个客户的多张单据合并生成一张凭证时，如果核算这多张单据的非控制科目相同，且其所带辅助核算项目也相同，则系统自动将其合并成一条分录，这便于精简总账中的数据，用户在总账系统中只能查看该科目总的发生额。

③控制科目依据。应收系统控制科目是指所有带有客户往来辅助核算的科目。可以按

客户分类、按客户和按地区作为设置控制科目的依据。

④销售科目依据。可以选择按存货分类和按存货来作为设置存货的销售收入科目、应交增值税科目和销售退回科目的依据。在此设置的销售科目是系统自动制单科目取值的依据。

⑤核销是否生成凭证。选中此复选框，系统会判断核销双方单据当时的入账科目是否相同，若不相同，则需要生成一张调整凭证；否则，不需要进行制单。

⑥预收冲应收是否生成凭证。选中此复选框，则对于该类业务，当预收、应收科目不相同时，系统生成一张转账凭证，并且在期末结账时对是否已生成凭证记录进行检查；否则，无须对此制单和进行期末检查。

⑦红票对冲是否生成凭证。选中此复选框，则对于该类业务，当对冲单据所对应的受控科目不相同时，系统生成一张转账凭证，并且在期末结账时对是否已生成凭证记录进行检查；否则，无须对此制单进行期末检查。

⑧凭证是否可编辑。选中此复选框，则可以对生成的凭证上的各个项目进行编辑；否则，不可以进行编辑。

(3)“权限与预警”选项卡包含如下内容。

录入发票时显示提示信息：选中此复选框，则在录入发票时，系统会显示该客户的信用额度余额及最后的交易情况；否则不出现任何提示信息，可以提高录入速度。

(4)“核销设置”选项卡包含如下内容。

①应收款的核销方式。系统提供了按单据、按产品两种应收款的核销方式。按单据核销，系统将满足条件的未结算单据全部列出，由用户选择要结算的单据，根据用户所选择的单据进行核销。按产品核销，系统将满足条件的未结算单据按存货列出，由用户选择要结算的存货，根据用户所选择的存货进行核销。

如果企业付款时，没有指定具体支付的是哪个存货的款项，则可以采用按单据核销方式。对于单位价值较高的存货，企业可以采用按产品核销方式，即付款指定到具体存货上。

②规则控制方式。系统提供了严格和提示两种规则控制方式。如果选择严格的控制方式，则核销时严格按照选择的核销规则进行核销，如不符合，则不能完成核销。如果选择提示的控制方式，核销时若不符合核销规则，系统提示后，由用户选择是否完成核销。

③核销规则。系统默认核销规则为按客户核销，可按客户＋其他项进行组合选择。如选择客户＋部门，则表示核销时，需客户相同，且部门相同。其他以此类推。系统提供了客户、部门、业务员、合同、订单、项目、发(销)货单选项可供组合。

④收付款单审核后核销。对于此选项系统默认为不选择。表示收付款单审核后不进行立即核销操作。可修改为选择，并默认为自动核销，表示收付款单审核后进行立即自动核销操作；选择手工核销，则表示收付款单审核后，立即自动进入手工核销界面，由用户手工完成核销。

二、设置应收款管理系统的会计科目

第一步：在应收款管理系统中，执行“设置”→“初始设置”命令，打开“初始设置”窗口。单击“增加”按钮。

第二步：系统默认为“基本科目设置”，选择基本科目种类、录入或选择相关基本科目代码，如图 6-2-3 所示。

第三步：单击“产品科目设置”命令，根据表 6-2-2 录入或选择相关产品科目代码，如图 6-2-4 所示。

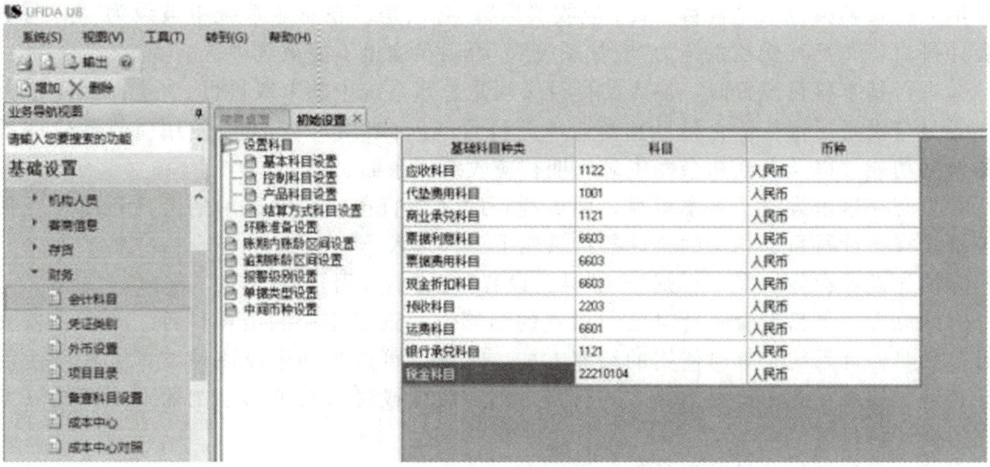

图 6-2-3　基本科目设置

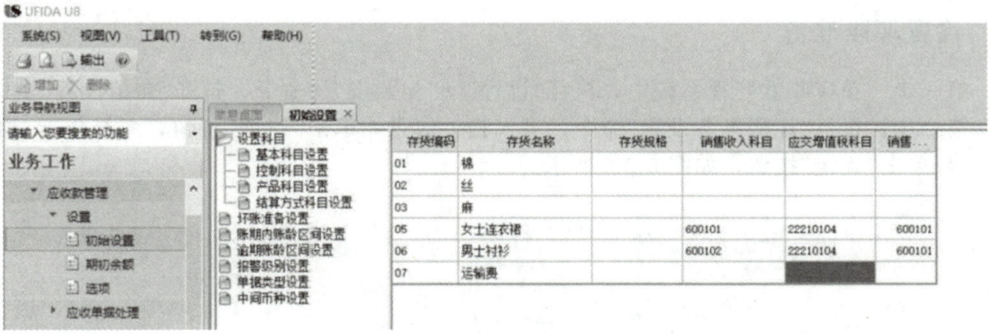

图 6-2-4　产品科目设置

第四步：单击“结算方式科目设置”命令，选择结算方式、币种及对应的结算科目代码，如图 6-2-5 所示。

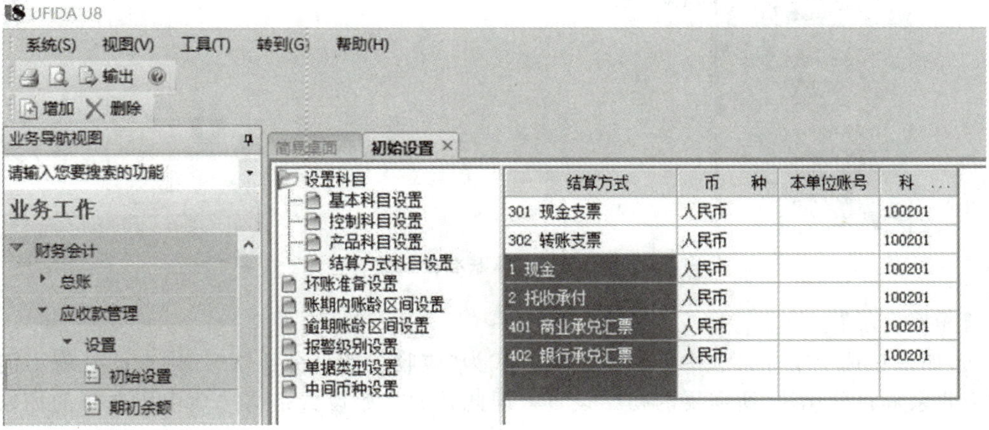

图 6-2-5　结算方式科目设置

【操作提示】

①在基本科目设置中所设置的应收科目“1122 应收账款”、预收科目“2203 预收账款”、

商业承兑科目和银行承兑科目“1121 应收票据”，必须是已在总账系统中被设为“客户往来”的会计科目，并且其受控系统为“应收系统”。否则在这里不能被选中。

②进行基本科目设置时，输入的科目必须是总账系统中的末级科目。

③只有设置了银行承兑科目和商业承兑科目(应收票据)，才可以使用应收款管理系统中的票据功能，以及在期初余额中录入期初应收票据余额。

④只有在这里设置了基本科目，生成凭证时才能直接生成凭证中的会计科目，否则凭证中将没有会计科目，相应的会计科目只能手工再录入。

⑤须先设置存货档案，否则“产品科目设置”功能不可用。

⑥结算方式科目设置是针对已经设置的结算方式设置相应的结算科目。即在收款或付款时，只要告诉系统结算时使用的结算方式，系统就可以自动生成该种结算方式所使用的会计科目。如果在此不设置结算方式科目，则在收款或付款时可以手工输入不同结算方式对应的会计科目。

⑦结算科目必须是最明细科目。

⑧结算科目不能带有客户往来和供应商往来辅助核算。

三、设置坏账准备

第一步：在应收款管理系统中，执行“设置”→“初始设置”命令，打开“初始设置”窗口。

第二步：执行“坏账准备设置”命令，录入相关信息，单击“确定”按钮，系统提示“储存完毕”，单击“确定”按钮，如图 6-2-6 所示。

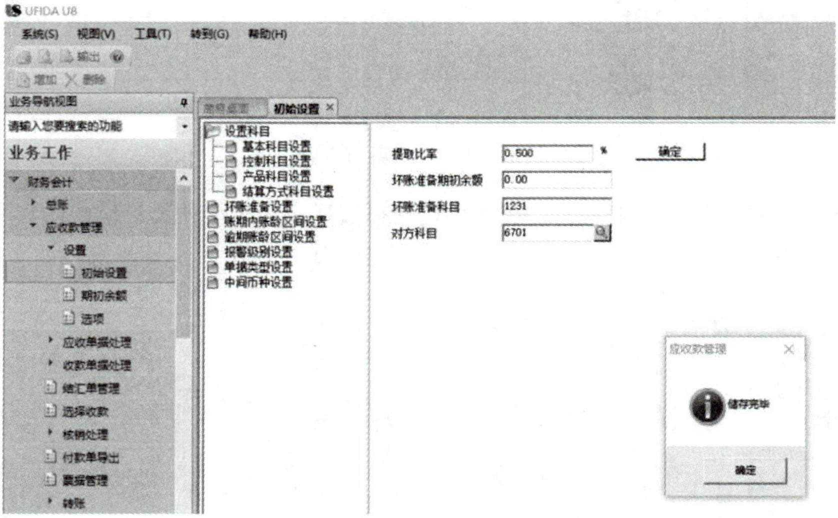

图 6-2-6　坏账准备设置

【操作提示】

①如果在选项中并未选中坏账处理的方式为“应收余额百分比法”，则在此处就不能录入“应收余额百分比法”所需要的初始设置。即此处的初始设置是与选项中所选择的坏账处理方式相对应的。

②坏账准备期初余额被确认后，只要进行了坏账准备的日常业务处理就不允许再修改。下一年度使用本系统时，可以修改提取比率、区间和科目。

四、录入应收款管理系统的期初余额

第一步：录入应收票据期初余额。在应收款管理系统中，执行“设置”→“期初余额”命令，弹出“期初余额—查询”窗口，单击“确定”按钮，打开“期初余额明细表”窗口，单击“增加”按钮，打开“单据类别”对话框，选择单据名称为“应收票据”、单据类型为“商业承兑汇票”，单击“确定”按钮，如图 6-2-7 所示。

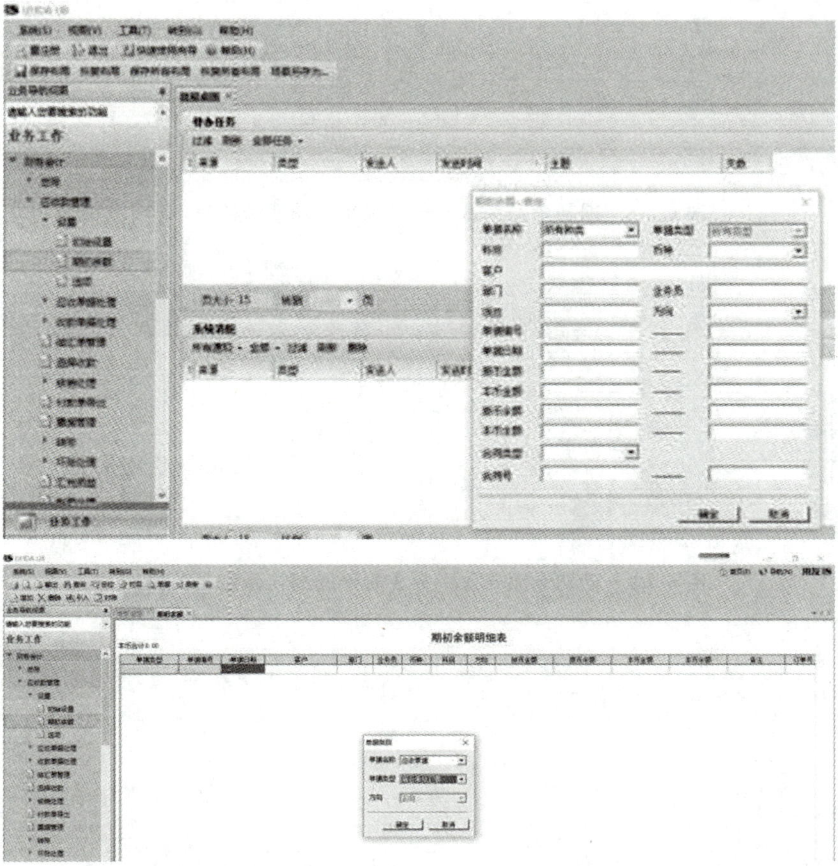

图 6-2-7　期初余额录入——应收票据期初余额录入(1)

第二步：打开“期初票据录入”窗口，单击“增加”按钮，录入具体内容，录入完单击“保存”按钮。单击“退出”按钮，返回“期初余额”窗口。单击“刷新”按钮，此时“期初余额”窗口将显示商业承兑汇票的记录，如图 6-2-8 所示。

第三步：录入应收账款期初余额。单击“增加”按钮，打开“单据类别”对话框，选择单据名称为“销售发票”，单据类型为“销售专用发票”，单击“确定”按钮。打开“销售专用发票”窗口，单击“增加”按钮，输入发票具体内容，输入完毕后，单击“保存”按钮，单击“退出”按钮，返回“期初余额”窗口，如图 6-2-9 所示。

第四步：重复第三步的操作，录入第二张销售专用发票的内容，如图 6-2-10 所示。

第五步：进行期初余额对账。在“期初余额”窗口中，单击“刷新”按钮，单击“对账”按钮，打开“期初对账”窗口。查看应收款管理系统与总账管理系统的期初余额是否平衡，如图 6-2-11 所示。

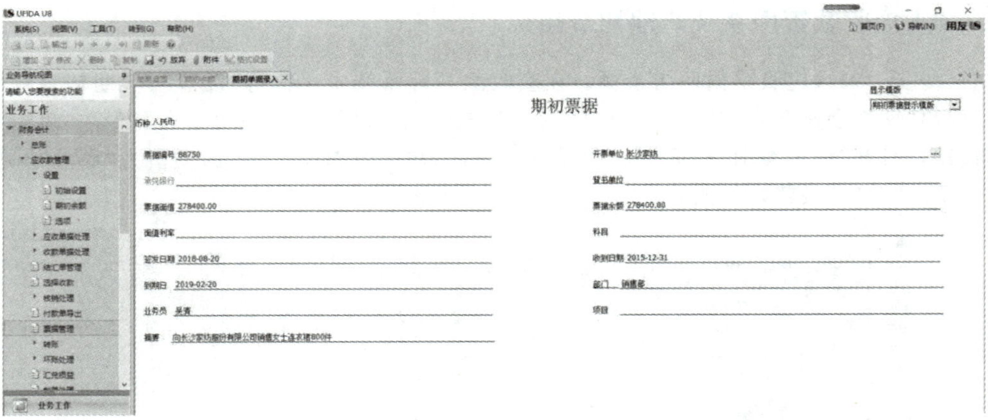

图 6-2-8　期初余额录入——应收票据期初余额录入(2)

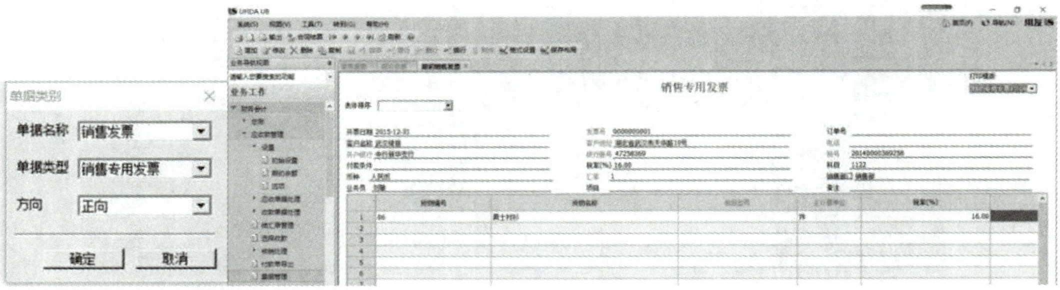

图 6-2-9　期初余额录入——应收账款期初余额录入(1)

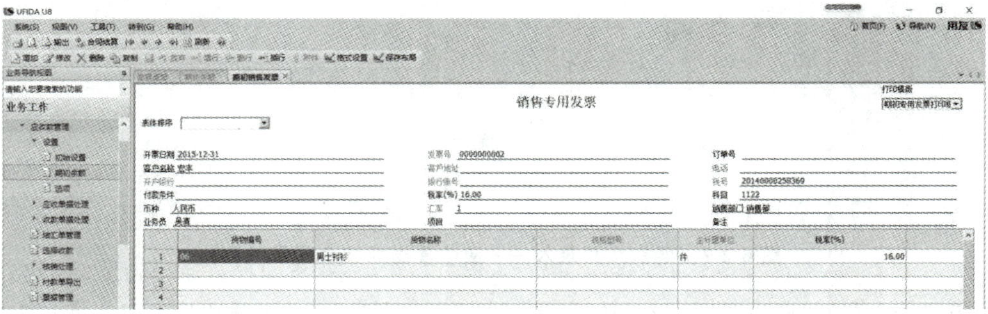

图 6-2-10　期初余额录入——应收账款期初余额录入(2)

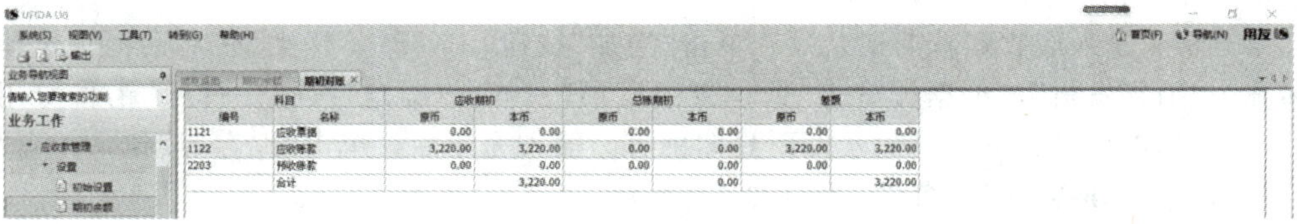

图 6-2-11　期初对账

【操作提示】

①如果退出了录入期初余额单据的界面，在“期初余额”窗口中没有看到新录入的期初余额，单击“刷新”按钮，就可以看到所有的期初余额的内容。

②录入预收款的单据类型仍然是“收款单”，但是款项类型为“预收款”。

③在“期初余额”界面所录入的票据被保存后系统自动审核。

任务三　应收款管理系统日常业务处理

本任务将进行如下操作。

以账套主管李伟的身份，在应收款系统进行相应业务处理。

(1)应收单据的录入、审核并制单操作。1月3日，销售部开出增值税专用发票(票号：7856201301)，向武汉绮丽服饰有限公司销售双色圆珠笔800盒，无税单价4元/支，货已发出，款项尚未收到。同时以现金代垫了运费1 221元，填写好了其他应收单(要求：立即制单)。

(2)收款单据的录入、审核、制单、核销操作。1月10日，收到长沙家纺股份有限公司交来的转账支票一张，金额为240 000元，支票号：ZZ001，用于支付2016年11月25日购货款232 000元，余款项转为预收账款。款项结清，进行核销处理(要求：立即制单)。

(3)商业汇票贴现。2016年1月10日，收到南京博雅股份有限公司当日签发的三个月到期的银行承兑汇票一张，票号为77 893 321，用以支付本月5日的购货款及垫付运费98 760元(制单方式：集中制单)。1月15日，将2016年8月20日收到的由南京博雅股份有限公司签发的商业承兑汇票进行贴现，贴现率为6%(要求：采用集中制单方式制单)。

(4)选择收款。1月18日，收到福州宏丰股份有限公司交来转账支票一张，金额为104 400元，支票号：ZZ002，采用选择收款方式进行收款业务处理(要求：采用集中制单方式制单)。

(5)计提坏账准备。1月31日，计提坏账准备(要求：采用集中制单方式制单)。

(6)采用集中制单方式对本月发生业务进行批量制单。

日常业务主要完成企业日常的应收/收款业务录入、应收/收款业务核销、应收并账、汇兑损益及坏账的处理，及时记录应收/收款业务的发生，为查询和分析往来业务提供完整、正确的资料，加强对往来款项的监督管理，提高工作效率。

相关知识

应收款管理系统制单规则如下。

一、应收发票制单

对销售发票制单时，首先，系统判断控制科目依据，根据控制科目依据取“控制科目设置”中对应的科目。然后，系统判断销售科目依据，单据销售科目依据取“产品科目设置”中对应的科目。若没有设置，则取“基本科目设置”中的应收科目和销售科目，若无，则手工输入。

(1)应收单制单。对应收单制单时，借方取应收单表头科目，贷方取应收单表体科目，若应收单上没有科目，则需要手工输入科目。受控科目取法同上。

借：应收科目

　　贷：对方科目

(2)收款单制单。借方科目为表头结算科目。贷方科目款项类型为应收款，科目为应收科目；款项类型为预收款，则贷方科目为预收科目；款项类型为其他费用，则贷方科目为费用科目。若无科目，则需要手工输入科目。

(3)付款单制单。借方科目为结算科目，取表头金额，金额为红字。贷方科目款项类型为应收款，科目为应收科目，金额为红字；款项类型为预收款，则贷方科目为预收科目，金额为红字；款项类型为其他费用，则贷方科目为费用科目，金额为红字。若无科目，则需要手工输入科目。

借：结算科目(红字)表头金额

贷：应收科目(红字)款项类型＝应收款

预收科目(红字)款项类型＝预收款

费用科目(红字)款项类型＝其他费用

二、核销制单

结算单核销制单受系统初始选项的控制，若选项中选择“核销不制单”，则即使入账科目不一致也不制单。应收单及收款单已经制单，才可以进行核销制单。在核销双方的入账科目不相同的情况下，才需要进行核销制单。例如，某张应收单入账科目为“应收科目——北京公司”(核销金额＝130)，结算单入账时对应受控科目有“应收科目——北京公司”(核销金额＝30)、“应收科目——天津公司”(核销金额＝80)、“预收科目”(核销金额＝20)，则这两张单据核销时生成的凭证应该是：

借：应收科目—天津公司　　80

预收科目　　20

贷：应收科目——北京公司　　100

三、票据处理制单

收到承兑汇票制单，借方则取“基本科目设置”中的应收票据科目，贷方取“产品科目设置”中的销售收入科目及税金科目，若无，取“基本科目设置”中销售收入科目及税金科目，若都没有设置，则需要手工输入科目。

(1)收到票据。

借：应收票据

贷：主营业务收入

应交税费——应交增值税(销项税额)

(2)票据计息。

借：应收票据

贷：财务费用

(3)票据背书。

借：应付账款

预付账款

贷：应收票据

(4)票据贴现。

借：贴现科目

贷：应收票据

(5)票据结算。

借：结算科目

贷：应收票据

(6)票据退回。

借：应收票据

贷：应付账款

(7)票据转出。

借：应收账款

　　贷：应收票据

1. 转账制单

依据系统选项判断转账是否制单。

(1)应收冲应收。

借：应收账款——A转入户

　　贷：应收账款——B转出户

(2)预收冲应收。

借：预收账款

　　贷：应收账款

(3)红票制单。

同方向一正一负。

(4)应收冲应付制单。

借：应付账款

　　预付账款

　　贷：应收账款

或者

借：应付账款

　　贷：应收账款

　　　　预收账款

2. 现结制单

对现结/部分现结的销售发票制单时，贷方取“产品科目设置”中对应的销售科目和应交增值税科目。借方取“结算方式科目设置”中的结算方式对应的科目。

(1)完全现结。

借：银行存款

　　贷：主营业务收入

　　　　应交税费——应交增值税(销项税额)

(2)部分现结。

借：应收账款

　　银行存款

　　贷：主营业务收入

　　　　应交税费——应交增值税(销项税额)

3. 坏账处理制单

(1)坏账发生制单。

借：坏账准备

　　贷：应收账款

(2)坏账计提制单。

借：资产减值损失

　　贷：坏账准备

(3)坏账收回制单。

借：应收账款

　　贷：坏账准备

借：结算科目

　　贷：应收账款

具体操作

一、应收单据录入、审核并制单

1 月 3 日，销售部开出增值税专用发票(票号：7856201301)，向武汉绮丽服饰有限公司销售男士衬衫 800 件，无税单价为 4 元/件，货已发出，款项尚未收到。同时以现金代垫了运费 1 221 元，填写好了其他应收单。

第一步：录入销售专用发票。在应收款管理系统中，执行“应收单据处理”→“应收单据录入”命令，打开“单据类别对话框，系统默认单据名称为“应收单”，单据类型为“其他应收单”，单击“确定”按钮，打开“应收单”窗口，单击“增加”按钮，录入发票相关信息，单击“保存”按钮。

第二步：审核销售专用发票并制单。单击“审核”按钮，系统弹出“是否立即制单?”提示框，单击“是”按钮，生成销售凭证，选择凭证类别“转”字，单击“保存”按钮。凭证上出现“已生成”标志，单击“退出”按钮，系统自动将当前凭证传递到总账系统等待审核记账，如图 6-3-1 所示。

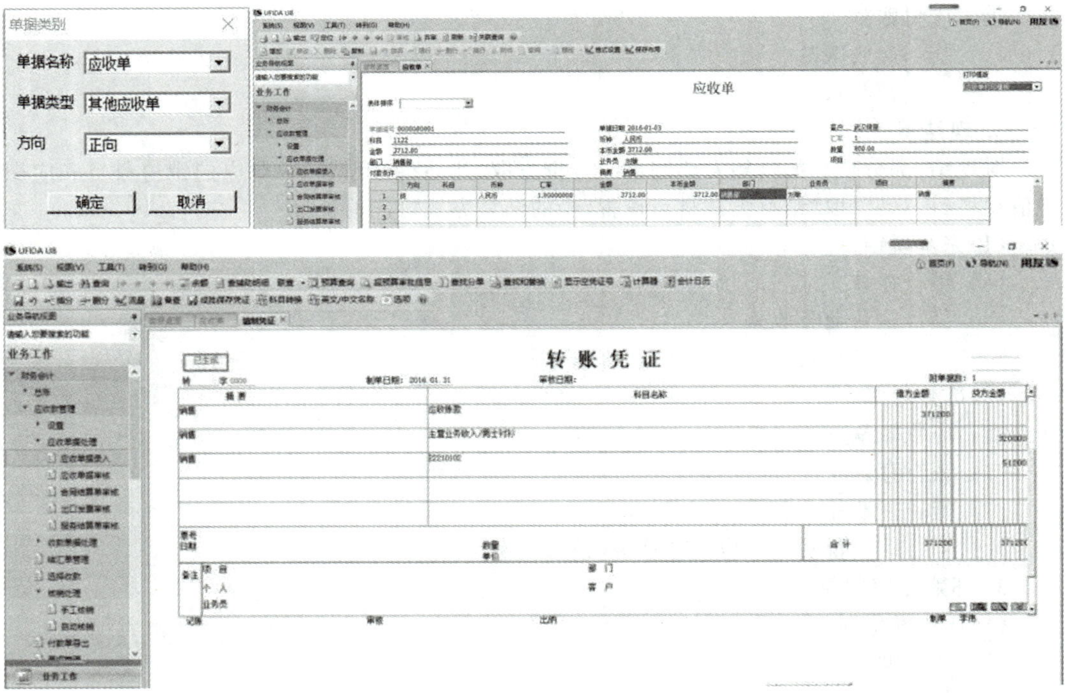

图 6-3-1　录入销售专用发票并审核制单

第三步：录入其他应收单。再次执行“应收单据处理”→“应收单据录入”命令，选择单据名称为“应收单”，单据类型为“其他应收单”，单击“确定”按钮，打开“应收单”窗口，单击“增加”按钮，输入表头内容，如输入单据日期“2016-01-31”，选择客户“长沙家纺服份有限公司”，输入金额“ 1221.00”、摘要“代垫运费”。单击表体第一行，输入贷方科目代码“1001”，单击“保存”按钮，如图 6-3-2 所示。

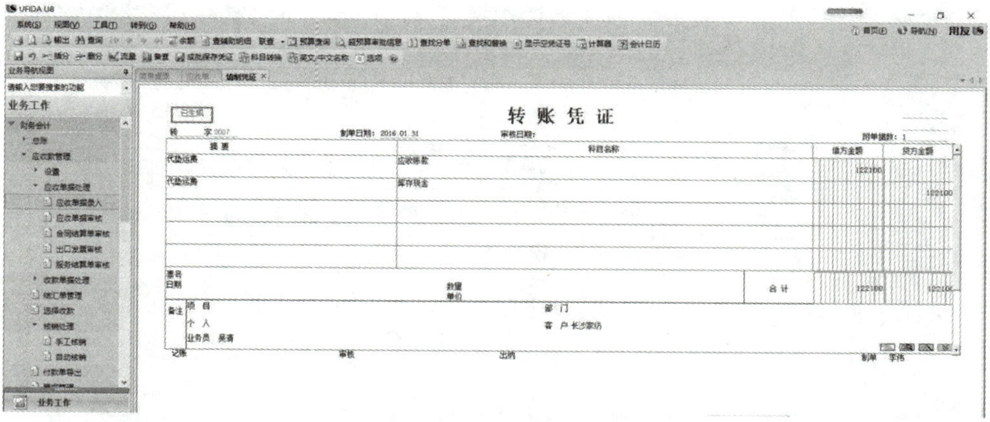

图 6-3-2　录入其他应收单并审核制单

第四步：审核其他应收单并制单。单击“审核”按钮，系统弹出“是否立即制单?”提示框，单击“是”按钮，生成代垫运费凭证，选择凭证类别“付”字，单击“保存”按钮，凭证上出现“已生成”标志，单击“退出”按钮，系统自动将当前凭证传递到总账系统等待审核记账。单击“退出”按钮，返回应收单填制窗口。

【操作提示】

(1)录入销售发票(或应收单)后可以直接进行审核，直接审核后系统会弹出“是否立即制单?”提示框，此时可以直接制单。如果录入销售发票(或应收单)后不直接审核，可以在审核功能区中审核，再到制单功能区中制单。

(2)填制应收单时，只需录入上半部分的内容，下半部分的内容除对方科目外，均由系统自动生成。下半部分的对方科目如果不录入，也可以在生成凭证后再手工录入。

(3)已审核或已制单生成凭证的单据不能修改或删除，必须先在“单据查询｜凭证查询”窗口将凭证删除、取消审核后，才能进行单据修改或删除。查询凭证时，要特别注意凭证查询日期的选择，如果日期选择不正确，将查询不到相应的凭证。

二、收款单据录入、审核、制单、核销

2019 年 1 月 10 日，某公司收到长沙家纺股份有限公司交来的转账支票一张，金额为 240 000 元，支票号：ZZ001，用于支付 2018 年 11 月 25 日购货款 232 000 元，余款项转为预收账款。款项结清，进行核销处理。

第一步：填写收款单。在应收款管理系统中，执行“收款单据处理”→“收款单据录入”命令，打开“收付款单录入”窗口，单击“增加”按钮，输入日期“2016-01-10”，选择客户为“长沙家纺服份有限公司”，输入金额“240 000.00”。单击表体第一行，将金额改为“232 000.00”；单击第二行，将款项类型改为“预收款”，单击“保存”按钮。

第二步：审核收款单并制单。单击“审核”按钮，系统弹出“是否立即制单?”提示框，单击“是”按钮，生成收回货款的凭证。会计分录为“借：银行存款/中国工商银行 240 000；贷：应收账款 232 000；贷：预收账款 8 000”，单击“保存”按钮，凭证上出现“已生成”标志，系统自动将当前凭证传递到总账系统等待审核记账。单击“退出”按钮，返回收付款单录入窗口，如图 6-3-3 所示。

第三步：进行款项核销。执行“核销”→“自动核销”命令，系统弹出“是否进行自动核销?”提示框，单击“是”按钮。系统给出“自动核销报告”。确定无误后，单击“确定”按钮。

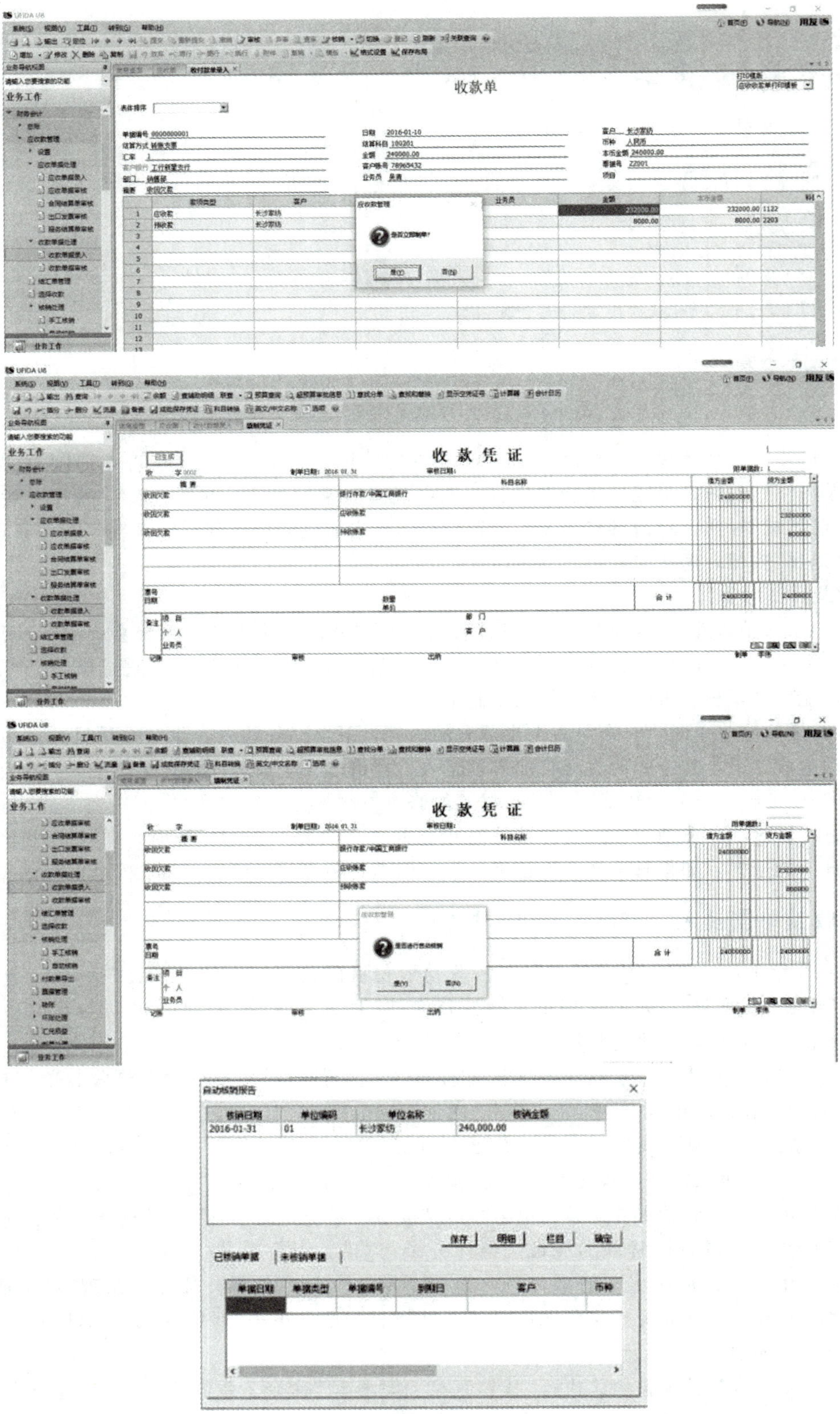

图 6-3-3　录入收款单、审核、制单并进行核销处理

【操作提示】

（1）单击收款单的“保存”按钮后，系统会自动生成收款单表体的内容。表体中的款项类型系统默认为“应收款”，可以进行修改。

（2）核销处理是指确定收款单与原始的发票、应收单之间的对应关系，冲减本期应收账款的操作。

（3）收款单据必须审核后才能进行核销操作。

（4）“单据核销”窗口上方为结算单列表，主要是收款单的记录，下方是被核销单据列表，主要是应收款的记录。核销时，可以修改结算单列表中的“本次结算金额”，但是不能大于该记录的原币金额。

（5）如果在执行核销处理过程中操作有误，可通过执行“其他处理”→“取消操作”命令将其恢复到操作前状态。如果该处理已经制单，应先删除其对应的凭证，再进行恢复操作。

三、商业汇票贴现

（1）录入商业承兑汇票。以操作员 101 的身份登录企业应用平台，在应收款管理系统中，执行“票据管理”命令，打开“查询条件选择”对话框，单击“确定”按钮，进入票据管理窗口，单击“增加”按钮，录入商业承兑汇票相关信息，如图 6-3-4 所示，然后保存。

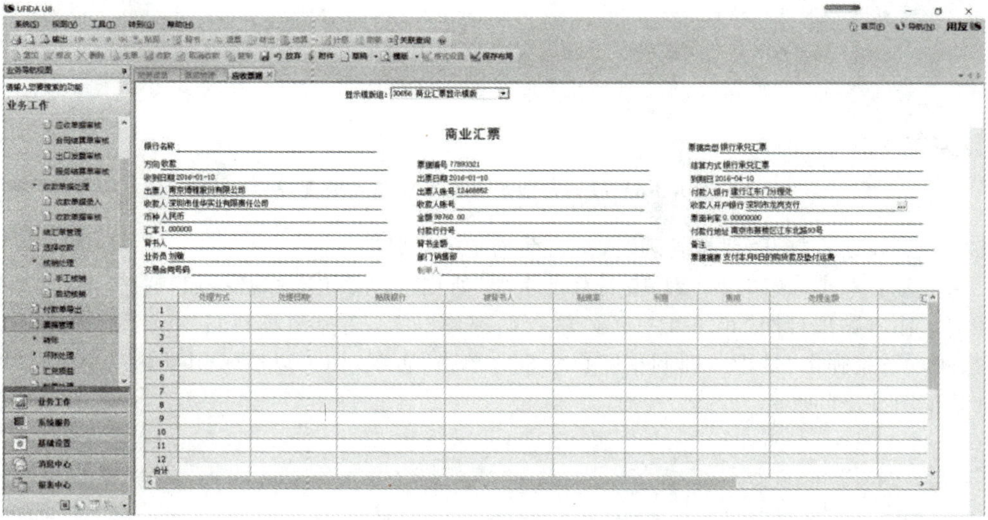

图 6-3-4　录入商业承兑汇票

（2）审核商业承兑汇票生成的收款单。关闭“票据管理”窗口，执行“收款单据处理”→“收款单据审核”命令，打开“收款单查询条件”对话框后单击“确定”按钮，可以看到在“收付款单列表”窗口根据录入的商业承兑汇票生成了一张收款单，如图 6-3-5 所示。选择该收款单，并对它进行审核。

（3）生成凭证。执行“制单处理”命令，在打开的“制单查询”对话框中选择“收付款单制单”，单击“确定”按钮，将由商业承兑汇票自动生成的收款单制单，修改凭证类型为“转账凭证”，凭证日期为“2016.01.10”，然后保存，如图 6-3-6 所示。

（4）2016 年 1 月 15 日，将 2016 年 1 月 11 日收到的由南京博雅股份有限公司签发的商业承兑汇票进行贴现，贴现率为 6%（要求：采用集中制单方式制单）。

第一步：在应收款管理系统中，执行“票据管理”命令，打开“查询条件选择”对话框，

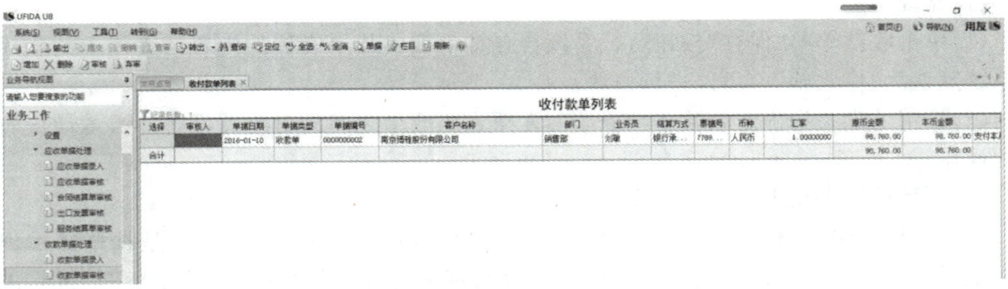

图 6-3-5　商业承兑汇票自动生成的收款单

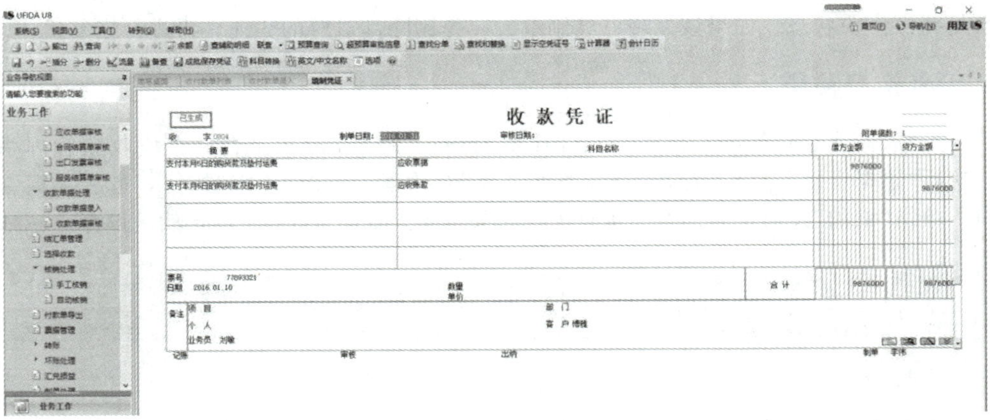

图 6-3-6　收到商业承兑汇票业务生成凭证

单击“确定”按钮，打开“票据管理”窗口，系统显示票据记录。

第二步：双击“2016 年 1 月 10 日商业汇票”所在行，单击“贴现”按钮，打开“票据贴现”对话框，输入贴现日期“2016-01-15”，输入贴现率“6”，选择结算科目“100201”，单击“确定”按钮，系统弹出“是否立即制单？”提示框，单击“否”按钮，以后采用批量制单方式生成凭证，如图 6-3-7 所示。

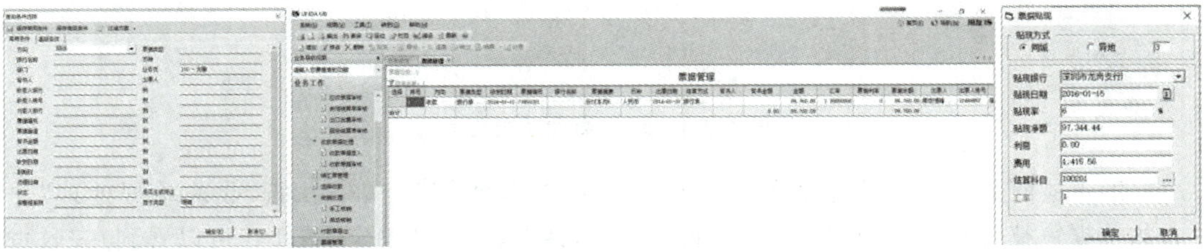

图 6-3-7　进行票据贴现

【操作提示】

(1)票据管理主要是对商业承兑汇票和银行承兑汇票进行管理。系统设置有票据管理功能，用来记录票据的详细信息、记录票据的处理情况，包括票据的取得、结算、贴现、背书、转出、计息等，并可以查询应收票据信息。

(2)如果在执行票据处理过程中操作有误，可通过执行“其他处理”→“取消操作”命令将其恢复到操作前状态。如果已经制单，应先删除其对应的凭证，再进行恢复操作。

4. 选择收款

2016 年 1 月 18 日，收到福州宏丰股份有限公司交来转账支票一张，金额为104 400 元，支票号：ZZ002，采用选择收款方式进行收款业务处理(要求：采用集中制单方式制单)。

第一步：在应收款管理系统中，执行“选择收款”命令，打开“选择收款—条件”窗口，输入收款日期“2016-01-18”，选择客户“福州宏丰股份有限公司”，单击“确定”按钮，打开“选择收款—单据”窗口，如图 6-3-8 所示。

第二步：在“选择收款列表”中，单击“福州宏丰股份有限公司”的记录，在“收款金额”处输入“104 400”，单击“OK 确认”按钮。系统弹出“选择收款—收款单”窗口，选择“结算方式”为“转账支票”，输入票据号“ZZ002”，输入摘要“收回货款”，单击“确定”按钮，返回“选择收款列表”窗口。

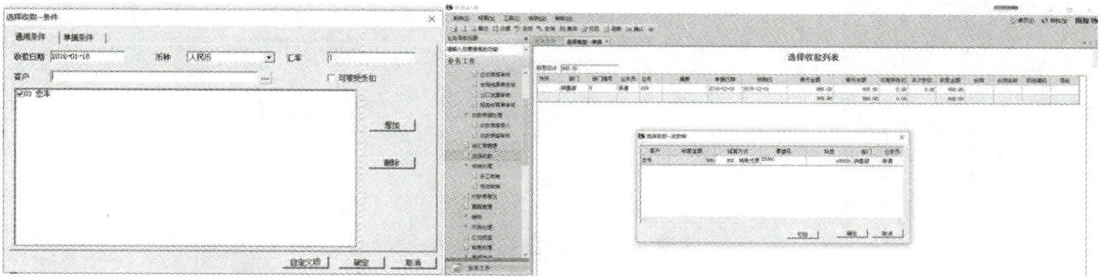

图 6-3-8　选择收款

【操作提示】

如果在执行“选择收款”命令过程中操作有误，可通过执行“其他处理”→“取消操作”命令，选择操作类型“核销”，将其恢复到操作前状态。如果该处理已经制单，应先删除其对应的凭证，再进行恢复。

四、计提坏账准备

2016 年 1 月 31 日，计提坏账准备(要求：采用集中制单方式制单)。

在应收款管理系统中，执行“坏账处理”→“计提坏账准备”命令，打开“应收账款百分比法”窗口，单击“OK 确认”按钮，系统弹出“是否立即制单?”提示框，单击“否”按钮，单击“退出”按钮退出，如图 6-3-9 所示。

【操作提示】

如果在执行“坏账处理”命令过程中操作有误，可通过执行“其他处理”→“取消操作”将其恢复到操作前状态。如果已经制单，应先删除其对应的凭证，再进行恢复。

五、采用集中制单方式对本月发生业务进行制单

1. 如何进行应收款管理系统记账凭证批量制单

在应收款管理系统中，记账凭证的生成方式可以分为立即制单和批量制单。立即制单就是在进行单据处理、转账处理、票据处理及坏账处理过程中，当系统弹出“是否立即制单?”提示框时，按“是”按钮，立即进行制单处理、生成记账凭证。批量制单是指在相关业务完成后，通过“制单处理”命令批量生成记账凭证。例如，对本月应收款管理系统发生的尚未完成制单处理的经济业务进行批量制单。其操作步骤如下，如图 6-3-10 所示。

第一步：在应收款管理系统中，执行“制单处理”命令，打开“制单查询”对话框，单击选中需要制单的业务类型前的复选框，如单击选中“应收单制单”“收付款单制单”“票据处理

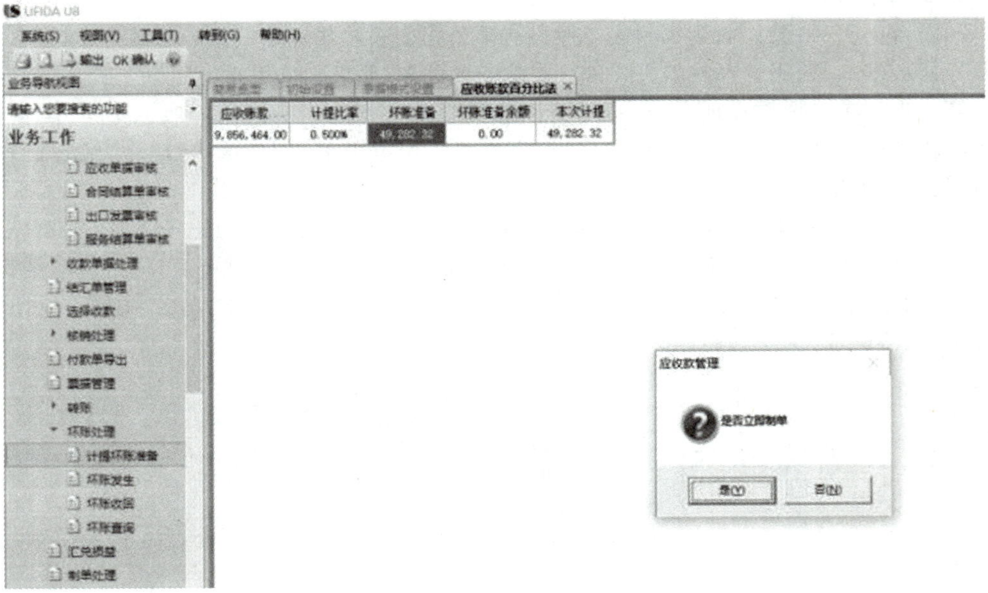

图 6-3-9　计提坏账准备

制单”等业务类型前的复选框，单击“确定”按钮。

第二步：打开“制单”窗口，此时系统显示尚未生成凭证的业务或单据，单击“全选”按钮，单击“制单”按钮。

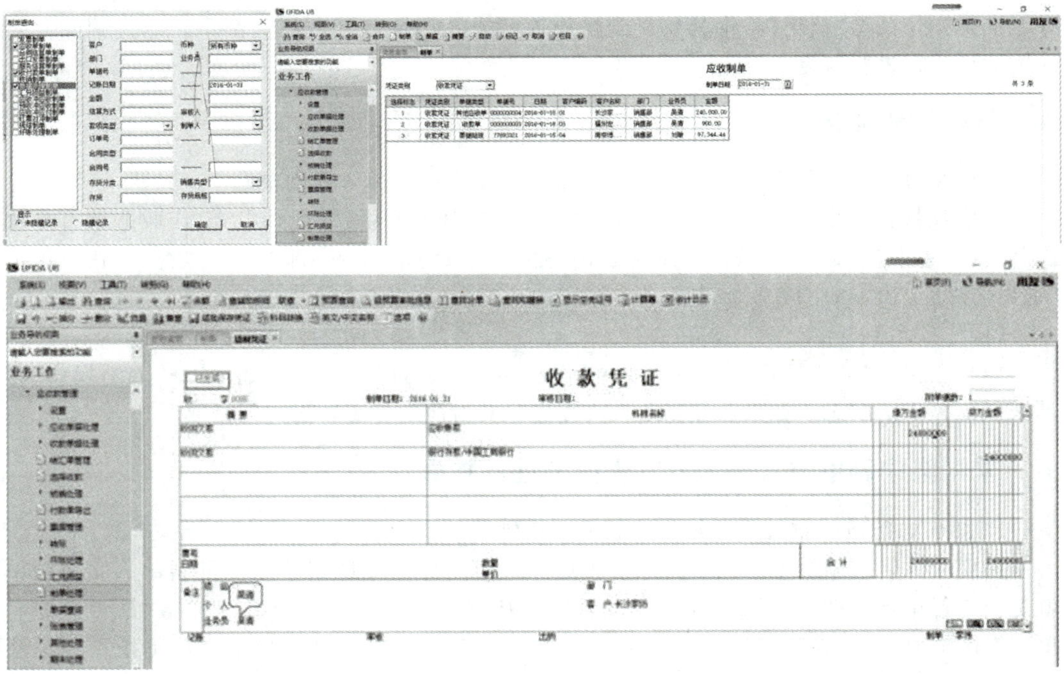

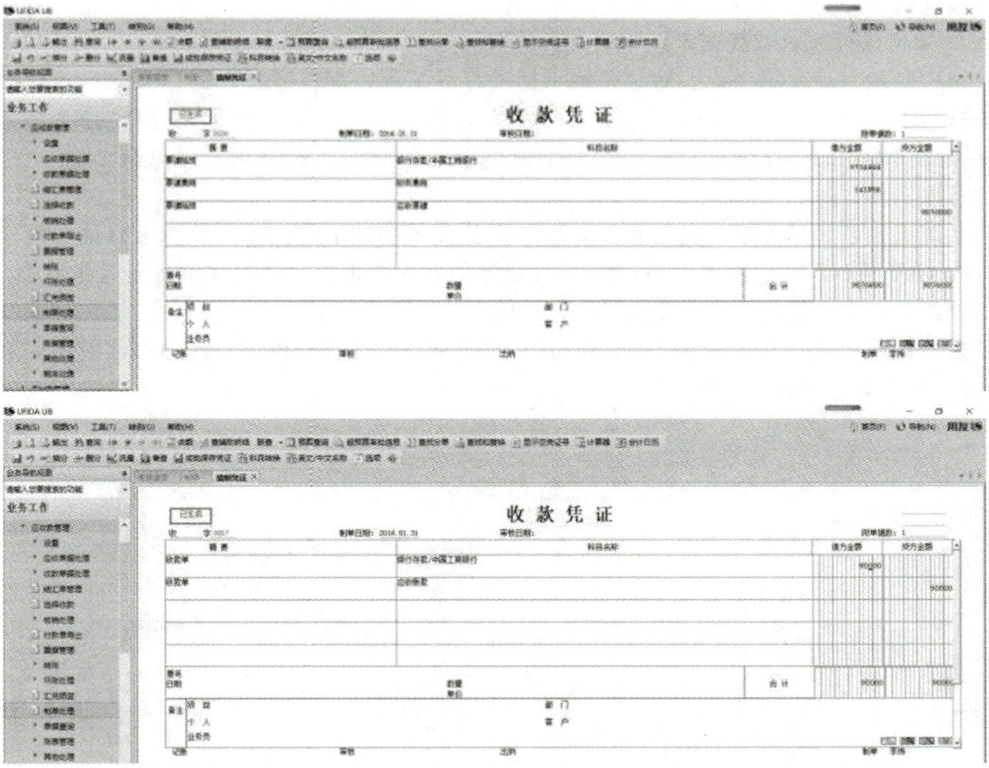

图 6-3-10　制单处理

第三步：在打开的“填制凭证”窗口中，已经生成第一张凭证，系统默认凭证字为“收”，修改凭证字为“转”字，单击“保存”按钮。继续生成后面两张凭证，保存后退出，返回“制单”窗口。

第四步：单击“查询”按钮，打开“制单查询”对话框，单击选中“坏账处理制单”前的复选框，单击“确定”按钮，完成坏账处理制单，如图 6-3-11 所示。

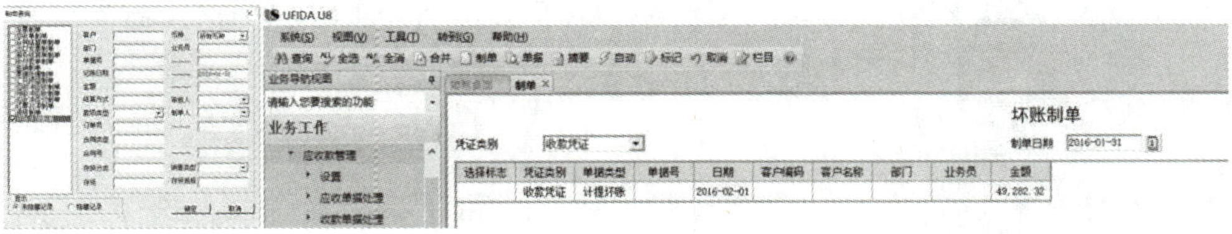

图 6-3-11　制单处理——坏账处理制单

【操作提示】

(1)选择要进行制单的单据，在“选择标志”一栏双击鼠标，系统会在该栏目中给出一个序号，表明要将该单据制单。用户可以修改系统所给出的序号。例如，系统给出的序号为“1”，用户可以改为“2”。相同序号的记录会制成一张凭证。用户也可单击“合并”按钮，进行合并制单。

(2)如果同时使用了总账系统，所输入的制单日期应该满足总账制单日期序时要求，即大于同月同凭证类别的日期。因此，模块五所生成的凭证日期均为“2016-01-31”。

(3)如果所选单据需生成的凭证类别已明确，用户可直接在“制单”窗口单击“凭证类别”

的下拉框按钮，调整凭证类别。

2. 如何进行应收款管理系统错误业务的取消操作

在应收款管理系统中，如果对原始单据进行了填制、审核后发现操作失误，或对原始单据进行了填制、审核并生成了记账凭证后发现操作失误，可通过“取消操作”命令将其恢复到操作前的状态，以便进行修改。如果需要取消的业务已经制单，应先删除记账凭证，再进行取消操作。

系统提供了如下可以恢复的业务类型：① 恢复单据核销前状态；② 恢复坏账处理前状态；③ 恢复计算汇兑损益前状态；④ 恢复票据的处理前状态；⑤ 恢复转账处理前状态。

例如，对本月计提坏账业务进行取消操作。其操作步骤如下。

第一步：在应收款管理系统中，执行“单据查询”→“凭证查询”命令，打开“凭证查询条件”对话框，单击“确定”按钮，如图 6-3-12 所示。

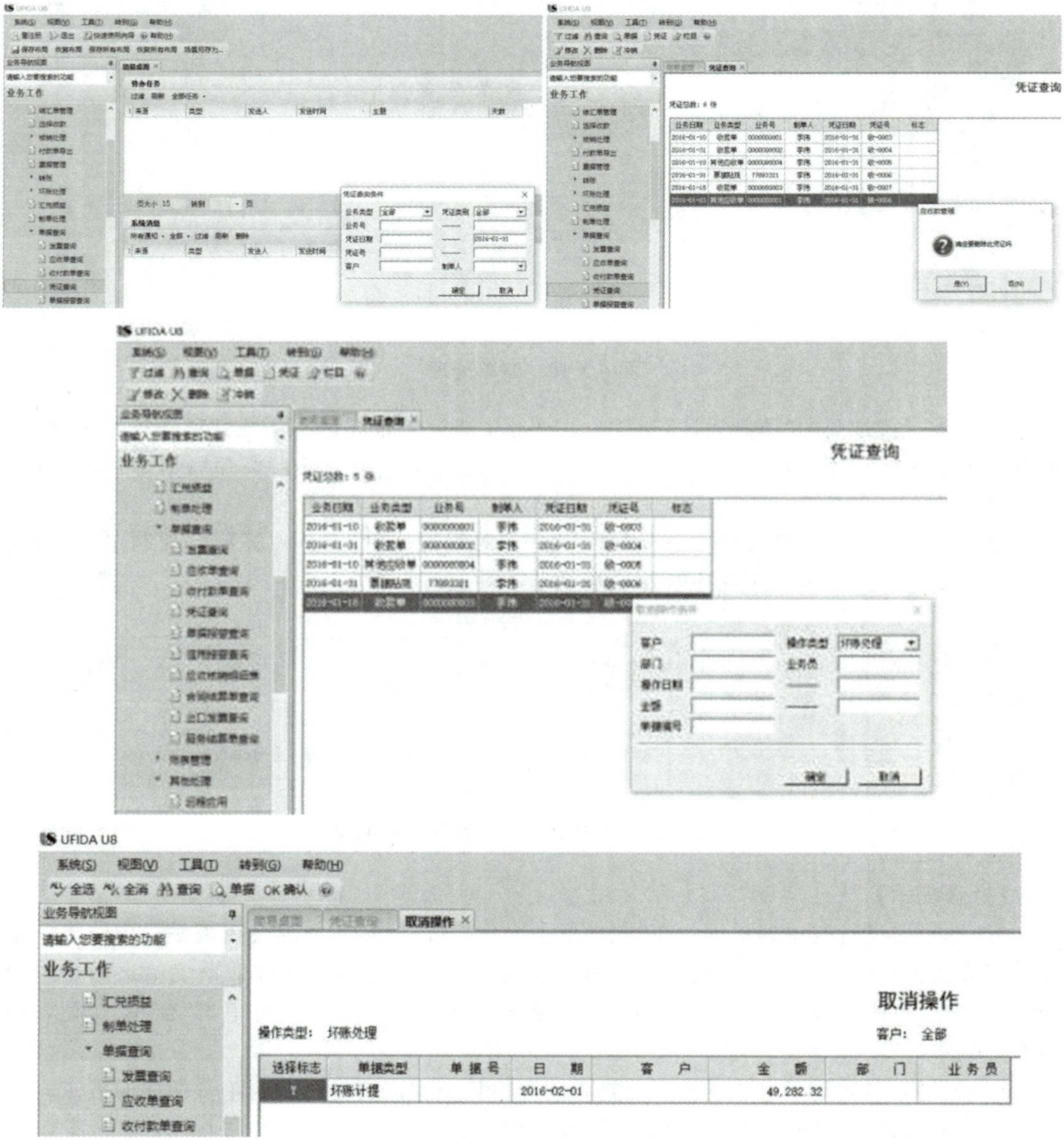

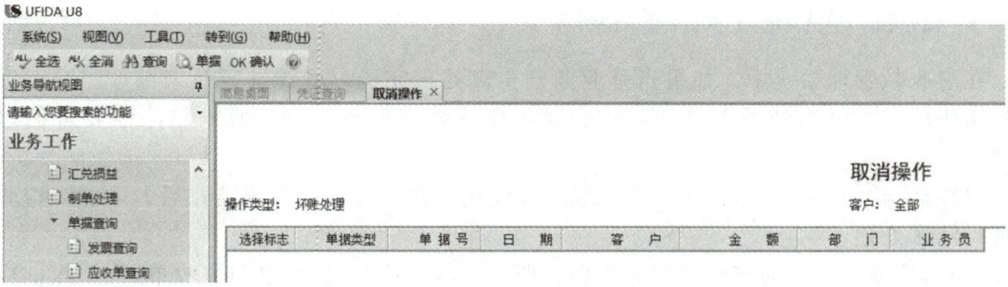

图 6-3-12 取消操作

第二步：在打开的“凭证查询”窗口中，单击“计提坏账”凭证记录条，单击“删除”按钮，系统弹出“确定要删除此凭证吗?”提示框，单击“是”按钮。

第三步：执行“其他处理”→“取消操作”命令，打开“取消操作条件”对话框，在“操作类型”下拉框中选择要恢复的“坏账处理”类型，单击“确定”按钮。

第四步：在打开的“取消操作”窗口中，双击“选择标志”栏或单击“全选”按钮，单击“OK 确定”按钮。

说明：本例中取消操作完成后，又再次进行了计提坏账及生成凭证的操作。

【操作提示】

(1)如果需要取消的业务已经制单，应先删除其对应的凭证，再进行恢复。

(2)一张原始单据所生成的凭证被删除后，用户可以对该原始单据重新制单。例如，一张发票所生成的凭证被删除后，用户可以重新对发票生成凭证。

(3)票据转出后所生成的应收单如果已经进行了核销等处理，则不能恢复。

(4)票据背书的对象如果是应付账款系统的供应商，且应付账款系统该月份已经结账，则不能恢复。

(5)票据计息和票据结算后，如果又进行了其他处理，如票据贴现等，则不能恢复。

任务四 应收款管理系统期末业务处理

本任务将在应收款管理系统中，以账套主管李晶的身份，进行如下操作。

(1)查询本公司所有客户的欠款情况。

(2)办理月末结账。

相关知识

一、应收款管理系统账表管理功能

对一家严密管理往来款项的企业来说，向客户定期发送对账单，及时分析客户的信用情况，是企业信用管理和资金管理的重要内容。

在用友 ERP-U8 V10.1 应收款管理系统中，对往来账款的查询分析主要包括对自定义报表的查询、业务账表查询、科目账表查询以及统计分析等。其中，用户可通过“我的账表”功能，新建账夹，设置账夹口令，自定义报表；通过“业务账表查询”功能，进行业务总账表、业务余额表、业务明细账、对账单的查询；通过“统计分析”功能，进行应收账龄分析、收款账龄分析、欠款分析、收款预测等。

二、应收款管理系统月末结账规则

在应收款管理系统中，如果当月业务已全部处理完毕，就要进行月末结账。只有完成月末结账后，才可以开始下月的工作。通过应收款管理系统进行月末结账需要遵循以下规则。

(1)应收款管理系统与销售管理系统集成使用，在销售管理系统结账后，才能对应收系统进行结账处理。

(2)当选项中设置的审核日期为单据日期时，本月的单据(发票和应收单)在结账前应该全部审核；当选项中设置的审核日期为业务日期时，截至本月月末还有未审核单据(发票和应收单)，照样可以进行月结处理；如果还有合同结算单未审核，仍然可以进行月结处理；如果本月的收款单还有未审核的，不能结账。

(3)当选项中设置月结时必须将当月单据及需处理业务全部制单，则月结时若检查当月有未制单记录不能进行月结处理；当选项中设置月结时不用检查是否全部制单，即无论当月有无未制单记录，均可以进行月结处理。

(4)如果是本年度最后一个期间结账，建议将本年度进行的所有核销、坏账、转账等处理内容全部制单。

(5)如果是本年度最后一个期间结账，建议将本年度外币余额为 0 的单据的本币余额结转为 0。

具体操作

一、查询本公司所有客户的欠款情况

第一步：在应收款管理系统中，执行"账表管理"→"统计分析"→"欠款分析"命令，打开"欠款分析"对话框，单击"确定"按钮。

第二步：打开"欠款分析"窗口，查看客户的欠款分析报表。单击 比率 按钮，查看客户欠款及比例分析情况，如图 6-4-1 所示。

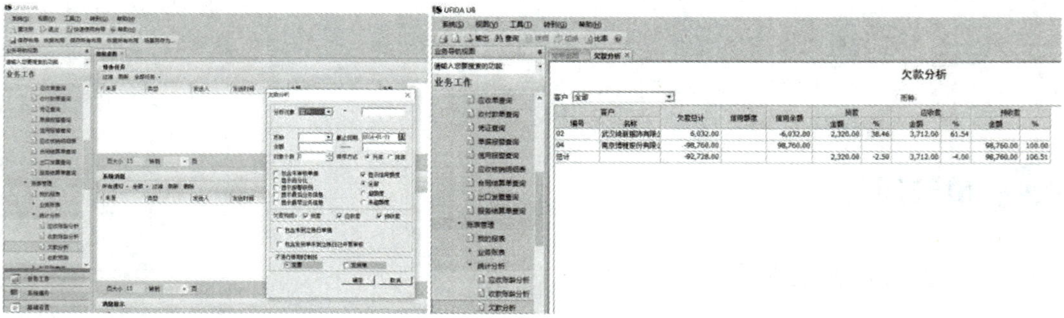

图 6-4-1　欠款分析

二、进行月末结账

第一步：在应收款管理系统中，执行"期末处理"→"月末结账"命令，打开"月末处理"窗口，在"一月"的"结账标志"栏双击鼠标，单击"下一步"按钮。

第二步：打开"月末处理"提示窗口，系统显示各种处理类型完成情况，如图 6-4-2

所示。

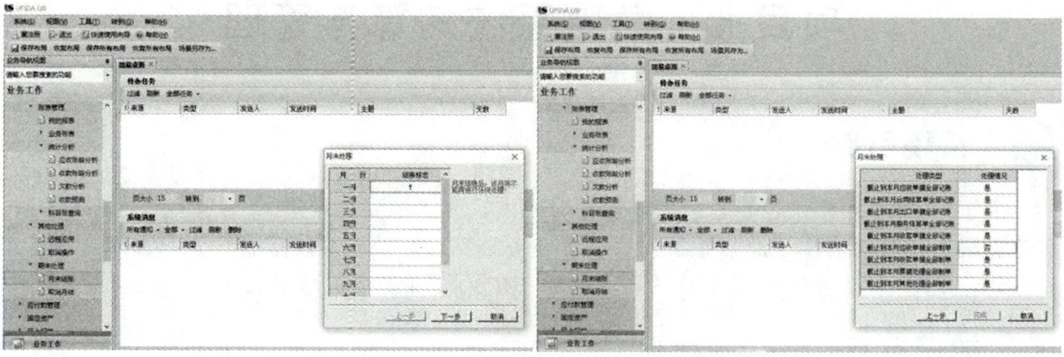

图 6-4-2　月末结账

【操作提示】

(1)进行月末处理时，一次只能选择一个月进行结账，若前一个月末结账，则本月不能结账。

(2)如果结账过程不顺利，可以根据“月末处理—处理情况表”的检查结果进行相应处理。在此可以单击任意一项，以检查详细情况。

(3)在执行月末结账功能后，发现该月还需要处理有关业务或之前操作过程有错误，则可以对应收款管理系统取消结账。

(4)如果当月总账系统已经结账，则不能执行应收系统取消结账功能。

项目七　总账系统核算与管理

情境引例

由于ERP业务模块较多，运用难度相对较大，为了稳妥地推进ERP管理，深圳市佳华实业有限责任公司启用了总账系统进行会计业务核算，在总账系统运行中进一步积累经验，充分评估ERP对业务管理的各种要求，实现ERP对企业业务的全面管理。

知识目标

通过本项目学习需要达到如下目标：

1. 熟悉总账系统的功能结构；
2. 掌握总账系统的业务处理流程；
3. 掌握凭证录入的基本方法；
4. 掌握凭证记账的原理和方法；
5. 掌握定义转账凭证的基本方法；
6. 掌握生成转账凭证的基本方法；
7. 熟悉总账系统期末处理的主要功能；
8. 掌握总账系统期末结账的步骤。

任务实施

任务一　认知总账系统

本任务介绍总账管理系统的基本功能、业务处理流程。

相关知识

一、总账系统的基本功能

总账系统是指完成设置账户、复式记账、填制和审核凭证、登记账簿等工作的子系统。在整个会计电算化信息系统中，总账系统既是中枢，又是最基本的系统，它综合、全面、概括地反映企业各个方面的会计工作内容，其他子系统的数据必须传输到总账系统进行相应的处理，同时总账系统还把某些数据传输给其他子系统以供利用。许多单位的会计电算化工作往往都是从总账系统开始的。日常业务较为简单的用户，仅需依靠总账系统即可满足财务核算的基本要求，而日常业务较为复杂的用户则必须在总账系统的基础上，依靠其他业务管理系统来实现对企业日常业务的有效管理。

一般总账系统的基本功能主要包括系统设置(初始化)、凭证处理、账簿管理、期末管理、往来管理、出纳管理等模块，各模块结构如图7-1-1所示。

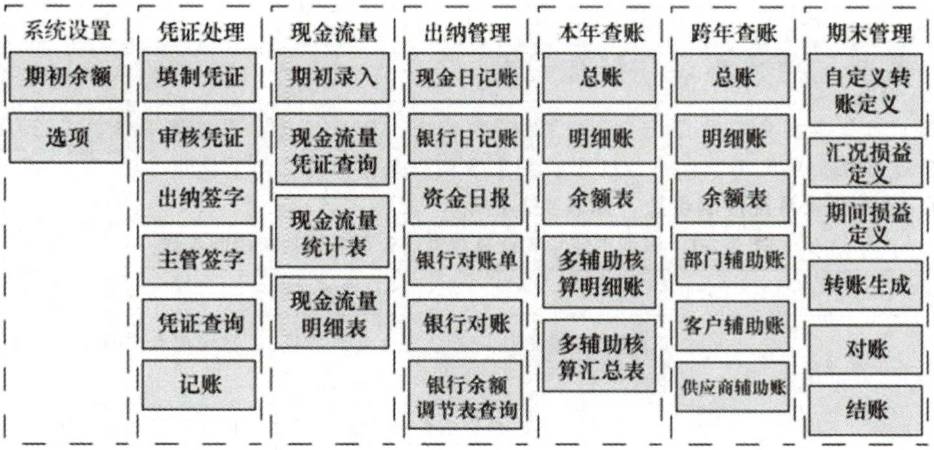

图 7-1-1 总账系统的模块结构

二、总账系统的基本操作流程

首次使用总账系统时，操作流程如图 7-1-2 所示。已有上年数据的老用户只需要在上年数据的基础上进行操作即可，其操作流程如图 7-1-3 所示。

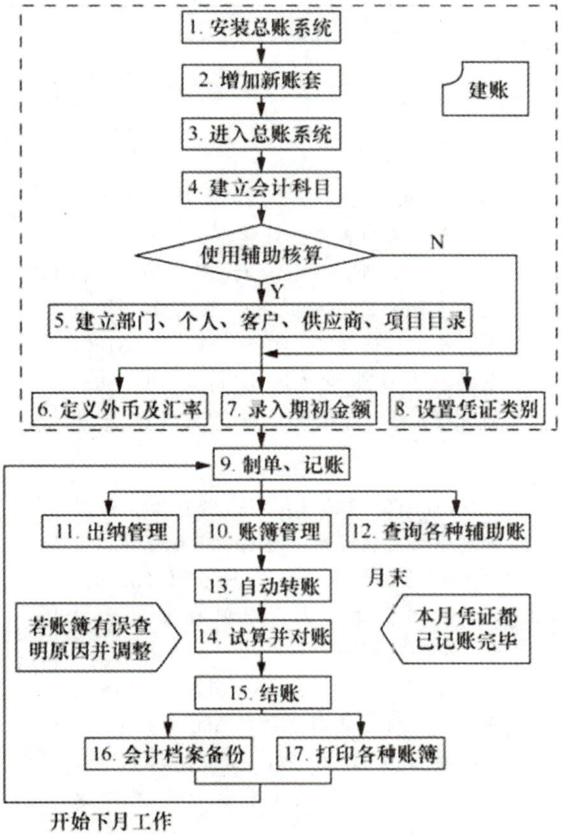

图 7-1-2 首次使用总账系统的操作流程

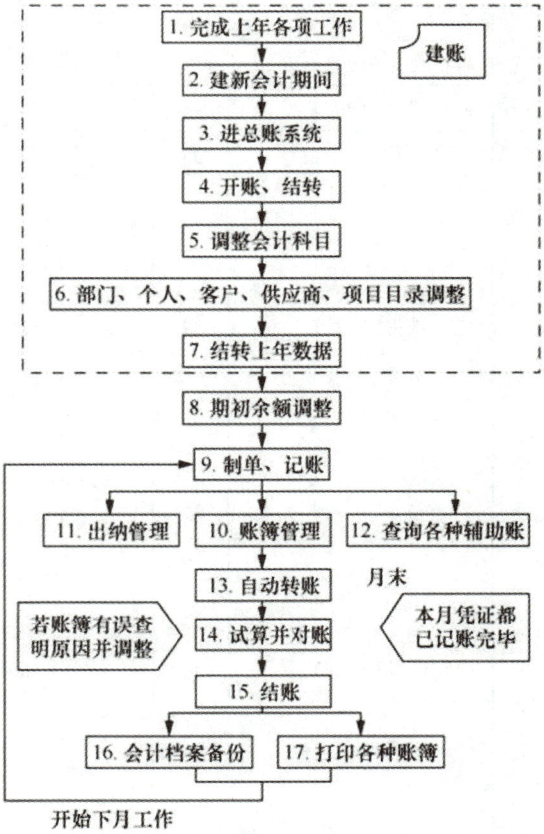

图 7-1-3 老用户使用总账系统的操作流程

任务二　总账系统初始化设置

深圳市佳华实业有限责任公司在“216”账套中，已经成功启用总账系统。从2016年1月1日起，在企业应用平台中，以账套主管李伟的身份，进行如下操作。

1. 设置总账系统控制参数，如表7-2-1所示

表7-2-1　深圳市佳华实业有限责任公司总账系统控制参数

选项卡	参数设置
凭证	取消“现金流量科目必录现金流量项目”；自动填补凭证断号；同步删除业务系统凭证；其他采用系统默认值
会计日历	将数量小数位、单价小数位设置为两位：其他采用系统默认值
账簿凭证打印预算控制/权限/其他	采用系统默认值

2. 录入总账系统期初余额并进行试算平衡操作，如表7-2-2所示

表7-2-2　深圳市佳华实业有限责任公司的总账期初余额

科目名称	方向	币别/计量	期初余额	辅助核算期初数据
库存现金(1001)	借		53 000.00	
银行存款(1002)	借		503 189.00	
工商银行龙岗支行	借		503 189.00	
应收票据(1121)	借		278 400.00	2016-01-03，凭证号：23；向武汉绮丽服饰有限公司销售男士衬衫800件，无税单价为40元/件，价税合计37 120元，收到对方开来的6个月的商业承兑汇票一张，票据面值：37 120元，票号：88750。票据签发日期和收到日期：2016-01-03，到期日：2017-01-03，增值税专用发票号：5678950002
应收账款(1122)	借		336 400.00	2016-01-10，凭证号：22；向长沙家纺股份有限公司销售女士连衣裙5 000件，无税单价为40元/件，价税合计232 000元，款项尚未收到。增值税专用发票号：5678951203。 2016-01-16，凭证号：5；向福州宏丰股份有限公司销售男士衬衫300件连衣裙，无税单价为30元/件，价税合计10 440元，款项尚未收到。增值税专用发票号：5678951256
原材料(1403)	借		39 900.00	

续表

科目名称	方向	币别/计量	期初余额	辅助核算期初数据
棉(140301)	借		15 000.00	
	借	支	30 000.00	
丝(140302)	借		8 400.00	
	借	支	42 000.00	
麻(140303)	借		16 500.00	
	借	支	35 000.00	
库存商品(1405)	借		489 000.00	
女士连衣裙(140501)	借		225 000.00	
	借	支	150 000.00	
男士衬衫(140502)	借		26 4000.00	
	借	支	120 000.00	
融资租赁资产(1461)	借		5 300.00	
固定资产(1601)	借		1 939 000.00	
累计折旧(1602)	贷		32 439.00	
短期借款(2001)	贷		400 000.00	
工商银行龙岗支行(200101)			400 000.00	
实收资本(4001)			3 000 000.00	
利润分配(4104)			211 750.00	
未分配利润(410415)			211 750.00	

总账系统的初始化包括两个方面的内容：一方面是在系统中对系统选项进行设置，从而使系统功能符合业务要求；另一方面是输入基本的业务信息，从而使业务处理具备信息基础。系统的初始化是系统开发运用初期的工作，必须由账套主管负责完成。

相关知识

总账系统期初余额的录入方法如下。

录入期初余额是将企业在启用账套时的期初业务数据资料输入系统，这是初始化工作中必不可少的。如果是年初建立账套，可直接录入年初余额。如果不是年初建立账套，则录入建账月份前各月的借方累计发生额、贷方累计发生额和建账月份的期初余额，系统将自动计算年初余额。

在用友软件的“期初余额录入”界面可以看到期初余额栏有3种不同的颜色。

(1)数据栏为白色，表示该科目是末级科目，可以在此栏直接录入科目余额。

(2)数据栏为灰色，表示该科目是非末级科目，此余额不需要录入，系统将根据其下级明细科目的余额自动汇总计算。

(3)数据栏为黄色，表示该科目为带有辅助核算项的会计科目余额，将鼠标光标移至设有辅助项的科目处，双击鼠标，进入相应辅助核算期初录入窗口，录入辅助核算期初数据，系统将自动计算汇总其辅助核算项金额。

(4)借/贷方累计发生额直接输入汇总数。

具体操作

1. 设置总账系统控制参数

第一步：在企业应用平台“业务工作”选项卡下，执行“财务会计”→“总账”→“设置”→“选项”命令，打开“选项”对话框，系统默认为“凭证”选项卡界面，如图 7-2-1 所示。

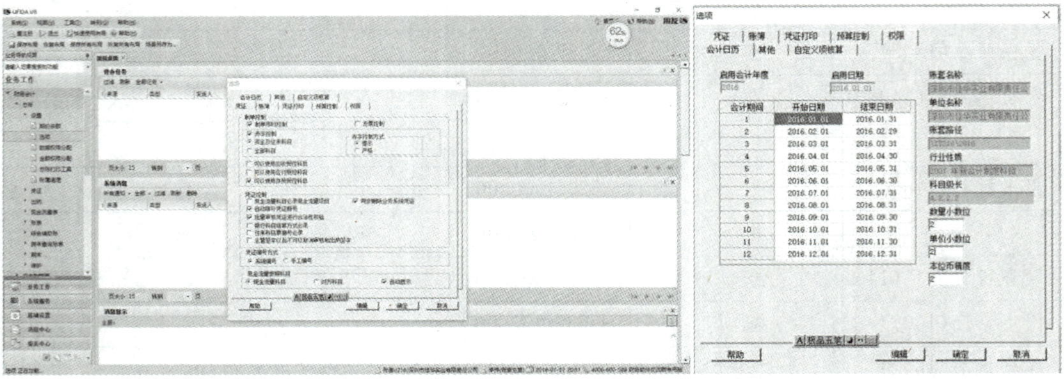

图 7-2-1　设置总账系统控制参数

第二步：单击“编辑”按钮，单击选中“自动填补凭证断号”前的复选框，单击“现金流量科目必录现金流量项目”前的复选框，取消选项框的“对勾”符号，单击选中“同步删除业务系统凭证”前的复选框。

第三步：单击“会计日历”选项卡，修改“数量小数位”为“2”，修改“单价小数位”为“2”。另外，权限选项内容如图 7-2-2 所示。设置完毕后，单击“确定”按钮，返回到企业应用平台窗口。

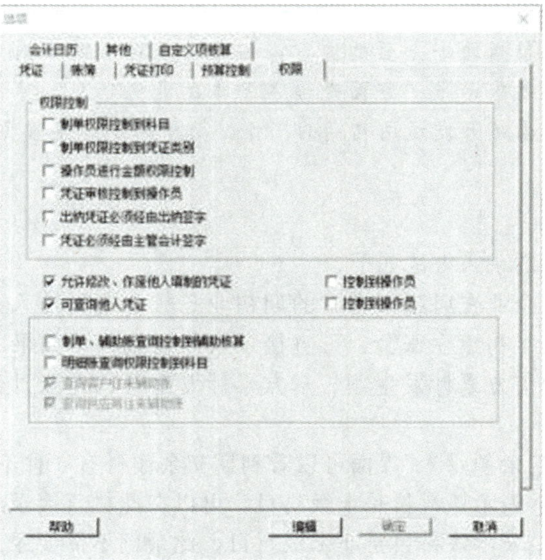

图 7-2-2　设置总账系统参数——权限选项卡说明

(1)“凭证”选项卡包含如下内容。

①制单序时控制。此项和“系统编号”选项联用，选取该项，则制单时凭证编号必须按日期顺序排列。例如，1月25日编制25号凭证，则1月26日只能开始编制26号凭证，即制单序时，用户如果有特殊需要可以将其改为不序时制单。

②支票控制。若选择此项，在制单过程中使用银行科目编制凭证时，系统针对票据管理的结算方式进行登记，如果录入的支票号在支票登记簿中已存在，系统提供登记支票报销的功能；否则，系统提供登记支票登记簿的功能。

③赤字控制。若选择此项，在制单过程中，当“资金及往来科目”或“全部科目”的最新余额为负数时，系统将予以提示。系统提供了提示、严格两种方式，用户可根据需要进行选择。

④可以使用应收受控科目。若科目为应收款管理系统的受控科目，为了防止重复制单，只允许应收系统使用此科目进行制单，总账系统是不能使用此科目制单的。所以如果希望在总账系统中也能使用这些科目填制凭证，则应选择此项。

【注意】总账和其他业务系统使用受控科目会导致应收系统与总账对账不平。

⑤可以使用应付受控科目。若科目为应付款管理系统的受控科目，为了防止重复制单，只允许应付系统使用此科目进行制单，总账系统是不能使用此科目制单的。所以如果希望在总账系统中也能使用这些科目填制凭证，则应选择此项。

⑥可以使用存货受控科目。若科目为存货核算系统的受控科目，为了防止重复制单，只允许存货核算系统使用此科目进行制单，总账系统是不能使用此科目制单的。所以如果希望在总账系统中也能使用这些科目填制凭证，则应选择此项。

⑦管理流程设置。若要求现金、银行科目凭证必须由出纳人员核对签字后才能记账，则选择“出纳凭证必须经由出纳签字”；如要求所有凭证必须由主管签字后才能记账，则选择“凭证必须经由主管会计签字”。如要求出纳签字、审核后才可对凭证执行领导签字，则选择“主管签字以后不可以取消审核和出纳签字”。

⑧现金流量科目必录现金流量项目。选择此项后，在录入凭证时如果使用现金流量科目，则必须输入现金流量项目及金额。

⑨自动填补凭证断号。如果选择凭证编号方式为系统编号，则在新增凭证时，

系统按凭证类别自动查询本月的第一个断号默认为本次新增凭证的凭证号。如无断号则为新号，与原编号规则一致。

⑩批量审核凭证进行合法性校验。批量审核凭证时针对凭证进行二次审核，提高凭证输入的正确率，合法性校验与保存凭证时的合法性校验相同。

⑪同步删除外部系统凭证。选中此项后，外部系统删除凭证时相应地将总账的凭证同步删除。否则，将总账凭证作废，不予删除。

⑫现金流量参照科目。此科目用来设置现金流量录入界面的参照内容和方式。“现金流量科目”选项被选中时，系统只参照凭证中的现金流量科目；“对方科目”选项被选中时，系统只显示凭证中的非现金流量科目。“自动显示”选项被选中时，系统依据前两个选项将现金流量科目或对方科目自动显示在指定现金流量项目界面中，否则需要手工参照选择。

(2)“权限”选项卡包含如下内容。

①制单权限控制到科目。在系统管理的“功能权限”中设置科目权限，再选择此项，权限设置有效。选择此项，制单时操作员只能使用具有相应制单权限的科目制单。

②制单权限控制到凭证类别。要在系统管理的“功能权限”中设置凭证类别权限，再选择此项，权限设置有效。选择此项，制单时只显示此操作员有权限的凭证类别。同时在凭

证类别参照中按人员的权限过滤有权限的凭证类别。

③操作员进行金额权限控制。选择此项，可以对不同级别的人员进行金额权限大小的控制。例如，财务主管可以对10万元以上的经济业务制单，一般财务人员只能对5万元以下的经济业务制单，这样可以减少由不必要的责任事故带来的经济损失。如为外部凭证或常用凭证调用生成，则处理与预算处理相同，不做金额控制。

④凭证审核控制到操作员。如只允许某操作员审核本部门操作员填制的凭证，则应选择此选项。

⑤出纳凭证必须经由出纳签字。若要求现金、银行科目凭证必须由出纳人员核对签字后才能记账，则选择“出纳凭证必须经由出纳签字”。

⑥凭证必须经由主管会计签字。如要求所有凭证必须由会计主管签字后才能记账，则选择“凭证必须经由主管会计签字”。

⑦允许修改、作废他人填制的凭证。若选择此项，在制单时可修改或作废别人填制的凭证，否则不能修改。

⑧明细账查询权限控制到科目。这里是权限控制的开关，在系统管理中设置明细账查询权限，必须在总账系统选项中打开，才能起控制作用。

⑨制单、辅助账查询控制到辅助核算：设置此项权限，制单时才能使用有辅助核算属性的科目录入分录，查询辅助账时只能查询有权限的辅助项内容。

2. 录入总账系统期初余额并进行试算平衡

第一步：在企业应用平台“业务工作”选项卡下，执行“财务会计”→“总账”→“设置”→“期初余额”命令，打开“期初余额录入”对话框，直接录入数据栏为白色的各末级科目的余额。如果某会计科目设有数量金额核算要求，则还要输入期初数量。

第二步：双击数据栏为黄色的带有辅助核算项的会计科目，打开与辅助核算项对应的期初录入窗口，单击“增行”按钮，录入辅助核算的明细期初数据。若该科目需要输入往来明细资料，则先单击“往来明细”按钮，在打开的“期初往来明细”窗口，单击“增行”按钮，录入该科目的期初往来明细资料，录入完毕后，单击“退出”按钮返回到“辅助期初余额”窗口，再单击“增行”按钮，录入辅助期初余额，录入完毕后，单击“退出”按钮退出。

第三步：各账户期初余额录入完毕后，单击“试算”按钮，弹出“期初试算平衡表”对话框，当显示“试算结果平衡”时，表明期初数据录入基本正确，单击“确定”按钮。单击“退出”按钮返回，否则需要进一步核对期初数据。

【操作提示】

(1)无论往来核算在总账系统还是在应收应付系统进行，有往来辅助核算的科目都要按明细录入数据。

(2)只要求录入最末级科目的余额和累计发生数，上级科目的余额和累计发生数由系统自动计算。若年中启用，则只要录入末级科目的期初余额及累借、累贷即可，年初余额将自动计算。

(3)如果某科目为数量、外币核算，可以录入期初数量、外币余额。但必须先录入本币余额，再录入外币余额。

(4)在录入辅助核算期初余额之前，必须先设置各辅助核算目录。

(5)如果期初余额试算不平衡，系统将不允许记账，但可以填制凭证。

(6)凭证记账后，期初余额变为浏览、只读状态，这时不能再修改，只可以查询或打印，如果需要修改，需将所有已记账的凭证取消记账。

(7)当录入有辅助核算的会计科目的期初余额时，如果因为在辅助核算项对应的期初录入窗口中多拉出一空白行，而导致无法退出时，可按“Esc”键退出。

(8)在总账系统录入辅助科目期初余额时，如果不显示对应的个人档案信息(或录入人员编码时，系统提示“人员非法”)，原因是未录入“人员档案”信息，或在“人员档案”设置中，没有选中“是否业务员”项。总账系统期初余额录入如图 7-2-3 所示。

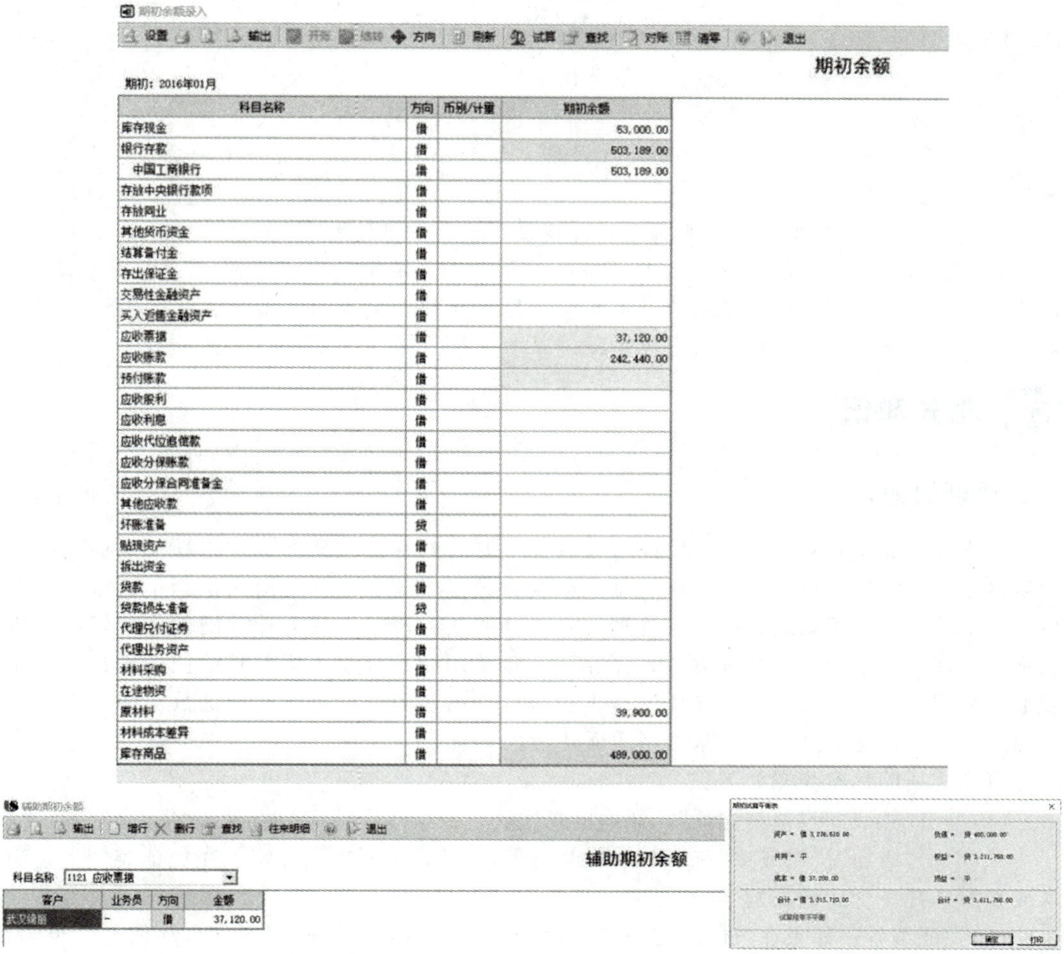
期初余额录入

期初余额

期初：2016年01月

科目名称	方向	币别/计量	期初余额
库存现金	借		53,000.00
银行存款	借		503,189.00
中国工商银行	借		503,189.00
存放中央银行款项	借		
存放同业	借		
其他货币资金	借		
结算备付金	借		
存出保证金	借		
交易性金融资产	借		
买入返售金融资产	借		
应收票据	借		37,120.00
应收账款	借		242,440.00
预付账款	借		
应收股利	借		
应收利息	借		
应收代位追偿款	借		
应收分保账款	借		
应收分保合同准备金	借		
其他应收款	借		
坏账准备	贷		
贴现资产	借		
拆出资金	借		
贷款	借		
贷款损失准备	贷		
代理兑付证券	借		
代理业务资产	借		
材料采购	借		
在途物资	借		
原材料	借		39,900.00
材料成本差异	借		
库存商品	借		489,000.00

辅助期初余额

辅助期初余额

科目名称 1121 应收票据

客户	业务员	方向	金额
武汉绿丽	-	借	37,120.00

图 7-2-3　总账系统期初余额录入

任务三　凭证处理

本任务将进行如下操作。

(1)本任务根据 1 月发生的经济业务，由账套主管李伟在总账系统中填制凭证，要求制单日期与业务发生日期一致。

①3 日，财务部签发 No. 201901 现金支票，从工商银行龙岗支行提取现金 5 000 元备用。

②5 日，销售部吴清到南京出差，预借差旅费 2 000 元，以现金付讫。

③10 日，销售部发生产品广告宣传费 3 000 元，财务部签发 No. zz201901 转账支票付讫。

④12 日，销售部吴清报销差旅费 1 200 元，归还现金 800 元，结清预借款(提示：需要生成一张收款凭证和一张转账凭证)。

⑤18 日，对机器设备维修，共花费 2 000 元，财务部签发 No. zz201902 转账支票付讫。其中，生产一部负担 1 200 元，生产二部负担 800 元。

⑥20 日，生产女士连衣裙，领取材料，其中，领取棉花 1 000 千克(40 元/千克)、丝 1 000 千克(100 元/千克)、麻 1 000 千克(70 元/千克)。

⑦25 日，购买棉花 1 000 千克，不含税单价为 40 元/千克，价税合计 46 400 元。材料已经验收入库，款项以现金支付。

(2)作废并删除凭证。1 月 31 日，由账套主管李伟在总账系统中将付字第 5 号凭证(购买棉花)作废并删除。

(3)记账。1 月 31 日，操作员何大鹏对本月审核无误的记账凭证进行记账。总账系统的初始化设置工作完成后，系统进入日常业务处理阶段。在这一阶段主要完成凭证的录入、修改、审核、签字和记账工作，并查询和打印输出各种日记账、明细账和总分类账，同时对部门、个人及单位往来辅助账进行管理。

相关知识

一、凭证的输入

在会计电算化实际工作中，凭证输入方式一般有两种：一是直接在计算机上根据审核无误准予报销的原始凭证填制记账凭证，即前台处理方式；二是先由人工制单，审核无误后再集中输入计算机系统，即后台处理方式。一般业务量不大或会计基础工作较好或使用网络版的用户可采用前台处理方式；而在第一年使用或正处于人机并行阶段的用户，则比较适合采用后台处理方式。记账凭证是本系统处理的起点，也是所有查询数据中最主要的来源之一。日常业务处理首先从填制凭证开始。

填制凭证的基本步骤如下。

(1)单击“凭证”→“填制凭证”，显示单张凭证。

(2)单击“增加”按钮或按“F5”键，增加一张新凭证，将鼠标光标定位在凭证类别上，输入或参照选择一个凭证类别字。

(3)凭证编号：如果在“选项”中选择“系统编号”则由系统按时间顺序自动编号。否则，请手工编号，允许最大凭证号为 32767。系统规定每页凭证可以有 5 笔分录，当某号凭证不止一页时，系统自动将在凭证号后标上几分之一。例如，收—0001 号 0002/0003 表示收款凭证第 0001 号凭证共有三张分单，当前光标所在分录在第二张分单上。

(4)系统自动取当前业务日期为记账凭证填制的日期，可修改。

(5)输入凭证分录的摘要，按“F2”键或参照按钮输入常用摘要，但常用摘要的输入不会清除原来输入的内容。

(6)输入末级科目或按“F2”键参照录入。

(7)若科目为银行科目，且在结算方式设置中确定要进行票据管理，在“选项”中设置“支票控制”，那么这里会要求输入“结算方式”“票号”及“发生日期”。

(8)如果科目设置了辅助核算属性，则在这里还要输入辅助信息，如部门、个人、项目、客户、供应商、数量等。录入的辅助信息将在凭证下方的备注中显示，如图 7-3-1 所示。

(9)录入该笔分录的借方或贷方本币发生额，金额不能为零，但可以是红字，红字金额以负数形式输入。如果方向不符，可按空格键调整金额方向。

票号 202-1222 日期 2018.11.30	数量 100.000 00 千克 单价 10.000 00 H	合计
备注	项目 车间新建项目 客户 中复电讯	部门 业务员 赵珊珊

记账　　审核　　出纳

图 7-3-1 填制记账凭证的辅助信息

(10)若想放弃当前未完成的分录的输入，可按“删行”按钮或 Ctrl＋D 组合键删除当前分录。

(11)如果填制凭证使用的科目为现金流量科目，那么在凭证保存之前要求指定凭证分录的现金流量项目。当您已经定义了现金流量取数关系时，单击“流量”按钮，在弹出现金流量项目指定的窗口中自动显示凭证发生的科目、方向、金额及对应的现金流量项目，可以修改。

(12)当凭证全部录入完毕后，按“保存”按钮或 F6 键保存这张凭证。需要注意的是：如果在总账“选项”中设置了“制单序时控制”，则凭证的填制日期应大于等于系统的启用日期，但不超过计算机的系统日期，也不能在上一张凭证的填制日期之前。

二、登记账簿

登记账簿，就是记账，通常也被称为登账或过账。在手工会计中，记账是指由财务人员根据已审核的记账凭证逐笔登记到各明细账，并按期计算出各科目的发生额和余额，汇总形成总账的过程。对一般的企业来说，由于日常经营业务涉及的科目多，业务发生频繁，并且记账过程中往往容易产生差错，需要反复计算、校对和审核，因此记账是财务人员日常工作中负荷较重的工作。而在电算化条件下，操作员只需根据已填制的凭证选择记账范围，记账工作由计算机自动完成，这不仅大大减轻了财务人员记账的工作量，而且基本避免了类似手工记账中登账差错的出现。在会计电算化中，操作员日常填制的凭证在系统中所处的状态可分为两个阶段：一是已填制未记账阶段，这一阶段的记账凭证是以临时文件的形式保存在系统中的，在未记账以前，即使是已经审核的凭证尚可通过取消审核实现“无痕”修改；二是已记账阶段，在用友财务软件中，凭证一旦经过记账处理，就不能再被删除或修改，只能通过“蓝字”补充或“红字”冲销的办法来纠正差错，也就是只能实现“有痕”修改。由此可见，在会计电算化中，凭证填制的准确性决定了记账的准确性，防止日常核算差错的重点集中在记账之前的凭证处理阶段，加强凭证填制与审核的管理，提高凭证处理的准确性，是记账的前提和基础，也是会计电算化中日常财务工作的重中之重。在记账前，用户需：首先，检验上月是否结账，如果上月未结账，则本月不能进行记账处理，在第一次记账时，若期初余额试算不平衡，系统也不允许记账；其次，对已输入的凭证进行审核，凭证未经审核不能进行记账处理；最后，由于凭证一旦进行记账处理，将不能被修改，为以防万一，在记账前，要做好硬盘的备份，以保存记账前的数据。系统的记账处理是在记账向导的指引下进行的，由于记账过程就是系统进行数据处理和对有关数据库文件进行更新的过程，因此记账过程不得中断，如果记账过程由于断电等发生中断，系统将自动调用“恢复记账前状态”恢复数据，然后由用户重新进行记账处理。

具体操作

一、填制凭证(以第一张凭证为例)

第一步：在企业应用平台“业务工作”选项卡下，执行“财务会计”→“总账”→“凭证”→“填制凭证”命令，打开“填制凭证”对话框。

第二步：单击“增加”按钮，系统自动增加一张收款凭证，如图 7-3-2 所示。填制凭证头部分。选择凭证类别。单击“收”字旁边的按钮，打开下拉框，选择凭证类别，本例选择“付”字，直接输入“制单日期”和“附单据数”。

第三步：输入凭证正文部分。依次输入摘要、科目名称(或科目代码，注意必须是末级科目)、借方金额或贷方金额，然后按 Enter 键，继续输入下一条分录的摘要、科目代码、借方金额或贷方金额。若借贷方均无辅助账科目，则输入完成后，可单击“增加”按钮，继续填写下一张凭证。若借贷方科目有辅助核算项，则要在弹出的对话框中输入辅助核算内容，如银行结算方式、往来核算、部门核算、数量核算等内容。

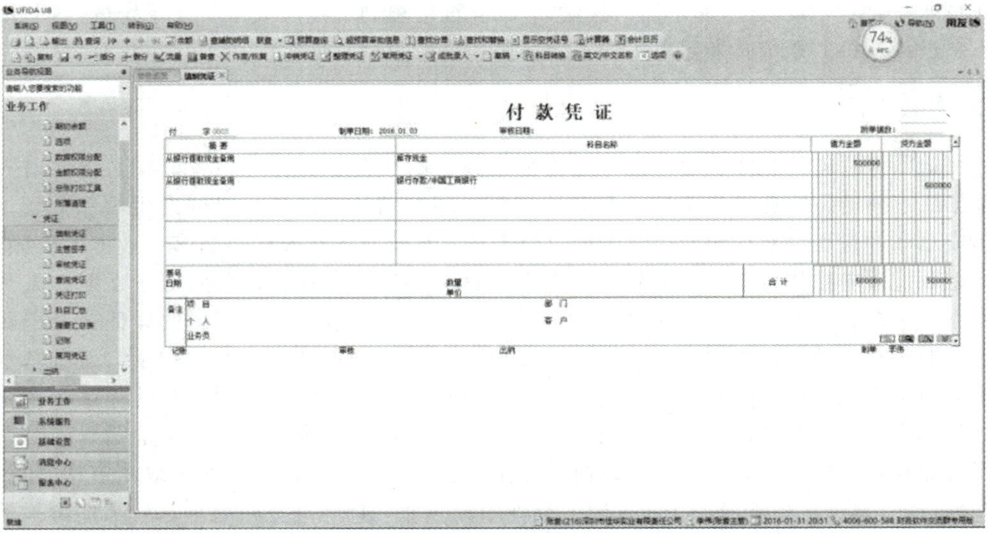

图 7-3-2　填制凭证

第四步：如果填制后发现凭证有错误，可以直接修改。

【操作提示】

(1)凭证填制完成后，在审核前可以直接修改。

(2)在录入会计科目时，在“科目参照”对话框中，如果没有所需科目，可以直接在“科目参照”对话框中单击“编辑”按钮，进入“新增科目设置”对话框进行科目设置。

(3)按空格键可以改变账户的借贷方向；可以按＝键取当前凭证借贷方金额的差额到当前光标位置。每张凭证上只能使用一次；输完金额后在金额处按“－”键(键盘上的减号键)，系统会显示金额为红字。

(4)在录入辅助明细时，当数量、单价、金额三项都有数据时，系统提供反算功能，改变数量或单价反算金额，改变金额反算单价。

(5)在填制凭证时如果含有辅助核算内容的会计科目，则应选择相应的辅助核算内容，否则将不能查询辅助核算的相关资料。

(6)在新增凭证过程中如果有意外情况不能继续，可以保存这张未完成且未保存过的凭证，这张凭证是一张草稿凭证，可以是结转生成的凭证，但不包括其他系统生成的凭证。在保存时，不做任何合法性校验，凭证号也不保存。等以后要使用或继续完成这张草稿凭证时可以按操作员引入。

(7)如果在“选项”中设置了“制单权限控制到科目”选项，则在制单时不能使用无权限的科目进行制单。

二、作废并删除凭证

1月31日，由账套主管李伟在总账系统中将付字第5号凭证(购买棉花业务)作废并删除。

第一步：在企业应用平台“业务工作”选项卡下，执行“财务会计”→“总账”→“凭证”→“填制凭证”命令，打开“填制凭证”窗口。

第二步：通过单击按钮翻页查找，或单击“查询”按钮，输入条件查找要作废的凭证，单击“作废/恢复”按钮，凭证左上角显示“作废”字样，表示已将该凭证作废，如图7-3-3所示。

第三步：单击“整理凭证”按钮，在弹出的对话框中选择要整理的月份，单击“确定”按钮，打开“作废凭证表”对话框。双击需删除凭证所在行的“删除?”选项，空白栏显示“Y”标志，单击“确定”按钮。系统提示“是否还需整理凭证断号”，选择凭证断号重新排列方式，如选择“按凭证号重排”，单击“是”按钮进行整理。

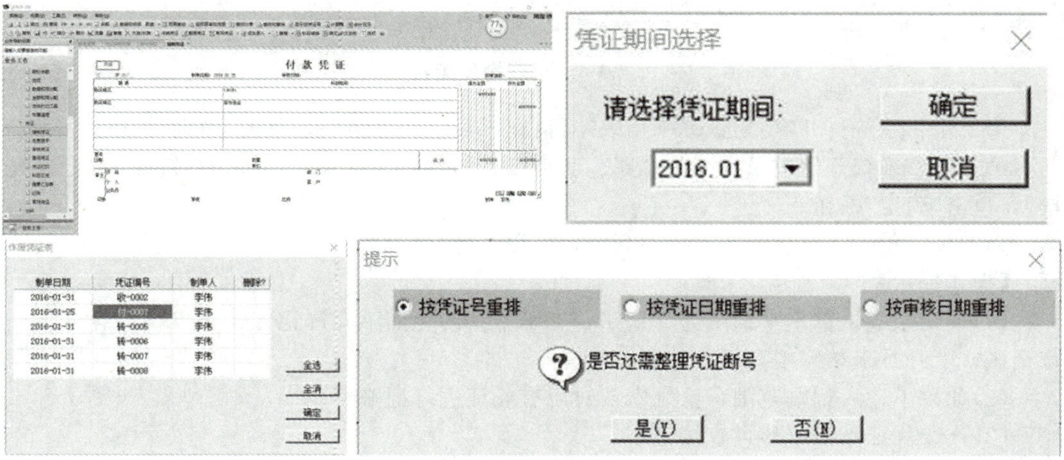

图7-3-3 作废并整理凭证

【操作提示】

(1)对于作废凭证，可以单击“作废/恢复”命令，取消“作废”标志。

(2)作废凭证不能修改、不能审核，但参与记账。

(3)查询账簿时查不到作废凭证的数据，但该张凭证仍然占有原凭证编号。

(4)若要删除凭证，必须分两步进行操作，即先进行“作废”操作，然后再进行“整理”操作。

(5)只能对未记账凭证进行凭证整理。如果对已记账凭证进行凭证整理，应先取消记账，再做凭证整理。

(6)未审核的凭证可以直接删除，已审核或已进行出纳签字的凭证，必须在取消审核及出纳签字后才能删除。

(7)如果在对作废凭证进行整理时，选择了不整理断号，但在总账系统的选项设置中选中了“自动填补凭证断号”及“系统编号”复选框，那么在填制凭证时可以由系统自动填补断号。否则，将会出现凭证断号。

三、记账

1 月 31 日，操作员“何大鹏”对本月审核无误的记账凭证进行记账。

第一步：在企业应用平台“业务工作”选项卡下，执行“财务会计”→“总账”→“凭证”→“记账”命令，打开“记账”对话框，在“记账范围”对话框中输入需要记账的凭证范围或直接单击“记账”按钮，系统默认为对所有凭证进行记账，如图 7-3-4 所示。

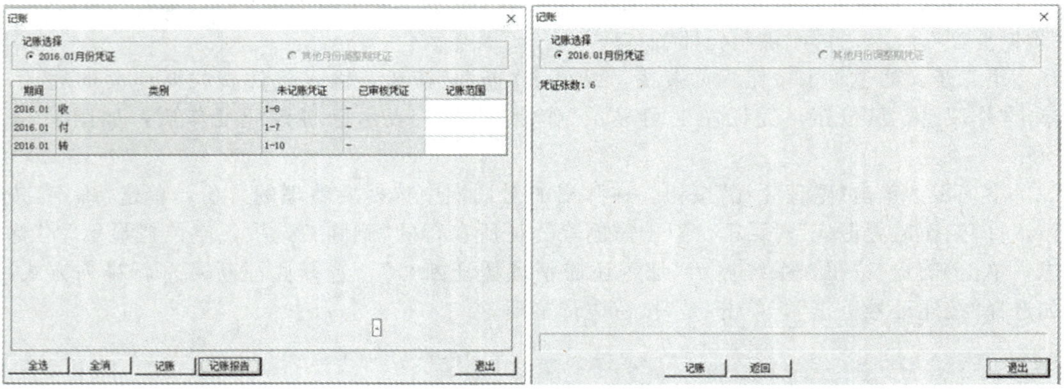

图 7-3-4 记账操作流程

第二步：系统打开“期初试算平衡表”对话框，显示试算结果，单击“确定”按钮。

第三步：系统开始登录有关的总账、明细账、辅助账，记账完毕后，系统提示“记账完毕”，单击“确定”按钮。

第四步：单击“退出”按钮，返回到企业应用平台。

【操作提示】

(1)期初余额试算不平衡不允许记账；有不平衡的凭证不允许记账；未审核的凭证不允许记账；上月月末结账本月不能记账。

(2)如果不输入记账范围，系统默认对所有凭证进行记账。

(3)作废凭证不需审核可直接记账。

(4)记账过程中不得中断，如果断电或其他原因造成了中断，可通过激活“恢复记账前状态”命令恢复，然后由用户重新进行记账工作。

任务四 总账系统期末处理

本任务主要介绍总账系统期末处理的主要功能以及对账和结账的一些相关知识。

相关知识

一、总账系统期末处理的主要功能

期末处理是指在将本月所发生的经济业务全部登账之后所要做的工作，主要包括期末转账业务、对账、结账等内容。总账系统的期末处理要在其他业务管理系统完成期末处理之后才能进行。第一次使用总账系统进行期末业务处理，应先执行“转账定义”命令，设置自动转账分录，在定义完转账分录后，在以后的各月只要调用转账生成功能，即可快速生成转账凭证。

总账系统的期末转账定义主要包括自定义转账、对应结转、销售成本结转、售价(计划价)销售成本结转、汇兑损益结转、期间损益结转、自定义比例转账，以及费用摊销和预提等。

(1)自定义转账功能可以完成费用分配、分摊、税金计算、提取各项费用、部门核算、项目核算、个人核算、客户核算、供应商核算的结转等。

(2)对应结转功能只能结转期末余额。若要结转发生额，则应在自定义中设置。既可进行两个科目一对一结转，还可进行科目的一对多结转。对应结转的科目可以为上级科目，但其下级科目的科目结构必须保持一致。如有辅助核算，则两个科目的辅助账类也必须一一对应。

(3)销售成本结转设置功能主要是月末辅助没有启用购、销、存业务模块的企业完成销售成本的计算和结转。

(4)售价(计划价)销售成本结转功能主要是按售价(计划价)结转销售成本或调整销售成本。

(5)汇兑损益结转功能主要用于期末自动计算外币账户的汇兑损益，并在转账生成中自动生成汇兑损益转账凭证。汇兑损益只处理以下外币账户：外汇存款户、外币现金、外币结算的各项债权和债务。

(6)期间损益结转主要用于在一个会计期间终了后将损益类科目的余额结转到本年利润科目中，从而及时反映企业利润的盈亏情况。

二、对账

一般只要记账凭证录入正确，计算机自动记账后各种账簿都应是正确、平衡的，但非法操作、计算机病毒或其他原因有时可能会造成某些数据被破坏，因而引起账账不符，为了保证账证相符、账账相符，用户应经常使用本功能对账，至少一个月一次，一般可在月末结账前进行。进入系统时，系统隐藏了“恢复记账前状态”功能，要使用此功能必须进入“对账”功能区按 Ctrl＋H 组合键激活“恢复记账前状态”功能。

三、结账

结账是一项将账簿记录定期结算清楚的账务工作。在一定时期结束时(如月末、季末、年末)，为了编制会计报表，需要结账。结账的内容通常包括两个方面：一是结清各种损益类账户，并据以计算确定本年利润；二是结清各资产、负债和所有者权益账户，分别结出本期发生额合计和余额。

对不需要按月结计本期发生额的账户，月末结账时，只需要在最后一笔经济业务之下画通栏单红线，不需要再结计一次余额。

库存现金、银行存款日记账和需要按月结计本期发生额的收入、费用等明细账，每月结账时，要在最后一笔经济业务之下画通栏单红线，结出本期发生额和余额，在摘要栏内注明“本月合计”字样，在下面画通栏单红线。

需要结计本年累计发生额的某些明细账户，每月结账时，应在“本月合计”行下结出自年初起至本月月末止的累计发生额，登记在月份发生额的下面，在摘要栏内注明“本年累计”字样，并在下面画通栏单红线。12 月末的“本年累计”就是全年累计发生额，全年累计发生额下通栏画双红线。

年度终了结账时，有余额的账户，要将其余额结转下年，并在摘要栏内注明“结转下年”字样。

在电算化环境下，结账的含义除包含上述内容以外，还有一层意思就是结账后禁止在当期继续使用处理业务的各项功能，如不能输入、修改凭证，不能记账等。

结账的步骤如下。

(1)选择结账月份。如果第一次启用总账系统是在年中，必须先对以前会计期间进行结账处理，才能进行本月结账操作。

(2)自动进行结账前检验。检验结果全部符合结账条件，才能结账，否则系统不予结账。

(3)自动备份数据。保存结账前的工作状态，即将结账前所有数据备份到硬盘目录，防止结账过程被中断造成数据丢失。同时输出月度工作报告。

(4)自动进行结账处理，做结账标志。

任务五　定义转账凭证

本任务将以账套主管李伟的身份，进行如下操作。

(1)自定义转账凭证——结转本月制造费用，其中女士连衣裙和男士衬衫各分摊 50%。

借：生产成本——制造费用(取对方科目计算结果/2；项目：女士连衣裙)

　　生产成本——制造费用(取对方科目计算结果/2；项目：男士衬衫)

　　贷：制造费用——折旧费(取 510101 科目的借方期末余额)

　　　　　　　——其他(取 510102 科目的借方期末余额)

(1)自定义转账凭证——结转本月单色圆珠笔完工成本(假定本月生产的产品全部完工，验收入库，且生产成本账户没有期初余额)。

借：库存商品——女士连衣裙(取对方科目计算结果)

贷：生产成本——直接材料(取 500101 科目的借方期末余额；项目：女士连衣裙)

　　　　　　——直接人工(取 500102 科目的借方期末余额，项目：女士连衣裙)

　　　　　　——制造费用(取 500103 科目的借方期末余额；项目：女士连衣裙)

(3)定义结转销售成本的凭证。

(4)定义结转期间损益的凭证。

相关知识

一、自定义转账设置

总账系统的期末转账设置主要包括自定义转账、对应结转、销售成本结转、售价(计划价)销售成本结转、汇兑损益结转、期间损益结转、自定义比例转账以及费用摊销和预提等。

在系统刚刚投入运行不久，第一次使用总账系统时，或者第一个会计核算期末结账前，可用“转账定义”功能对需要自动转账的凭证进行定义。

由于各企业情况不同，各种计算方法也不尽相同，特别是各类成本费用分摊结转方式的差异，必然会造成各企业这类结账方式的不同。因此，企业可以根据实际需要使用“自定义结账”功能。

自定义转账功能的运用可以极大地提高总账系统的使用效率，但是由于其规则复杂，函数多样，不便于理解和操作，因此建议在总账系统运行初期，不使用或少使用自定义转账功能，随着系统应用的深入，逐步增加自动转账分录，直至大部分转账凭证都能用自动转账实现为止。

二、销售成本结转设置

销售成本结转是将月末商品(或产成品)销售数量乘以库存商品(或产成品)的平均单价计算各类商品销售成本并进行结转。

三、期间损益结转设置

期间损益结转用于在一个会计期间终了将损益类科目的余额结转到本年利润科目中，从而及时反映企业利润的盈亏情况，主要是主营业务收入、其他业务收入、投资收益、营业外收入、主营业成本、其他业务成本、管理费用、销售费用、财务费用、营业外收支、所得税费用、资产减值损失等科目向本年利润的结转。

具体操作

一、自定义转账凭证——结转本月制造费用

女士连衣裙和男士衬衫各分摊 50%。

借：生产成本——制造费用(取对方科目计算结果/2；项目：女士连衣裙)

　　生产成本——制造费用(取对方科目计算结果/2；项目：男士衬衫)

　　贷：制造费用——折旧费(取 510101 科目的借方期末余额)

　　　　　　　——其他(取 510102 科目的借方期末余额)

第一步：在企业应用平台“业务工作”选项卡下，执行“财务会计”→“总账”→“期末”→“转账定义”→“自定义转账”命令，打开“自定义转账设置”对话框。

第二步：单击“增加”按钮，打开“转账目录”对话框，输入转账序号“1”，输入转账说明“结转制造费用”，选择凭证类别“转 转账凭证”，单击“确定”按钮，返回“自定义转账设置”对话框。

第三步：单击“增行”按钮，输入第一条分录。科目编码选择“50010301”，单击项目栏的“参照”按钮，选择“女士连衣裙”项目，双击“方向”栏，选择“借”，双击金额公式栏，输入金额公式“JG()/2”。

第四步：单击“增行”按钮，输入第二条分录。科目编码选择“50010302”，单击项目栏的 参照按钮，选择“男士衬衫”项目，双击“方向”栏，选择“借”，双击金额公式栏，输入金额公式“JG()/2”。

第五步：单击“增行”按钮，输入第三条分录。科目编码选择“510101”，双击“方向”栏，选择“贷”，双击金额公式栏，单击随后出现的“参照”按钮，选择“期末余额”，单击“下一步”按钮，打开“公式向导”对话框，系统默认取数会计科目为“500101”；期间为“月”，单击“完成”按钮，金额公式栏显示定义好的公式“QM(5101014，月)”。

第六步：重复第五步的操作步骤，完成第四条分录的定义，全部设置完毕后，单击“保存”按钮后退出。

第一步至第六步操作如图 7-5-1 所示。

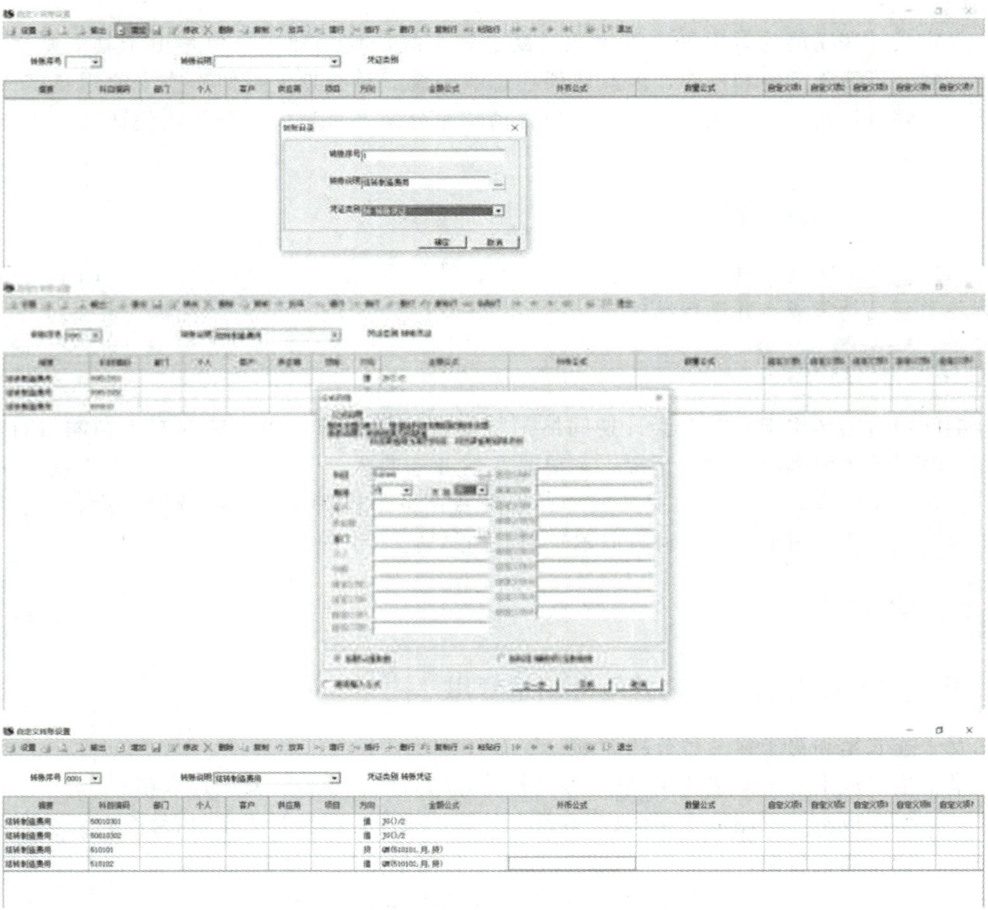

图 7-5-1　自定义转账凭证——结转本月制造费用

二、自定义转账凭证——结转本月女士连衣裙完工成本

假定本月生产的产品全部完工，验收入库，且生产成本账户没有期初余额。

第一步：在“财务会计”→“总账”→“期末”→“转账定义”→“自定义转账”设置窗口，单击“增加”按钮，打开“转账目录”对话框，输入转账序号“2”，输入转账说明“结转女士连衣裙完工成本”，选择凭证类别“转 转账凭证”，单击“确定”按钮，返回“自定义转账设置”对话框。

第二步：单击“增行”按钮，输入第一条分录的科目编码“140501”、金额公式“JG()”等栏目内容。

第三步：单击“增行”按钮，输入第二条分录。科目编码选择“500101”，单击项目栏的参照按钮，选择“女士连衣裙”项目；双击“方向”栏，选择“贷”，双击金额公式栏，单击随后出现的“参照”按钮，选择“期末余额”，单击“下一步”按钮，打开“公式向导”对话框，系统默认取数会计科目为“500101”；期间为“月”，项目“女士连衣裙”，单击“完成”按钮。

第四步：重复第三步的操作，完成第三条分录和第四条分录的定义，全部设置完毕后，单击“保存”按钮后退出。

第一步至第四步操作如图 7-5-2 所示。

图 7-5-2　自定义转账设置——结转本月女士连衣裙完工成本

【操作提示】

(1)转账科目可以为非末级科目，部门可为空，表示所有部门。

(2)自定义转账功能可以完成对各种费用的分配、分摊、计提及税金的计算等，可以自定义期间损益转账凭证，系统也单独提供了期间损益的功能，用户可根据实际情况决定采用哪一种。如果用户使用了应收/应付管理系统，那么，在总账系统中，不能按客户、供应商辅助项进行结转，只能按科目总数进行结转。

三、定义结转销售成本的凭证

定义结转销售成本的凭证，应按照如下步骤操作。

第一步：在企业应用平台“业务工作”选项卡下，执行“财务会计”→“总账”→“期末”→“转账定义”→“销售成本结转”命令，打开“销售成本结转设置”对话框。

第二步：选择凭证类别“转 转账凭证”，在“库存商品科目”文本框中输入科目编码“1405”；在“商品销售收入科目”文本框中输入科目编码“6001”；在“商品销售成本科目”文本框中输入科目编码“6401”，单击“确定”按钮。

第一步至第二步操作如图 7-5-3 所示。

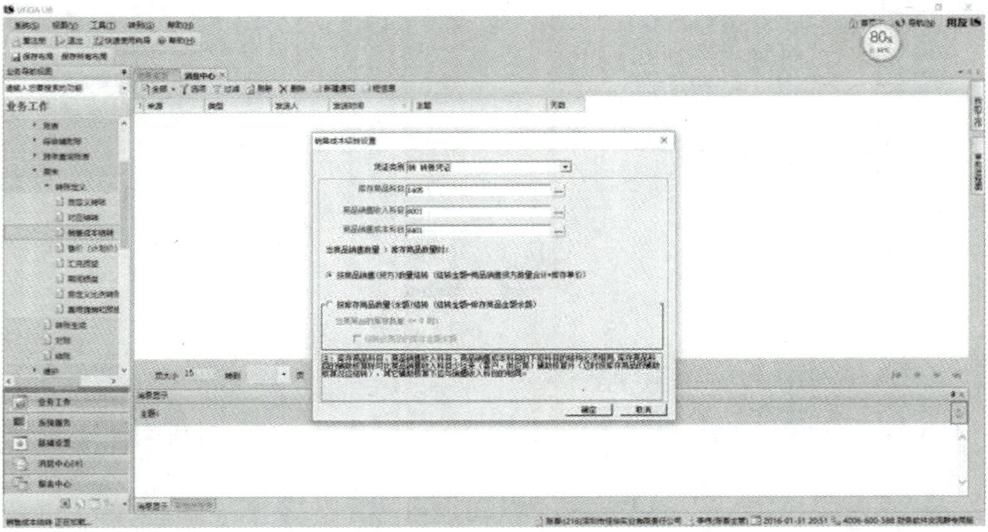

图 7-5-3 销售成本结转设置

【操作提示】

(1)库存商品、商品销售收入科目、商品销售成本科目的下级科目的结构必须相同。

(2)库存商品科目的辅助核算除可以比商品销售收入科目少往来辅助核算外，其他辅助核算应与销售收入科目相同。

四、定义结转期间损益的凭证

定义结转期间损益的凭证，应按照如下步骤操作。

第一步：在企业应用平台"业务工作"选项卡下，执行"财务会计"→"总账"→"期末"→"转账定义"→"期间损益"命令，打开"期间损益结转设置"对话框。

第二步：选择凭证类别"转 转账凭证"，在"本年利润科目"文本框中输入科目编码"4103"，单击"确定"按钮。

第一步至第二步操作如图 7-5-4 所示。

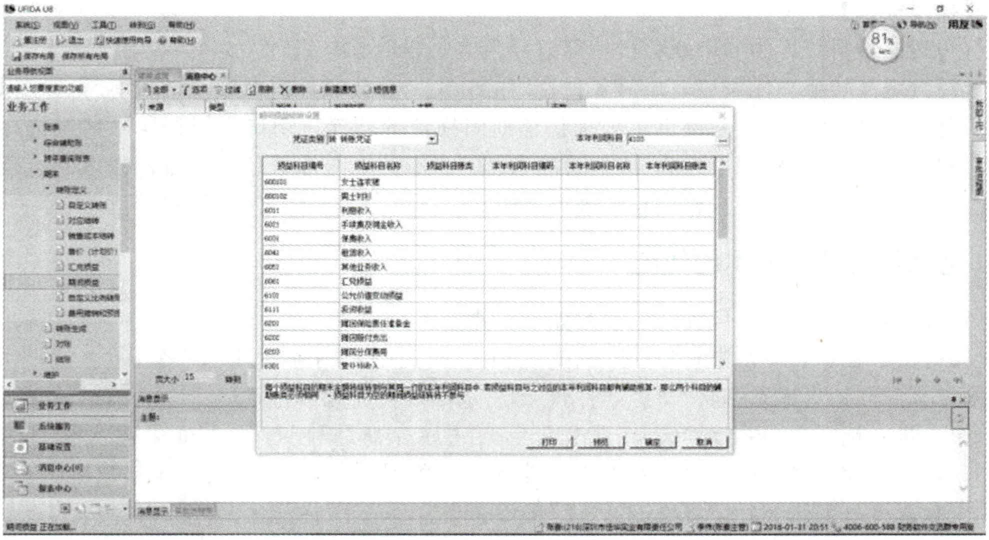

图 7-5-4 期间损益结转设置

任务六　生成转账凭证

本任务将以账套主管李伟的身份，进行如下操作。

(1)生成结转本月制造费用的凭证。

(2)生成结转本月女士连衣裙完工成本的凭证。假定本月生产的单色圆珠笔共1 000支，全部完工，验收入库，且生产成本账户没有期初余额。

(3)生成结转销售成本的凭证。

(4)生成结转期间损益的凭证。

相关知识

定义完转账凭证后，每月月末只需调用自定义凭证，执行转账生成功能即可快速生成转账凭证并自动追加到未记账凭证中，通过审核、记账后才能真正完成结转工作。由于期末处理涉及的业务主要有制造费用的结转、生产成本的结算、短期利息的计提、费用的摊销、销售成本的结转、应交增值税的结转、期末调汇、损益的结转、所得税费用的计提与结转、本年利润的结转等，独立转账分录可以在任何时候生成转账凭证。而对于一组相关转账分录，它们之间以及它们同本月的其他经济业务有一定的联系，必须在全部相关的经济业务入账之后使用，并且要按照合理的先后次序逐一生成凭证，即在某些转账凭证已经记账的前提下，另外一些转账凭证才能生成，否则计算金额就会发生差错。一般情况下：首先，生成和处理由其他子系统转入总账系统的凭证；然后，再生成自定义结账凭证或对应结账凭证、销售成本结账凭证、汇兑损益结账凭证；最后，生成和处理期间损益结账凭证。

具体操作

一、生成结转本月制造费用的凭证

第一步：在企业应用平台“业务工作”选项卡下，执行“财务会计”→“总账”→“期末”→“转账生成”命令，打开“转账生成”对话框。

第二步：系统默认“自定义转账”，在右边列表框中显示已设置的自定义转账凭证的内容，双击“是否结转”栏，选择要生成凭证的转账项目“0001 结转制造费用”，出现“Y”标志，单击“确定”按钮。系统自动生成转账凭证，单击“保存”按钮，凭证上出现“已生成”标志，单击“退出”按钮。系统自动将当前凭证追加到未记账凭证中。

第三步：对该张凭证进行审核与记账(具体操作步骤参见图 7-6-1)。

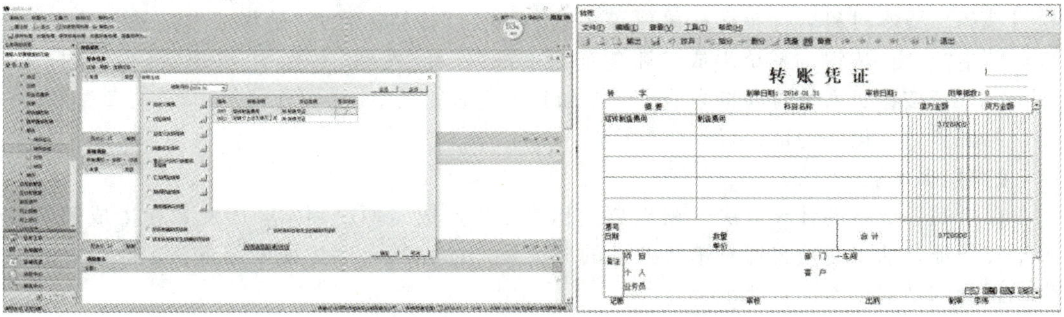

图 7-6-1　转账生成——结转制造费用

二、生成结转本月单色圆珠笔完工成本的凭证

假定本月生产的女士连衣裙共 1 000 件，全部完工，验收入库，且生产成本账户没有期初余额。

第一步：在打开的“总账”→“期末”→“转账生成”窗口，系统默认“自定义转账”，双击“是否结转”栏，选择要生成凭证的转账项目“0002 结转女士连衣裙完工成本”，出现“Y”标志，单击“确定”按钮。系统自动生成转账凭证，单击“140501”科目所在的行，单击“辅助项”按钮，输入完工数量“1000”，单击“确定”按钮，单击“保存”按钮，凭证上出现“已生成”标志，单击“退出”按钮。系统自动将当前凭证追加到未记账凭证中，如图 7-6-2 所示。

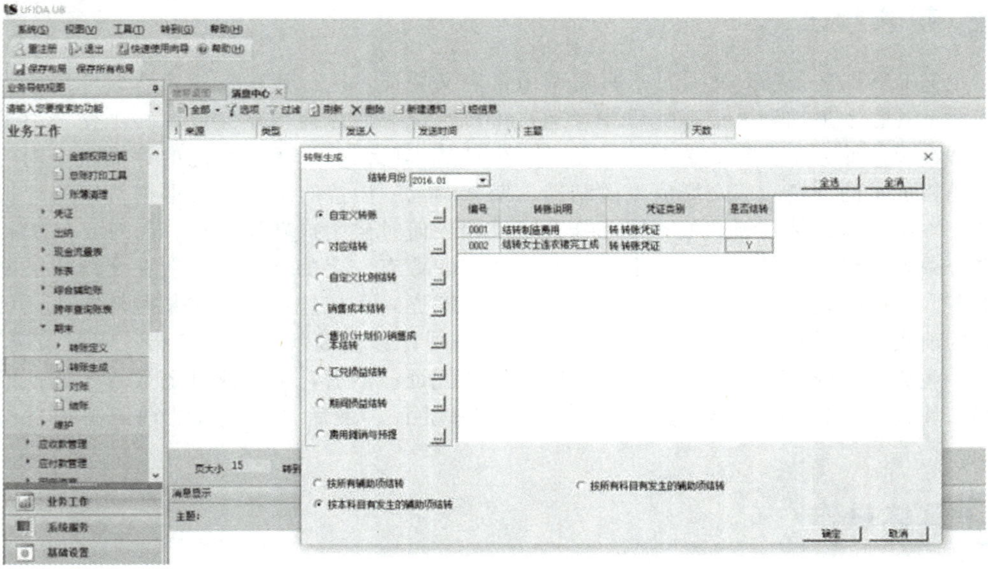

图 7-6-2　转账生成——结转女士连衣裙完工成本

第二步：对该张凭证进行审核与记账。

三、生成结转销售成本的凭证

第一步及第二步操作如图 7-6-3 所示。

第一步：在企业应用平台“业务工作”选项卡下，执行“财务会计”→“总账”→“期末”→“转账生成”命令，打开“转账生成”对话框。

第二步：单击选中“销售成本结转”前的单选框，在右边列表框中显示已设置好的成本科目编码、成本科目名称及计量单位等，单击“确定”按钮。打开“销售成本结转一览表”窗口，单击“确定”按钮，系统生成转账凭证，单击“保存”按钮。凭证上出现“已生成”标志，单击“退出”按钮。系统自动将当前凭证追加到未记账凭证中。

第三步：对该张凭证进行审核与记账。

【操作提示】

由于销售成本的计算取决于销售数量和单位生产成本两个因素，因此，在生成销售成本结转凭证之前，必须将所有销售业务的凭证及产品完工入库凭证全部审核记账后，才能生成正确的销售成本结转凭证。

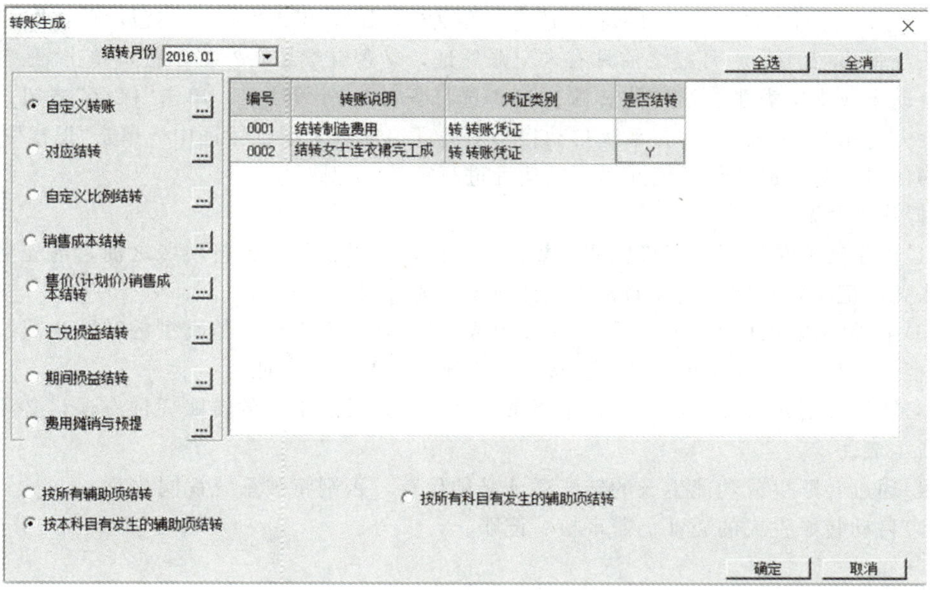

图 7-6-3　生成结转销售成本凭证

四、生成结转期间损益的凭证

生成结转期间损益的凭证，应按照如下步骤操作。

第一步：在企业应用平台“业务工作”选项卡下，执行“财务会计”→“总账”→“期末”→“转账生成”命令，打开“转账生成”对话框。

第二步：单击选中“期间损益结转”前的单选框，在右边列表框中显示所有的损益类会计科目，单击“类型”下拉按钮，选定类型为“收入”，单击“全选”按钮，单击“确定”按钮，系统自动生成收入类账户结转的转账凭证，选择凭证类别“转”字，单击“保存”按钮，在凭证左上方显示“已生成”字样，系统自动将当前凭证追加到未记账凭证中，单击“退出”按钮。

第一步及第二步操作如图 7-6-4 所示。

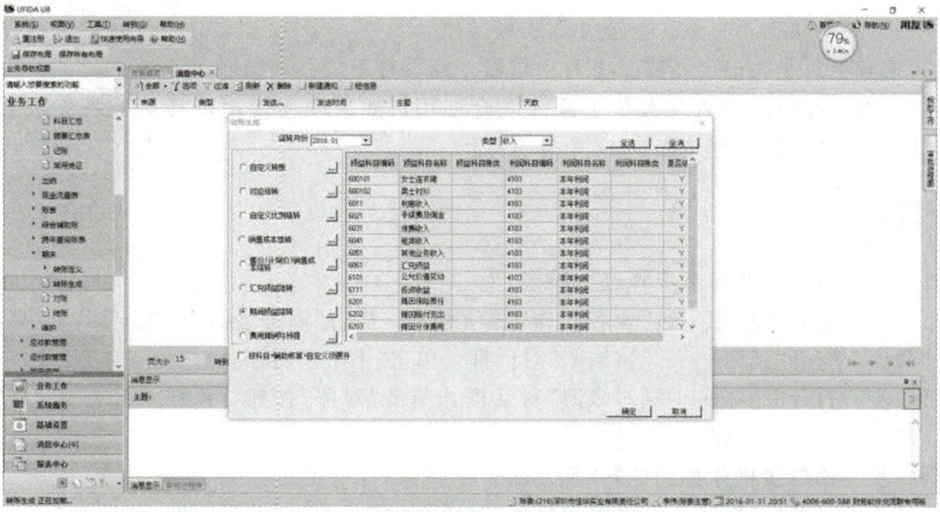

图 7-6-4　生成结转期间损益的凭证

第三步：单击“类型”下拉按钮，选定类型为“支出”，单击“全选”按钮，单击“确定”按钮，系统弹出“2016.01 月或之前月有未记账凭证，是否继续结转？”提示框，单击“是”按钮，系统自动生成支出类账户结转的转账凭证，选择凭证类别“转”字，单击“保存”按钮，在凭证左上方显示“已生成”字样，系统自动将当前凭证追加到未记账凭证中，单击“退出”按钮。

第四步：对生成的结转期间损益的凭证进行审核、记账。

【操作提示】

(1)由于转账是按照已记账凭证的数据进行的，所以在月末进行转账之前，请先将所有未记账凭证记账，否则，生成的转账凭证数据可能有误。

(2)生成转账凭证后退出时返回“转账生成”界面，若不进行其他类型的转账生成，应单击“取消”按钮退出，如果单击“确定”按钮，系统会重复生成凭证。

(3)转账凭证每月只生成一次，不要重复生成。如果已生成的转账凭证有误，必须删除后重新生成。

(4)通过转账生成功能生成的转账凭证必须保存，否则将被系统视同放弃。

(5)自动转账生成的凭证仍需审核、记账。

任务七　总账系统月末结账

本任务将以账套主管李伟的身份，对总账系统进行月末结账操作。

相关知识

会计期末要进行结账处理，结账实际上就是计算结转各账簿的本期发生额和期末余额，并终止本期的账务处理工作。结账是一种成批数据处理，每月只结一次账，主要是对当月日常处理限制和对下月账簿的初始化，由计算机自动完成，结账前要进行数据备份。

在结账之前要做以下准备工作。

(1)检查本月业务是否全部记账，有未记账凭证时不能办理结账。

(2)检查损益类账户是否结转完毕，当损益类账户未结转未清零时，不能办理结账。

(3)核对总账与明细账、总账与辅助账、明细账与辅助账、总账系统与其他子系统数据是否一致。如果数据不一致，不能办理结账。

(4)检查上月是否已经结账。上月未结账，则本月不能办理结账。

(5)检查总账系统是否与其他子系统联合使用，如果联合使用，其他子系统未全部结账，总账系统就不能办理结账。

具体操作

月末结账应当按照如下步骤进行操作。

第一步：在企业应用平台“业务工作”选项卡下，执行“财务会计”→“总账”→“期末”→“结账”命令，打开“结账——开始结账”对话框，单击“下一步”按钮。

第二步：打开“结账——核对账簿”对话框，单击“对账”按钮，系统自动对账，对账完毕后，单击“下一步”按钮。

第一步至第二步操作如图 7-7-1 所示。

第三步：打开“结账——月度工作报告”对话框，单击“下一步”按钮，如图 7-7-2 所示。

第四步：打开“结账——完成结账”对话框，系统弹出“2016 年 01 月工作检查完成，可

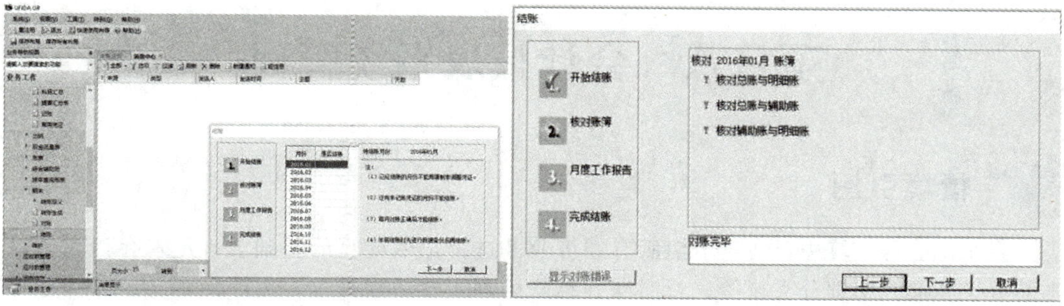

图 7-7-1 “结账——核对账簿”

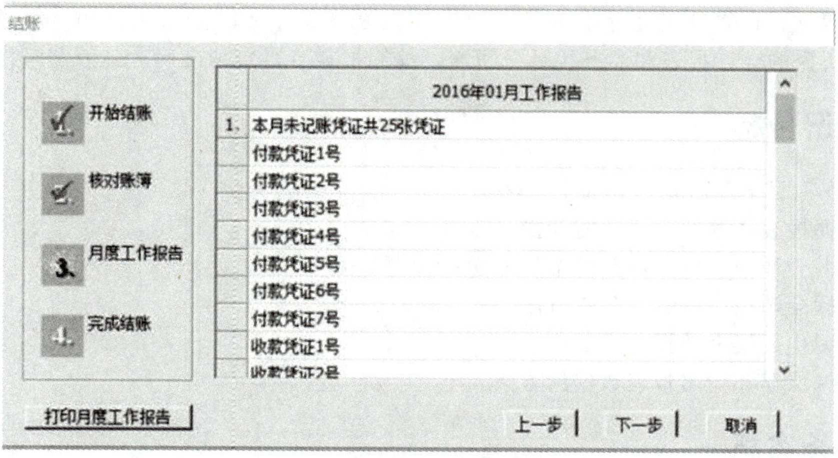

图 7-7-2 结账——月度工作报告

以结账。”提示框，单击“结账”按钮。

【操作提示】

(1)结账只能由有结账权限的人进行。

(2)若结账后发现结账错误，可以取消结账。其操作方法为：进入“结账”对话框，选择要取消结账的月份，按 Ctrl＋Shift＋F6 组合键即可。

(3)结账前，要进行数据备份。

项目八　会计报表系统管理

情境引例

在手工会计核算中，在对本期所有经济业务进行记账核算的基础上，月末会计人员要对总分类账簿和明细分类账簿进行对账和结账处理，然后根据总分类账簿和明细分类账簿编制会计报表，这是一项较为复杂的工作。在使用总账系统进行会计核算的电算化会计中，同样需要依据总账系统数据编制会计报表，这项工作需要通过会计报表系统完成。与手工会计核算相比较，通过在会计报表系统中设置报表公式，可以由系统自动从账套中取数，计算生成所需的会计报表和业务统计分析表，编制报表变得更加准确、高效和轻松。

知识目标

通过本项目学习需要达到如下目标：

1. 掌握报表系统的主要功能和操作流程；
2. 掌握会计报表编制涉及的常用概念；
3. 掌握会计报表编制的基本方法；
4. 掌握生成报表数据的方法；
5. 掌握保存和输出报表数据的方法。

任务实施

任务一　报表系统概述及利用报表模板生成报表

本任务将进行如下操作。

1. 以操作员 101 李伟的身份启用报表、了解报表功能

2. 以操作员 101 李伟的身份调用报表模板生成资产负债表

(1)调用“2007 年新会计制度科目”下的“资产负债表”模板。

(2)在数据状态下输入关键字，年：2016，月：1，日：31。

(3)在格式状态下，双击存货的期初余额计算公式栏，并在弹出的定义公式栏中增加 QC(“1409，全年，，年，)；双击存货的期末余额计算公式栏，并在弹出的定义公式栏中增加 QM(“1409”，全年，，年，)。

(4)将格式状态转化为数据状态，进行全表重算，生成资产负债表数据：资产总计期初数据为(5 715 741.00)，期末数据为(6 537 171.00)；负债及所有者权益期初数据为(5 715 741.00)，期末数据为(6 537 171.00)。

(5)保存报表。

①以文件名为资产负债表，以 Excel 格式保存到 E:\2016 账套备份文件中。

②以文件名为资产负债表，以 REP 格式保存到 E:\2016 账套备份文件中。

3. 以操作员 101 李伟的身份调用报表模板生成利润表

(1)调用“2007 年新会计制度科目”下的“利润表”模板。

(2)在数据状态下输入关键字，年：2016，月：1。

(3)生成利润表数据：净利润数据为(718 240.00)。

(4)保存报表。

①以文件名为利润表，从 Excel 格式保存到 E:\2016 账套备份文件中。

②以文件名为利润表，从 REP 格式保存到 E:\2016 账套备份文件中。

4. 利用总账的项目核算生成现金流量表

(1)在设置会计科目界面指定现金流量科目：将 1001 库存现金、100201 中国工商银行、100202 建设银行、1003 存放中央银行款项、1011 存放同业、1012 其他货币资金、1021 结算备付金、1031 存出保证金等科目从待选科目移至已选科目。

(2)系统在项目目录里已经建立了“现金流量项目”项目大类。

(3)执行“现金流量表”→“现金流量凭证查询”命令，进入“现金流量查询及修改”窗口，针对每张现金流量凭证，单击“修改”按钮补充录入现金流量项目，如表 8-1-1 所示。

表 8-1-1 现金流量项目

摘要	科目编码	科目名称	项目名称	方向	金额
报销差旅费	1001	库存现金	收的其他与经营活动有关的现金	借	240.00
收到货款	100201	中国工商银行	销售商品、提供劳务收到的现金	借	30 000.00
支付广告费	100201	中国工商银行	支付的与其他经营活动有关的现金	贷	20 000.00
采购货物	100201	中国工商银行	购买商品、接受劳务支付的现金	贷	155 610.00

(4)调用“2007 年新会计制度科目”下的“现金流量表”模板。

(5)在格式状态下，单击单元格 C6，打开 fx 函数，选择用友账务函数对应的“现金流量项目金额”，在“参照”窗口下完善“项目编码”内容，方向为“流入”。同理，完成 C8，C10，C13 单元格公式。

(6)在数据状态下，输入关键字，年：2016，月：1。

(7)生成现金流量表数据。

5. 账套备份

在 E 盘根目录下建立一个文件夹，文件夹的名字为“216 账套备份”，在该文件中建立一个名为“报表系统概述及利用报表模板生成报表 4-1”的子文件夹，将账套备份到该子文件夹中。

相关知识

一、报表系统的功能

利用 UFO 报表系统既能编制对外报表，又可编制各种内部报表。UFO 报表系统的主要功能有：提供各行业报表模板、文件管理功能、格式设计功能、公式设计功能、数据处理功能、图表功能、打印功能、二次开发功能。报表模板、格式管理、数据处理、打印是常用到的最主要功能。可以自行设计报表格式，也可以根据报表系统提供的报表模板自动生成报表格式，还可以将报表结果另存为 Excel 格式，使用 Excel 功能对数据进行加工处理。

1. 文件管理功能

UFO 提供了各类文件管理功能，除能完成一般的文件管理外，UFO 的数据文件还能够转化为不同的文件格式，例如文本文件、MDB文件、XLS文件等。此外，通过UFO提供的“导入”和“导出”功能，可以实现和其他流行财务软件之间的数据交换。

2. 格式设计功能

UFO提供的格式设计功能，可以设置报表尺寸、组合单元、画表格线，调整行高或列宽，设置字体和颜色，设置显示比例等。同时，UFO还内置了11种套用格式和33个行业的标准财务报表模板，包括最新的现金流量表，方便用户制作标准报表。对于用户单位内部常用的管理报表，UFO还提供了自定义模板功能。

3. 公式设计功能

UFO提供了绝对单元公式和相对单元公式，可以方便、迅速地定义计算公式、审核公式及舍位平衡公式；UFO还提供了种类丰富的函数，在系统向导的引导下可轻松地从用友账务及其他子系统中提取数据，生成财务报表。

4. 数据处理功能

UFO的数据处理功能可以固定的格式管理大量数据不同的表页，并在每张表页之间建立有机的联系。此外，还提供了表页的排序、查询、审核、舍位平衡及汇总功能。

5. 图表功能

UFO可以很方便地对数据进行图形组织和分析，制作包括直方图、立体图、圆饼图、折线图等多种分析图表，并能编辑图表的位置、大小、标题、字体、颜色和打印输出。

6. 打印功能

UFO提供“所见即所得”和“打印预览”的功能，可以随时观看报表或图形的打印效果。打印报表时，可以打印格式或数据，可以设置表头和表尾，可以在0.3～3倍之间缩放打印，可以横向或纵向打印等。

7. 二次开发功能

UFO提供了批命令和自定义菜单，利用该功能可以开发出适合本企业的专用系统。

二、报表系统操作流程

(1)启动报表系统。

(2)创建报表文件。

(3)定义报表格式。它包括设置表尺寸、画表格线、设置组合单元、输入表样文字、设置关键字位置、定义单元公式。表尺寸是报表的行数和列数。报表格式定义是报表操作的关键，报表格式定义的关键是报表取数公式的定义。

(4)处理报表数据。它包括打开报表、增加表页、录入关键字值、编制报表、审核报表。

(5)输出报表。

(6)分析报表。

三、报表系统中的基本概念

1. 报表结构

报表按其结构的复杂性，分为简单表和复合表。简单表就是由若干行和列组成的二维表。简单表的格式一般由标题、表头、表体和表尾组成，资产负债表、利润表、现金流量表都是简单表。复合表是由若干张简单表组合而成的。

标题即报表的名称，表头包括编制单位、日期、计量单位、报表栏目等，报表栏目是表头中最重要的内容。表体是报表的主体，由行和列组成。表尾即表体以下的辅助说明部分。

2. 单元、单元属性、单元风格

单元是报表中由行和列确定的方格，是组成报表的最小单位。如C2表是第二行C列对应的单元。

单元属性是指单元类型、数字格式、边框的样式。单元类型有数值单元、字符单元、表样单元。

(1)数值单元。

数值单元用于存放报表的数据，在数据状态下输入。数值单元的内容可以直接输入或由单元中存放的单元公式运算生成。建立一个新表时，所有单元的类型默认为数值型。

(2)字符单元。

字符单元也是报表的数据，也在数据状态下输入。字符单元的内容可以直接输入，也可由单元公式生成。

(3)表样单元。

表样单元是报表的格式，是定义一个没有数据的空表所需的所有文字、符号或数字。一旦单元被定义为表样，在其中输入的内容对所有表页就都有效。表样单元只能在格式状态下输入和修改。

单元风格是指单元内容的字体、字号、字形、对应方式、颜色图案等。

3. 组合单元

组合单元由相邻的两个或多个单元组成，这些单元必须是同一种单元类型(如表样、数值、字符等)，UFO在处理报表时将组合单元视为一个单元，组合单元的名称可以用区域的名称或区域中的任何一个单元的名称来表示。

4. 表页

表页是由若干行和列组成的一个二维表。描述某表页某单元格的方法为：列行@页。例如，第2页中的C2单元的表示方法为C2@2。一个UFO报表最多可容纳99999张表页，一个报表中的所有表页具有相同的格式，但其中的数据不同。

5. 区域

区域由一张表页上的相邻单元组成，自起点单元至终点单元是一个完整的长方形矩阵。在UFO中，区域是二维的，最大的区域是整个表页，最小的区域是一个单元。例如，A6到C10的长方形区域表示为A6：C10，起点单元与终点单元用“:”连接。

6. 固定区和可变区

固定区中组成一个区域的行数和列数是固定的。可变区是指一个区域的行数或列数是不固定的。可变区的最大值在格式设计中设定。在许多情况下，报表内的记录数是不固定的，不能确定表的大小。

含有可变区的报表叫可变表，不含可变区的表叫固定表，一个报表只能设置一个可变区，行可变或列可变。可变区在格式状态下只显示一行或一列，在数据状态下可随需要增减。

7. 关键字

关键字是游离于单元之外的特殊数据单元，可用来在大量表页中快速选择表页。关键字一般包括单位名称、单位编号、年、季、月、日，也可以自定义关键字，在取数公式中会使用关键字。关键字的显示位置在格式状态下设置，关键字的值则在数据状态下录入，每个报表可以定义多个关键字。

8. 格式状态和数据状态

UFO将报表制作分为两大部分来处理，即报表格式、公式设计工作与报表数据处理工作。这两部分的工作是在不同状态下进行的。

(1)格式状态。

在报表格式设计状态下进行有关格式设计的操作，例如表尺寸、行高列宽、单元属性、单元风格、组合单元、关键字等，定义报表的单元公式(计算公式)、审核公式及舍位平衡公式。在格式状态下所看到的是报表的格式，报表的数据全部隐藏；在格式状态下所做的操作对本报表所有的表页都发生作用；在格式状态下不能进行数据的录入、计算等操作。

(2)数据状态。

在报表的数据状态下管理报表的数据，例如输入数据、增加或删除表页、审核、舍位平衡、制作图形、汇总、合并报表等。在数据状态下不能修改报表的格式，看到的是报表的全部内容，包括格式和数据。

报表工作区的左下角有一个“格式/状态”按钮，单击这个按钮可以在“格式状态”和“数据状态”之间切换。

9. 报表文件

报表文件是存储数据的基本单位，是以 rep 为后缀的一个文件，如 zcfzb. rep。表示某文件某表页某单元格的方法为：“路径＋文件名”→列行@页。例如，d:\zcfzb. rep 文件第 2 页 C2 单元格，表示方法为：“d:\zcfzb. rep”→C2@2。

一个报表文件可以容纳多张报表(表页)。

具体操作

一、调用报表模板生成资产负债表

1. 调用资产负债表模板

【操作步骤】

(1)以操作员 101 李伟的身份登录企业应用平台，执行“财务会计”→“UFO 报表”命令，启用 UFO 报表管理系统。

(2)在格式状态下，执行“格式”→“报表模板”命令，打开“报表模板”对话框，选择所在的行业性质为“2007 年新会计制度科目”，财务报表为“资产负债表”。

(3)单击“确认”按钮，系统弹出“模板格式将覆盖本表格式！是否继续?”信息提示对话框。

(4)单击“确定”按钮，即可打开“资产负债表”模板，如图 8-1-1 所示。

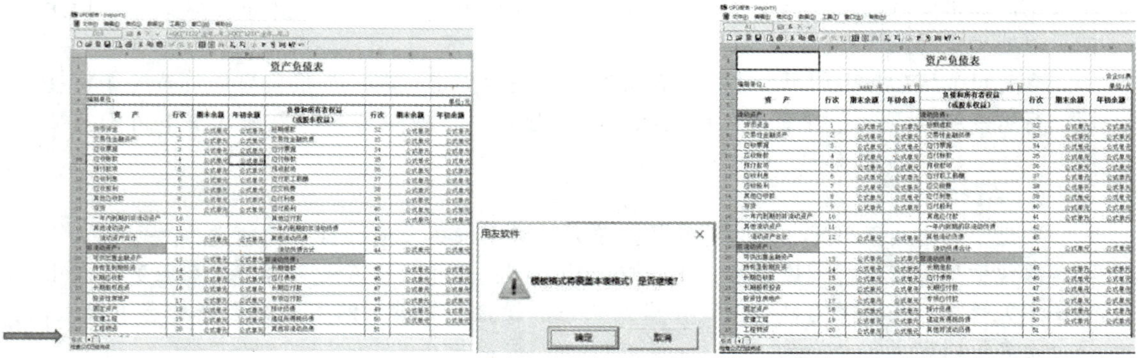

图 8-1-1　调用资产负债表模板

2. 调整报表模板

【操作步骤】

(1)单击“数据/格式”按钮，将“资产负债表”处于格式状态。

(2)根据本单位的实际情况，在格式状态下，在存货的期初余额计算公式中增加 QC("1409"，全年,，年,)，在期末余额计算公式中增加 QM("1409"，全年,，年,)，单击“保存”按钮，如图 8-1-2 所示。

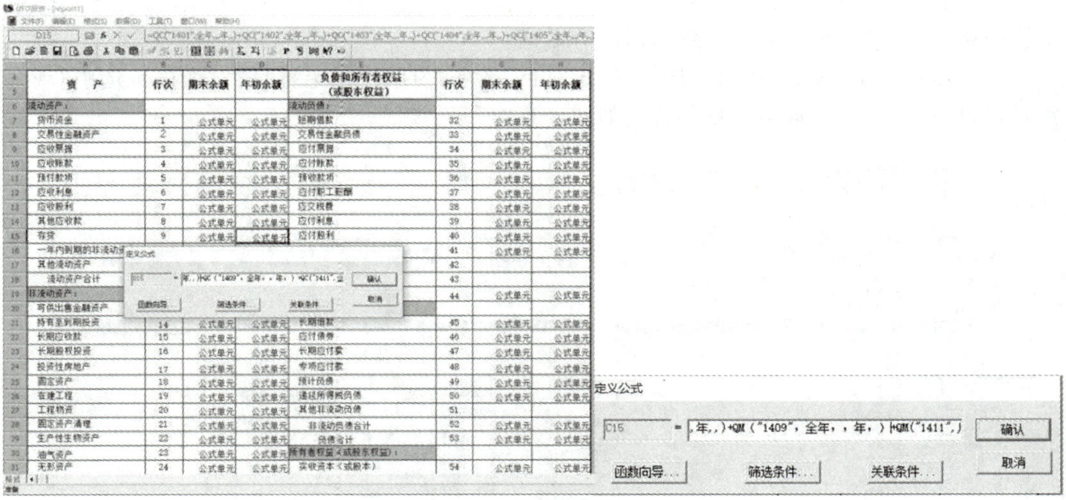

图 8-1-2　调整报表模板

3. 生成资产负债表数据

【操作步骤】

(1)在数据状态下，执行“数据”→“关键字”→“录入”命令，打开“录入关键字”对话框。

(2)输入关键字，年：2016，月：1，日：31。

(3)单击“确认”按钮，系统弹出“是否重算第 1 页?”信息提示对话框。

(4)单击“是”按钮，系统会自动根据单元公式计算 1 月数据；单击“否”按钮，系统不计算 1 月数据，以后可利用“表页重算”功能生成 1 月数据。

(5)单击工具栏中的“保存”按钮，将生成的报表数据保存，如图 8-1-3 所示。

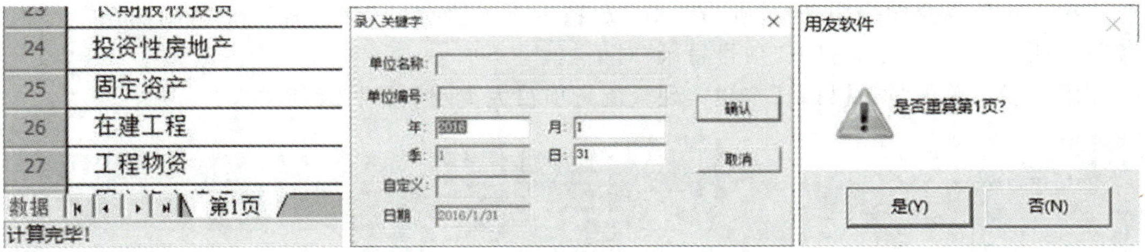

图 8-1-3　生成资产负债表数据

二、调用报表模板生成利润表

【注意】

以同样的方法，生成 2016 年 1 月利润表。

三、利用总账的项目核算生成现金流量表

系统提供了两种生成现金流量表的方法：一是利用现金流量表模板，二是利用总账的项目管理功能和 UFO 报表。下面主要介绍第二种方法。

生成现金流量表之前在总账系统中需要做如下工作。

1. 在"设置会计科目"界面指定现金流量科目

第一步：在企业应用平台"业务工作"选项卡下，执行"基础设置"→"基础档案"→"财务"→"会计科目"命令，打开"会计科目"对话框。

第二步：单击"编辑"按钮，选择"指定科目"选项，打开"指定科目"对话框。选中"现金流量科目"选项，选择现金流量科目，如图 8-1-4 所示。

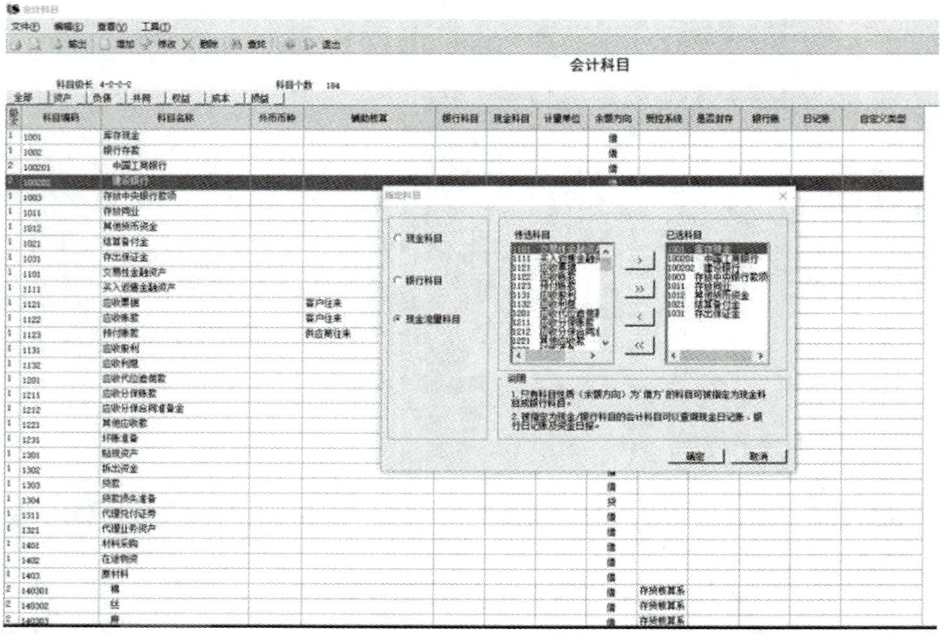

图 8-1-4　指定现金流量科目

2. 系统在项目目录里已经建立了"现金流量项目"项目大类

第一步：在企业应用平台"业务工作"选项卡下，执行"基础设置"→"基础档案"→"财务"→"项目目录"命令，打开"项目目录"对话框。

第二步：单击"项目目录"按钮，现金流量项目大类及项目目录如图 8-1-5 所示。

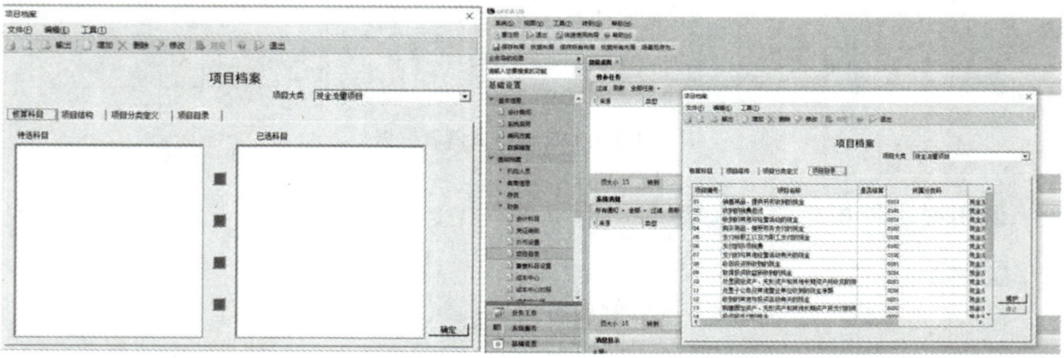

图 8-1-5　现金流量项目大类及项目目录

3. **涉及现金流量科目**

在填制凭证时如果涉及现金流量科目可以在填制凭证界面单击“流量”按钮，打开“现金流量表”对话框，指定发生的该笔现金流量的所属项目。如果在填制凭证时未指定现金流量项目，也可以执行“总账”→“现金流量表”→“现金流量凭证查询”命令，进入“现金流量查询及修改”窗口，针对每一张现金流量凭证，单击“修改”按钮补充录入现金流量项目，如图 8-1-6 所示。

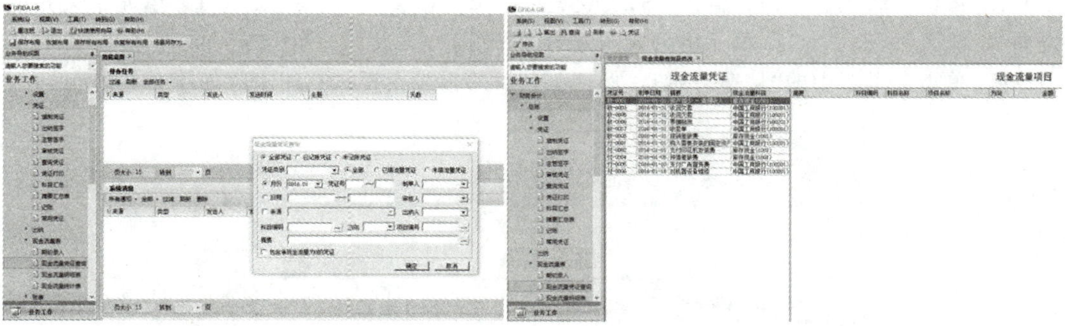

图 8-1-6　现金流量查询及修改

4. **调用现金流量表模板，在 UFO 报表系统中生成现金流量表**

【操作步骤】

(1)在“格式”状态下，执行“格式”→“报表模板”命令，打开“报表模板”对话框。

(2)选择您所在的行业为“2007 年新会计制度科目”，财务报表为“现金流量表”。

(3)单击“确认”按钮，系统弹出“模板格式将覆盖本表格式！是否继续?”信息提示对话框。

(4)单击“确定”按钮，即可打开“现金流量表”模板，如图 8-1-7 所示。

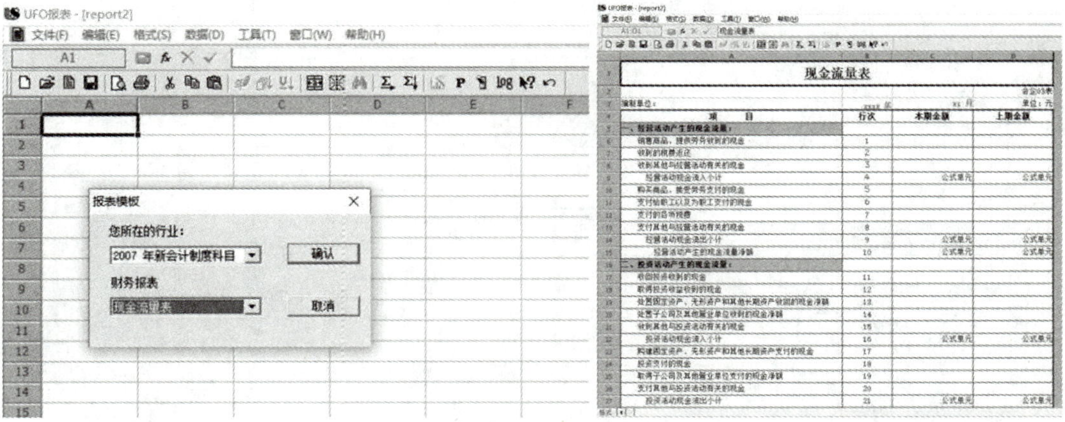

图 8-1-7　调用现金流量模板

5. **调整报表模板**

【操作步骤】

(1)单击“数据/格式”按钮，将“现金流量表”处于格式状态。

(2)单击选择 C6 单元格，单击“fx”按钮，打开“定义公式”对话框。单击“函数向导”按钮，打开“函数向导”对话框。

(3)在函数分类列表框中选择“用友账务函数”，在右边的函数名列表中选中“现金流量项目金额(XJLL)”，单击“下一步”按钮，打开“用友账务函数”对话框。

(4)单击“参照”按钮，打开“账务函数”对话框。

(5)单击“项目编码”右边的“参照”按钮，打开“现金流量项目”对话框。

(6)双击，选择与C6单元格左边相对应的项目；双击，返回“用友账务函数”对话框。

(7)单击“确定”按钮，返回“定义公式”对话框，单击“确认”按钮。

(8)重复步骤(3)～(7)，输入C8，C10，C13单元格公式(注意：C6，C8单元格公式的方向为“流入”，C10，C13单元格公式的方向为“流出”)。

(9)单击工具栏中的“保存”按钮，保存调整后的报表模板。具体步骤如图8-1-8所示。

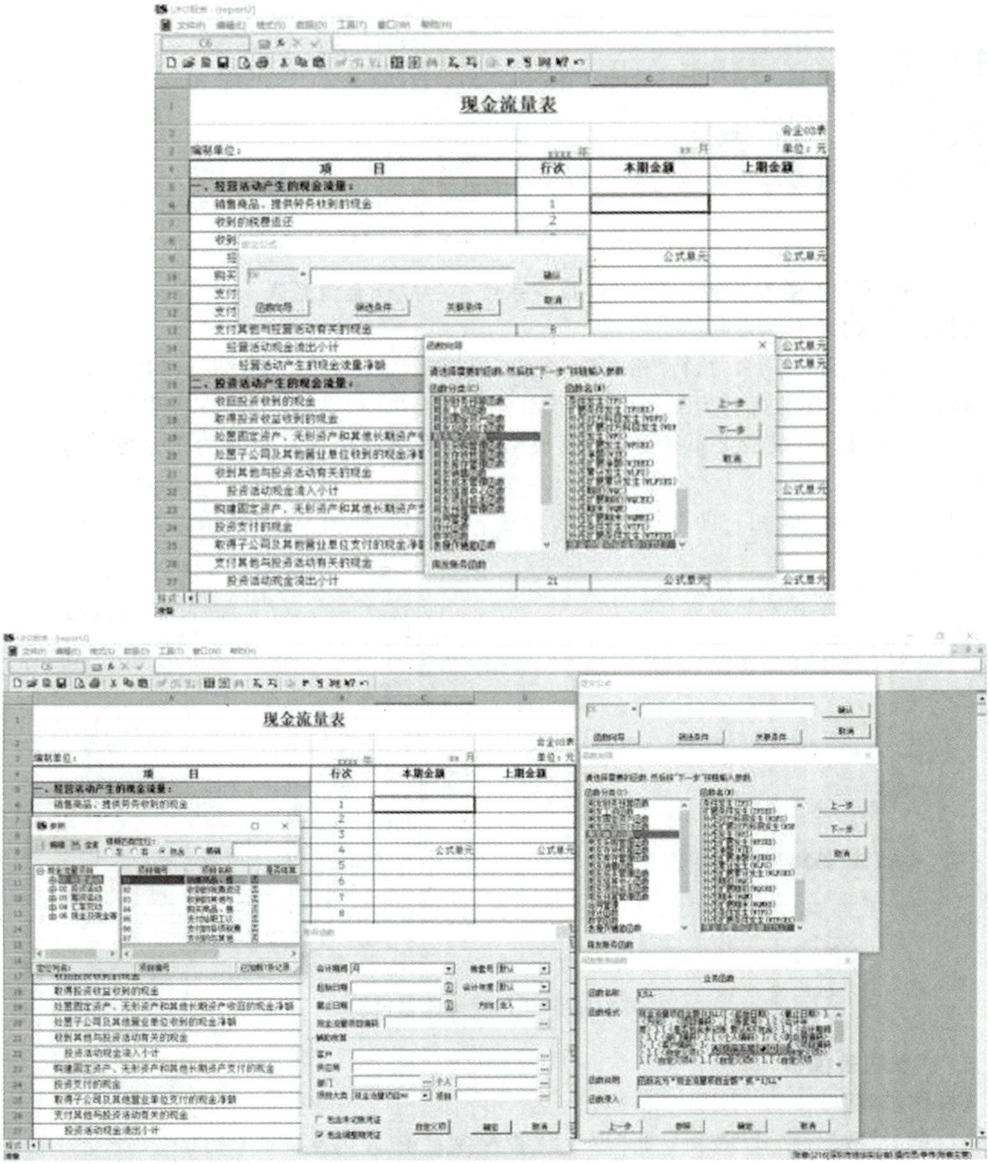

图8-1-8　具体步骤

6. 生成现金流量表主表数据

【操作步骤】

(1)在数据状态下，执行"数据"→"关键字录入"命令，录入关键字"年：2016，月：1"。

(2)弹出"是否重算第1页?"提示框。

(3)单击"是"按钮，系统会自动根据单元公式计算1月的数据。

(4)执行"文件"→"另存为"命令，输入文件名"现金流量表"，单击"另存为"按钮，将生成的报表数据保存。

四、账套备份

在E盘根目录下建立一个文件夹，文件夹的名字为"216账套备份"，在该文件中建立一个名为"报表系统概述及利月报表模板生成报表4-1"的子文件夹，将账套备份到该子文件夹中。

任务二　自定义报表格式设计

本任务将进行如下操作。

自定义一张货币资金表(见表8-2-1)。

表8-2-1　货币资金表

编制单位：　　　　年　月　日　　　　单位：元

项目	行次	期初数	期末数
库存现金	1		
银行存款	2		
合计	3		

制表人

1. 报表格式(格式状态下)

(1)表尺寸。

行数：7行，列数：4列；定义行高为7毫米，列宽为30毫米

(2)表头。

将标题"货币资金表"设置为黑体、14号、居中。

将年、月、日设置为关键字。

(3)表体

将表体中的文字设置为宋体、12号、居中。

(4)表尾。

将"制表人"设置为宋体、10号、右对齐第四栏。

2. 报表公式(格式状态下)

库存现金期初数：C4=QC("1001"，月)

库存现金期末数：D4=QM("1001"，月)

银行存款期初数：C5=QC("1002"，月)

银行存款期末数：D5=QM("1002"，月)

期初数合计：C6=C4+C5

期末数合计：D6=D4+D5

3. 录入关键字(数据状态下)

年："2016"，月："1"，日："31"

4. 定义舍位平衡公式(数据状态下)

舍位表 SW1，舍位范围：C4：C6，舍位位数 3，平衡公式"C6＝C4＋C5，D6＝D4＋D5"

5. 账套备份

在 E 盘根目录下建立一个文件夹，文件夹的名字为"216 账套备份"，在该文件中建立一个名为"自定义报表格式设计 5-2"的文件夹，将账套备份到该文件夹中。

相关知识

一、报表格式定义

报表的格式设计在格式状态下进行，格式对整个报表都有效，包括以下操作。

(1)设置表尺寸。定义报表的大小，即设定报表的行数和列数。

(2)定义组合单元，即把几个单元作为一个单元使用。

(3)画表格线。

(4)输入报表中的项目，包括表头、表体和表尾(关键字值除外)。在格式状态下定义了单元内容的自动默认为表样型，定义为表样型的单元在数据状态下不允许修改和删除。

(5)定义行高和列宽。

(6)设置单元风格。设置单元的字形、字体、字号、颜色、图案、折行显示等。

(7)设置单元属性。把需要输入数字的单元定为数字单元；把需要输入字符的单元定为字符单元。

(8)确定关键字如单位名称、年、月等在表页上的位置。

二、报表公式定义

1. 公式的定义

公式的定义在格式状态下进行。

(1)计算公式：定义了报表数据之间的运算关系，可以实现报表系统从其他子系统中取数。

(2)审核公式：用于审核报表内或报表之间的钩稽关系是否正确。

(3)舍位平衡公式：用于报表数据进行进位或小数取整时调整数据。例如，将以"元"为单位的报表数据变成以"万元"为单位的报表数据，且表中的平衡关系仍然成立。

报表的计算公式在一般情况下必须设置，审核公式和舍位平衡公式是根据需要设置的。

2. 函数

企业常用的财务报表数据一般源于总账管理系统或报表系统本身，取自于报表的数据又可以分为从本报表所取数和从其他报表的表页所取数。

用友软件的计算公式一般通过函数实现。

(1)自总账取数的函数。

(2)自总账取数的公式又可以称为账务函数。

(3)账务函数的基本格式如下

函数名("科目编码"，会计期间,"方向"，账套号，会计年度，编码 1，编码 2)

说明：

①科目编码也可以是科目名称，且必须用双引号括起来。

②会计期间可以是"年""季""月"等变量，也可以是具体表示年、季、月的数字。

③方向即"借"或"贷"，可以省略。

④账套号为数字，默认为999账套。

⑤会计年度即数据取数的年度，可以省略。

⑥编码1、编码2：与科目编码的核算账类有关，可以取科目的辅助账，如职员编码、项目编码等，如无辅助核算则省略。

账务取数函数主要有如表8-2-2所示的几种。

表8-2-2 账务取数函数

总账函数	金额式	数量式	外币式
期初额函数	QC()	sQC()	wQC()
期末额函数	QM()	sQM()	wQM()
发生额函数	FS()	sFS()	wFS()
累计发生额函数	LFS()	sLFS()	wLFS()
条件发生额函数	TFS()	sTFS()	wTFS()
对方科目发生额函数	DFS()	sDFS()	wDFS()
净额函数	JE()	sJE()	wJE()
汇率函数	HL()		

(4)自本表页取数的函数。

自本表页取数的函数主要有以下几项。

①数据合计PTOTAL( )；

②平均值PAVG( )；

③最大值PMAX( )；

④最小值PMIN( )；

(5)自本表其他表页取数的函数。

取自本表其他表页的数据可以利用某个关键字作为表页定位的依据，或者直接以页标号作为定位依据，指定取某张表页的数据。

可以使用SELECT()函数从本表其他表页取数，例如以下数据。

①C1单元取自上个月的C2单元的数据：C1=SELECT(C2，月@=月+1)；

②C1单元取自第2张表页的C2单元的数据：C1=C2@2。

(6)自其他报表取数的函数

取自其他报表的数据可以用""报表[.rep]""→单元"格式指定要取数的某张报表的单元。

具体操作

一、启用UFO报表管理系统

【操作步骤】

(1)以操作员李伟的身份登录企业应用平台，执行"财务会计"→"UFO报表"命令，进入报表管理系统，如图8-2-1所示。

(2)执行"文件"→"新建"命令，建立一张空白报表，报表名默认为report1，如图8-2-2所示。

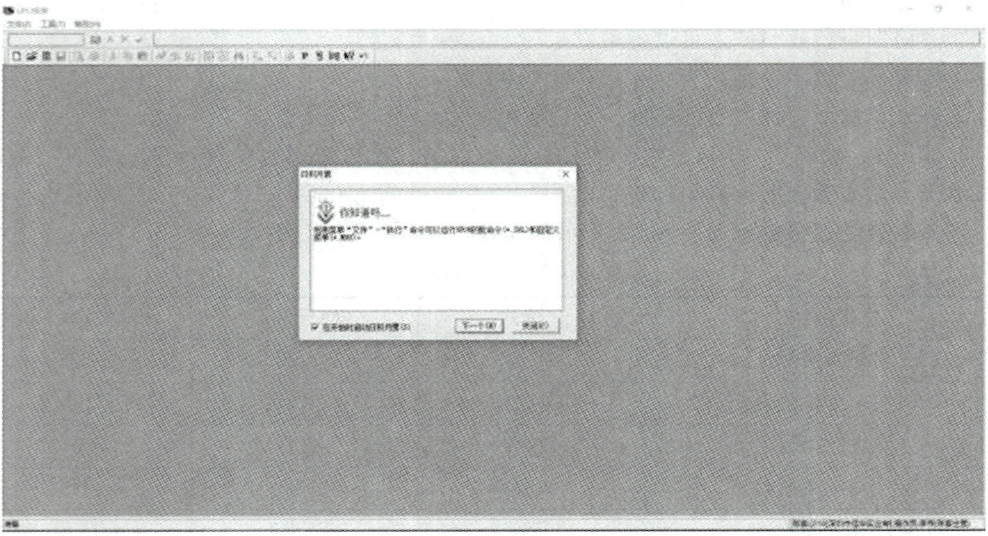

图 8-2-1　启用财务报表子系统

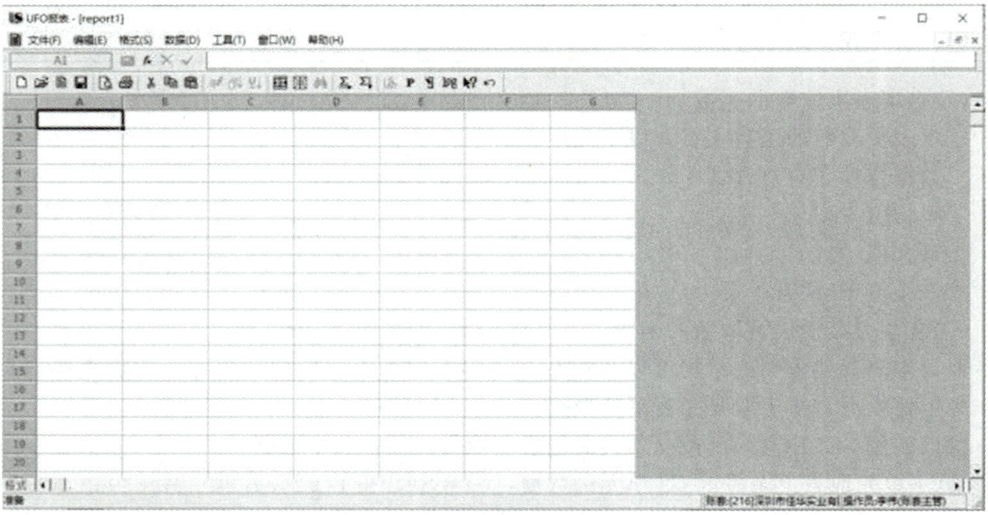

图 8-2-2　设置报表状态

二、自定义一张货币资金表

【操作步骤】

(1)报表定义。

查看空白报表底部左下角的“格式/数据”按钮，使当前状态为“格式状态”。

(2)报表格式定义。

①设置报表尺寸。

a. 执行“格式”→“表尺寸”命令，打开“表尺寸”对话框。

b. 输入行数“7”，列数“4”，单击“确认”按钮，如图 8-2-3 所示。

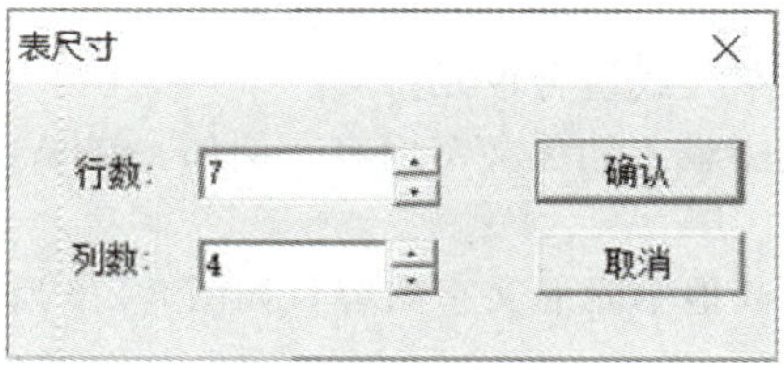

图 8-2-3　设置报表尺寸

②定义组合单元。

a. 选择需合并的单元区域 A1:D1。

b. 执行“格式”→“组合单元”命令，打开“组合单元”对话框。

c. 选择组合方式为“整体组合”或“按行组合”，该单元即合并成一个单元格。

d. 同理，定义 A2：D2 单元为组合单元，如图 8-2-4 所示。

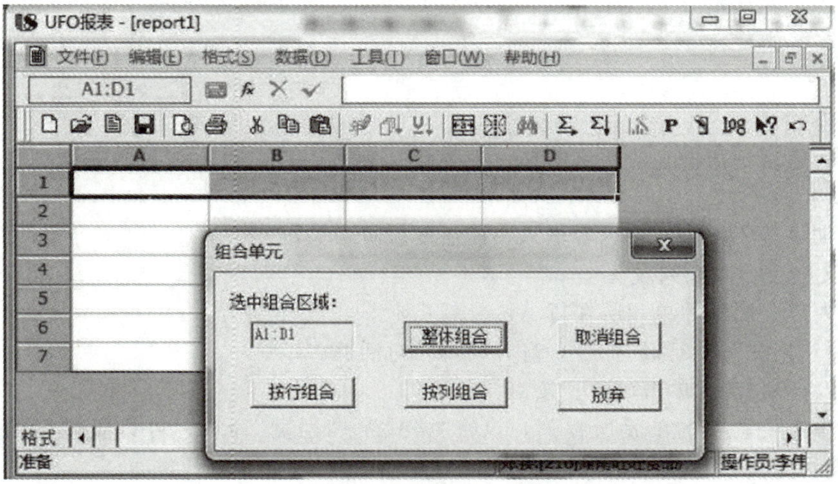

图 8-2-4　定义组合单元

③画表格线。

a. 选中报表需要画线的单元区域 A3:D6。

b. 执行“格式”→“区域画线”命令，打开“区域画线”对话框。

c. 选择“网线”单选按钮，单击“确认”按钮，将所选区域画上表格线，如图 8-2-5 所示。

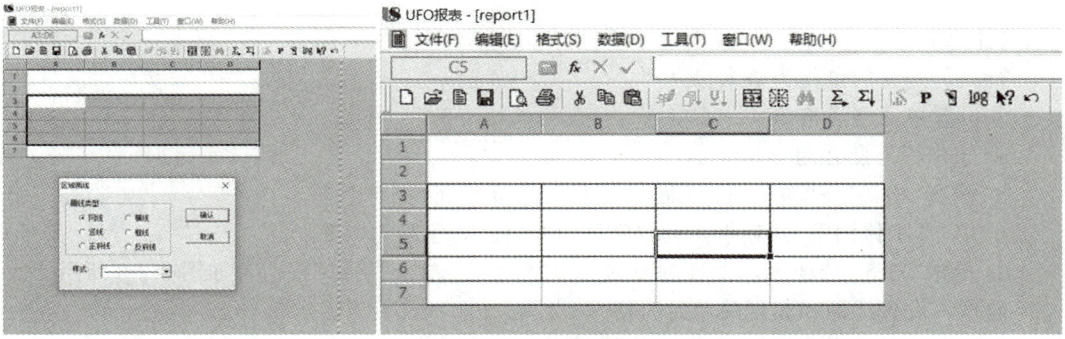

图 8-2-5　画表格线

④输入报表项目。

a. 选中需要输入内容的单元或组合单元。

b. 在该单元或组合单元中输入相关文字内容。例如，在 A1 组合单元中输入“货币资金表”字样。

c. 根据实训资料，输入其他单元的文字内容，如图 8-2-6 所示。

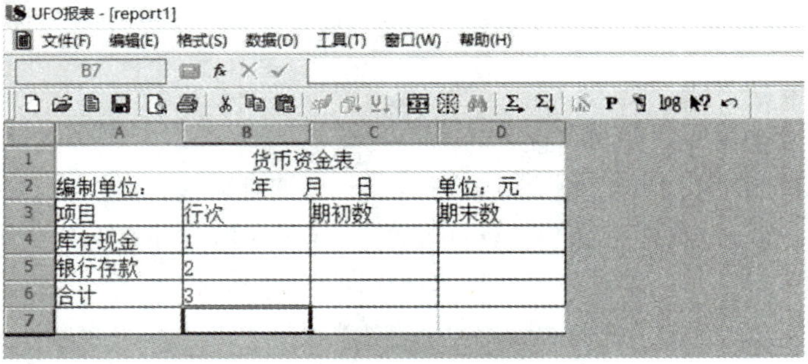

图 8-2-6 输入报表项目

【注意】

a. 报表项目是指报表的文字内容，主要包括表头内容、表体项目、表尾项目等，不包括关键字。

b. 日期一般不作为文字内容输入，而需要设置为关键字。

⑤定义报表行高和列宽。

a. 选中需要调整的单元所在行 A1。

b. 执行“格式”→“行高”命令，打开“行高”对话框。

c. 输入行高“7”，单击“确认”按钮。

d. 选中需要调整的单元所在列，执行“格式”→“列宽”命令，可设置该列的宽度，如图 8-2-7 所示。

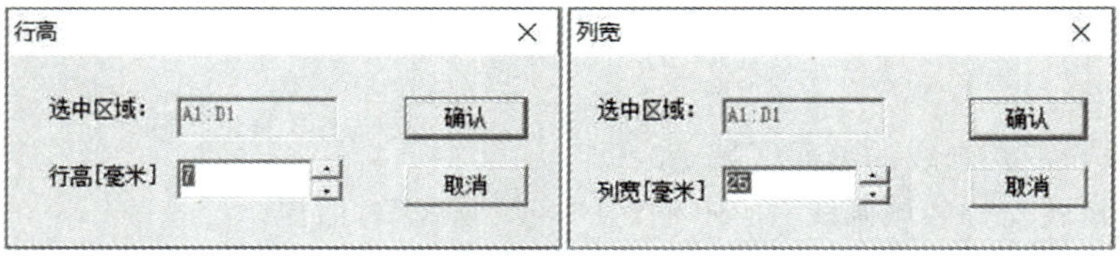

图 8-2-7 定义报表列宽

【注意】

行高、列宽的单位为毫米。

⑥设置单元格风格。

a. 选中标题所在组合单元 A1。

b. 执行“格式”→“单元属性”命令，打开“单元格属性”对话框。

c. 单击“字体图案”选项卡，设置字体为“黑体”，字号为“14”。

d. 单击“对齐”选项卡，设置对齐方式为“居中”，单击“确定”按钮，如图 8-2-8 所示。同理，设置标题和表尾的单元风格。

⑦定义单元格属性，如图 8-2-9 所示。

a. 选定单元格属性 D7。

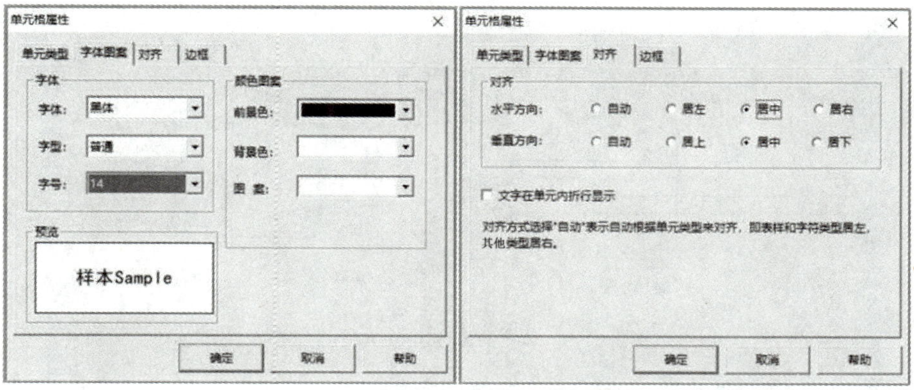

图 8-2-8　设置单元格风格

b. 执行“格式”→“单元格属性”命令，打开“单元格属性”对话框。

c. 单击“单元类型”选项卡，选择“字符”选项，单击“确定”按钮。

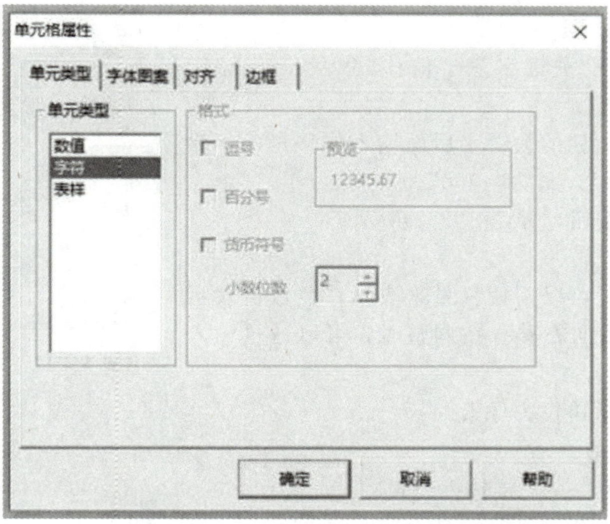

图 8-2-9　设置单元格属性

【注意】

a. 在格式状态下输入内容的单元均默认为表样单元，未输入数据的单元均默认为数值单元，在数据状态下可输入数值。若希望在数据状态下输入字符，应将其定义为字符单元。

b. 字符单元和数值单元输入后只对本表页有效，表样单元输入后对所有表页有效。

⑧设置关键字。

a. 选中需要输入关键字的组合单元 A2。

b. 执行“数据”→“关键字”→“设置”命令，打开“设置关键字”对话框。

c. 选择“年”单选按钮，单击“确定”按钮，如图 8-2-10 所示。

d. 同理，设置“月”“日”为关键字。

【注意】

a. 每个报表可以同时定义多个关键字。

b. 要想取消关键字，需执行“数据”→“关键字”→“取消”命令。

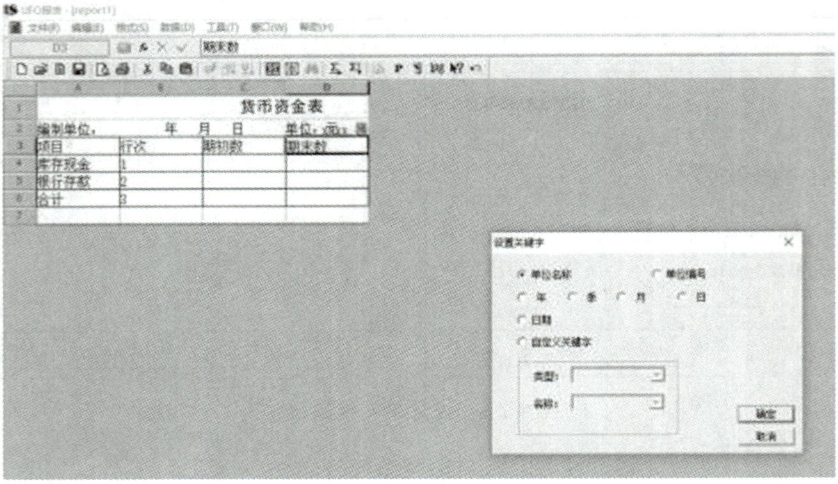

图 8-2-10　设置关键字

⑨调整关键字位置。

a. 执行“数据”→“关键字”→“偏移”命令，打开“定义关键字偏移”对话框。

b. 在需要调整位置的关键字后面输入偏移量，年为“－120”、月为“－90”、日为“－60”。

c. 单击“确定”按钮，如图 8-2-11 所示。

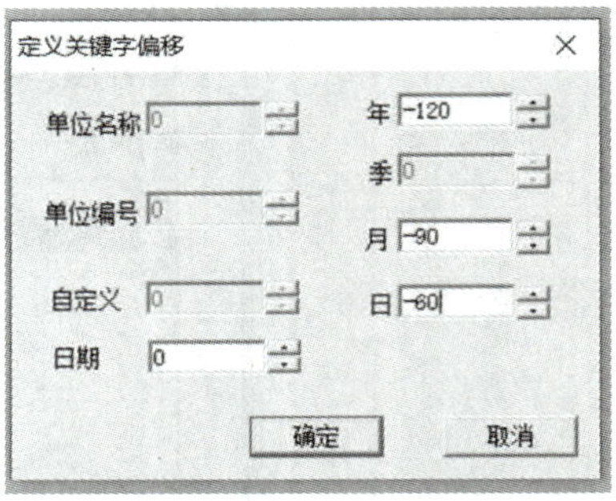

图 8-2-11　调整关键字位置

【注意】

a. 关键字的位置可以用偏移量来表示，负数值表示向左移，正数值表示向右移。在调整时，可以通过输入正或负的数值来调整。

b. 关键字偏移量单位为像素。

(3)报表公式定义。

①定义单元公式——直接输入公式。

a. 选定需要定义公式的单元 C4，即“库存现金”的期初数。

b. 在格式状态下，执行“数据”→“编辑公式”→“单元公式”命令，打开“定义公式”对话框。

c. 在“定义公式”对话框中，直接输入总账期初函数公式：QC("1001"，月)，单击“确认”按钮，如图 8-2-12 所示。

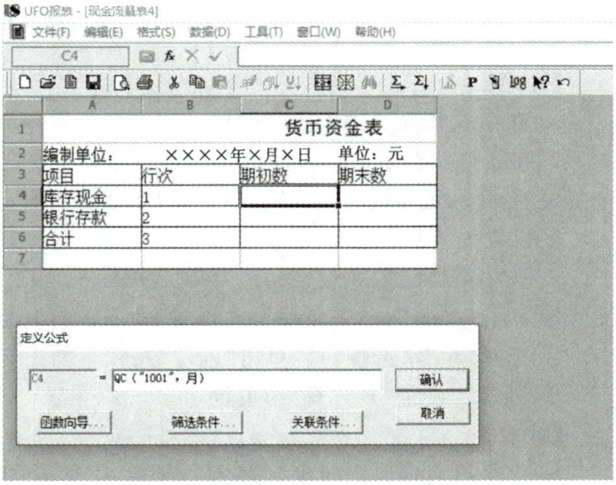

图 8-2-12　直接输入公式

【注意】

a. 公式中涉及的符号均为英文半角字符。

b. 单击“fx”按钮或双击某公式单元或按“＝”键，都可以打开“定义公式"对话框。

②定义单元公式——引导输入公式。

a. 选定被定义单元 D5，即"银行存款"期末数。

b. 单击"fx"按钮，打开"定义公式"对话框。

c. 单击"函数向导"按钮，打开"函数向导"对话框。

d. 在"函数分类"列表框中选择"用友账务函数"，在右侧的"函数名"列表框中选择"期末(QM)"，单击"下一步"按钮，打开"用友账务函数"对话框。

e. 单击"参照"按钮，打开"账务函数"对话框。

f. 选择科目 1001，其余各项均采用系统默认值，单击"确定"按钮，返回用友"账务函数"对话框。

g. 单击"确定"按钮，返回"定义公式"对话框，单击"确认"按钮。

h. 输入其他单元公式，如图 8-2-13 所示。

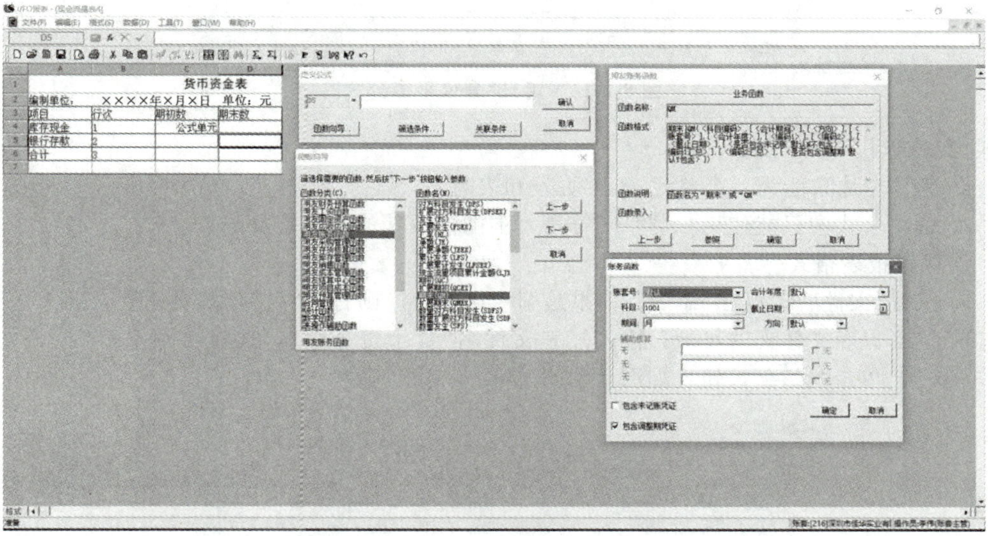

图 8-2-13　引导输入公式

【注意】

如果未进行账套初始化，那么账套号和会计年度需要直接输入。

(4)定义审核公式。

审核公式用于审核报表内或报表之间的钩稽关系是否正确。例如，"资产负债表"中的"资产合计=负债合计+所有者权益合计"。本实验的"货币资金表"中不存在这种钩稽关系。若要定义审核公式，执行"数据"→"编辑公式"→"审核公式"命令即可。

①定义舍位平衡公式。

a. 执行"数据"→"编辑公式"→"舍位公式"命令，打开"舍位平衡公式"对话框。

b. 确定信息：舍位表名 SW1，舍位范围 C4：D6，舍位位数 3，平衡公式"C6=C4+C5，D6=D4+D5"。

c. 单击"完成"按钮，如图 8-2-14 所示。

【注意】

a. 舍位平衡公式是指用来重新调整报表数据进位后的小数位平衡关系的公式。

b. 每个公式一行，各公式之间用逗号","(半角)隔开，最后一条公式不用写逗号，否则

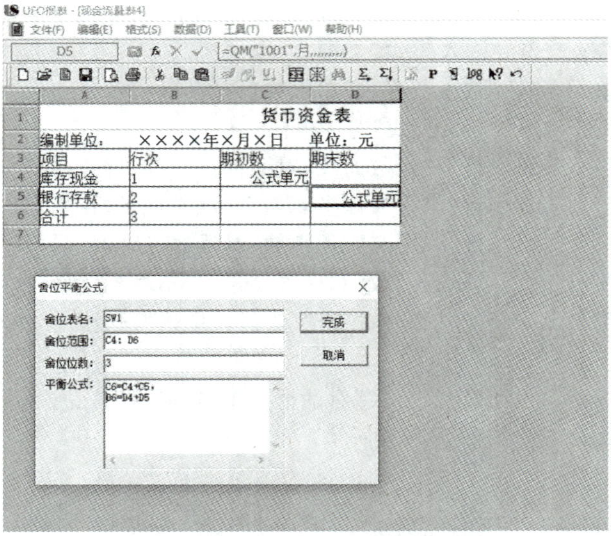

图 8-2-14　定义“舍位平衡公式”

公式无法执行。

c. 等号左边只能为一个单元(不带页号和表名)。

d. 舍位公式中只能使用“+”“−”符号，不能使用其他运算符及函数。

②保存报表格式。

a. 执行“文件”→“保存”命令。如果是第一次保存，则打开“另存为”对话框。

b. 选择保存文件夹的目录，输入报表文件名“货币资金表”，选择保存类型“报表文件(*.rep)”，单击“保存”按钮，如图 8-2-15 所示。

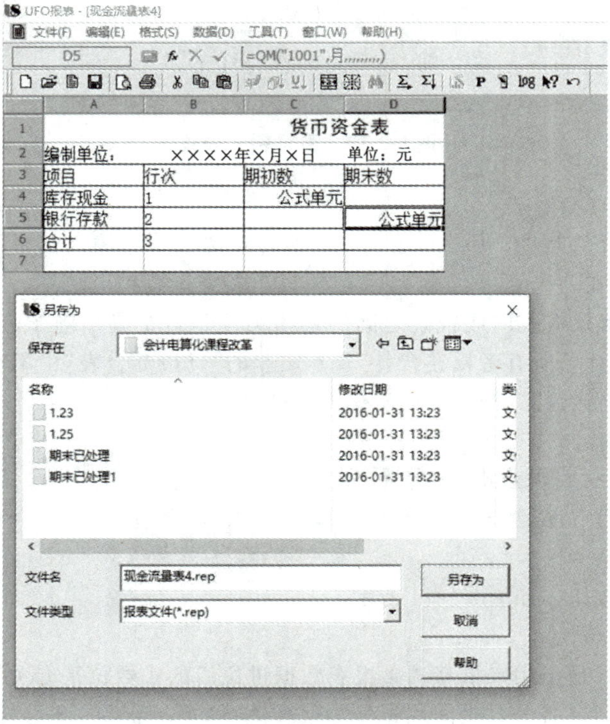

图 8-2-15　保存报表格式

【注意】

a. 报表格式设置完以后切记要及时将这张报表格式保存下来，以便以后随时调用。

b. 如果没有保存就退出，系统会提示“是否保存报表?”信息，以防误操作。

c. .rep 为用友报表文件专用扩展名。

任务三　自定义报表数据处理的操作

本任务将进行如下操作。

1. 报表数据处理

(1)打开 UFO 报表系统，执行“文件”→“打开”命令，选择存放报表格式的文件夹中的报表文件“货币资金表 .rep”，单击“打开”按钮。

(2)增加表页，表页数为“2”。

(3)输入关键字：年“2016”，月“1”，日“31”。

(4)执行“数据”→“整表重算”命令，生成报表。

(5)执行“数据”→“舍位平衡”命令。

2. 表页管理

(1)按第一关键值“年”，排序方向“递增”；第二关键值“月”，排序方向“递增”；进行表页排序。

(2)按查找内容“表页”，确定查找条件“月＝1”，进行表页查找。

3. 图表功能

(1)输入追加行数 10，追加图表显示区域。

(2)插入 X 轴标题为“期间”，Y 轴标题为“金额”的资金分析图，图表类型为“成组直方图”。

(3)编辑图表对象，输入主标题“资金对比分析”，设置主标题字体为“隶书”，字体字形为“粗体”，字号为“12”，效果为“加下画线”。

4. 账套备份

在 E 盘根目录下建立一个文件夹，文件夹的名字为“216 账套备份”，在该文件中建立一个名为“自定义报表数据处理的操作 5-3”的文件夹，将账套备份到该文件夹中。

相关知识

一、报表数据管理

报表数据处理主要包括生成报表数据、审核报表数据及对报表数据进行舍位平衡等必须在数据状态下进行，处理时计算机会根据已定义的单元公式、审核公式和舍位公式自动进行取数、审核及舍位等操作。

报表数据处理一般是针对某一特定表页进行的，因此在数据处理时还涉及表页的操作，如增加、删除、插入、追加表页等。

报表的数据包括报表单元的数值、字符和关键字。首先录入关键字，然后输入或者进行表页计算，生成数值单元和字符单元数据。数值单元只能生成数字，而字符单元既能生成数字又能生成字符。

二、表页管理及报表输出

报表的输出包括报表的屏幕输出和打印输出，输出时可以针对报表格式输出，也可以针对某一特定表页输出。输出报表格式须在格式状态下操作，输出格式时只有格式，不含数据；而输出表页须在数据状态下进行，输出表页时格式和数据一起输出。

表页数据输出会涉及表页的相关操作，如表页排序、查找、透视等。屏幕输出时可以对报表的显示风格、显示比例加以设置。打印报表之前可以在预览窗口中预览，打印时还可以页面设置和打印设置等操作。

三、图表功能

报表数据生成之后，为了对报表数据进行直观的分析和了解，方便对数据的对比、趋势和结构进行分析，可以利用图形将数据直观显示。UFO 图表格式提供了直方图、圆饼图、折线图、面积图 4 类共 10 种格式的图表。

图表是利用报表文件中的数据生成的，图表与报表数据存在密切的联系，报表数据发生变化，图表也随之变化，报表数据删除后，图表也随之消失。

具体操作

一、报表数据处理

1. 打开报表

【操作步骤】

(1)以操作员李伟的身份登录企业应用平台，执行“财务会计”→“UFO 报表”命令，启用 UFO 报表管理系统。

(2)执行“文件”→“打开”命令，选择存放报表格式的文件夹中的报表文件“货币资金表.rep”，单击“打开”按钮。

(3)单击报表底部左下角的“格式/数据”按钮，使当前状态为“数据”状态，如图 8-3-1 所示。

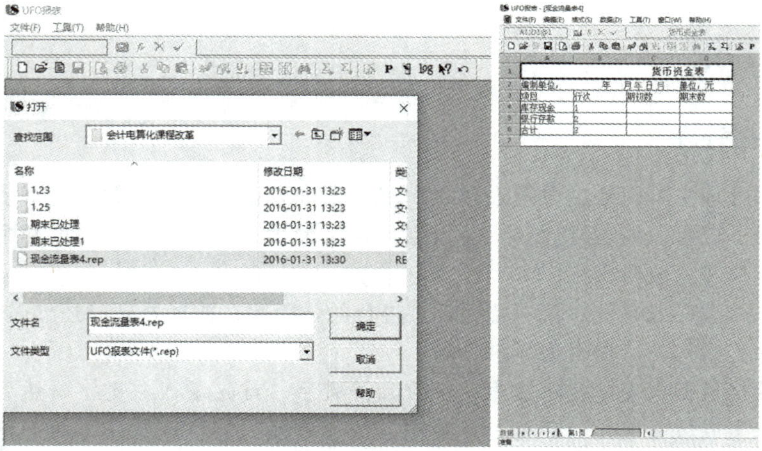

图 8-3-1 打开报表

【注意】

报表数据处理必须在数据状态下完成。

2. 增加表页

【操作步骤】

(1)执行“编辑”→“追加”→“表页”命令，打开“追加表页”对话框。

(2)输入追加表页数量“2”，单击“确认”按钮，如图 8-3-2 所示。

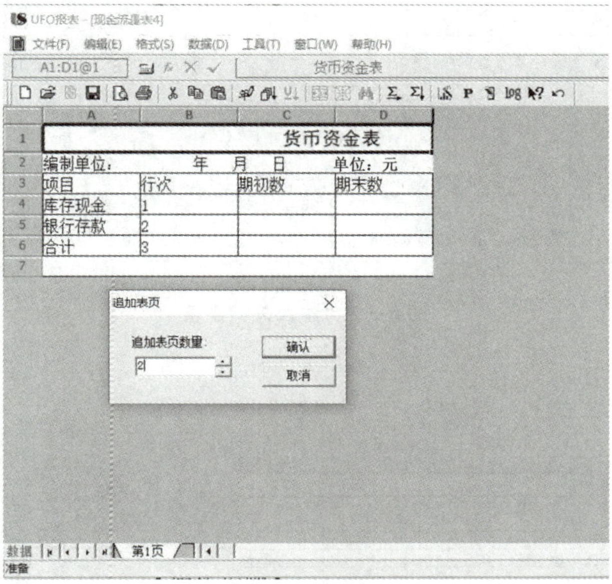

图 8-3-2　增加表页

【注意】

(1)追加表页是在最后一张表页后追加 N 张空表页，插入表页是在当前表页后面插入一张空表页。

(2)一张报表最多只能管理 99999 张表页，演示版软件系统最多只能管理 4 张表页。

3. 输入关键字

【操作步骤】

(1)执行“数据”→“关键字”→“录入”命令，打开“录入关键字”对话框。

(2)输入关键字：年“2016”，月“1”，日“31”。

(3)单击“确认”按钮，系统弹出“是否重算第 1 页?”信息提示对话框。

(4)单击“是”按钮，系统会自动根据单元公式计算 1 月数据；单击“否”按钮，系统不计算 1 月数据，以后可利用“表页重算”功能生成 1 月数据，如图 8-3-3 所示。

【注意】

(1)每一张表页均对应不同的关键字值，输出时随同单元一起显示。

(2)日期关键字可以确认报表数据取数的时间范围，即确定数据生成的具体日期。

4. 生成报表

【操作步骤】

(1)执行“数据”→“整表重算”命令，系统弹出“是否确定全表重算?”信息提示对话框。

(2)单击“是”按钮，系统会自动在初始的账套和会计年度范围内根据单元公式计算生成数据，如图 8-3-4 所示。

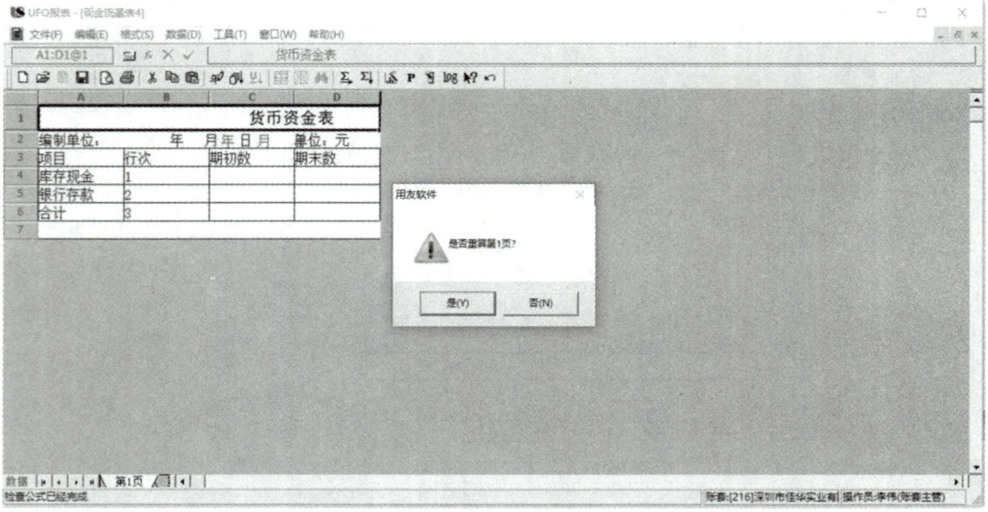

图 8-3-3 输入关键字值

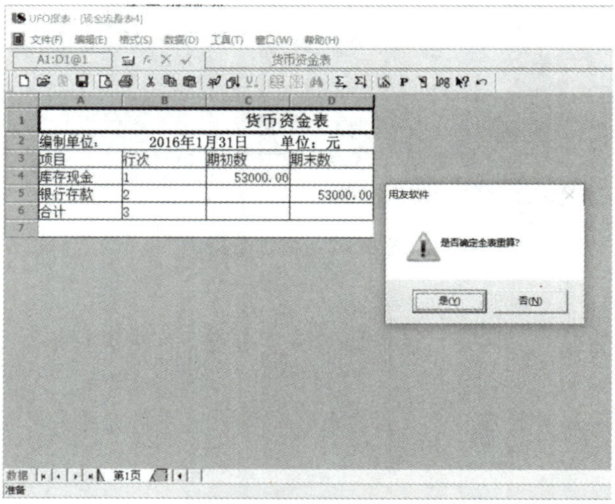

图 8-3-4 生成报表

【注意】

可将生成的数据报表保存到指定位置。

5. 报表舍位操作

【操作步骤】

(1)执行“数据”→“舍位平衡”命令。

(2)系统会自动根据前面定义的舍位公式进行舍位操作，并将舍位后的报表保存在SW1. rep 文件中。

【注意】

(1)舍位操作以后，可以将 SW1. rep 文件打开查阅一下。

(2)如果舍位公式有误，系统状态栏会提示“无效命令或错误参数!”信息，如图 8-3-5所示。

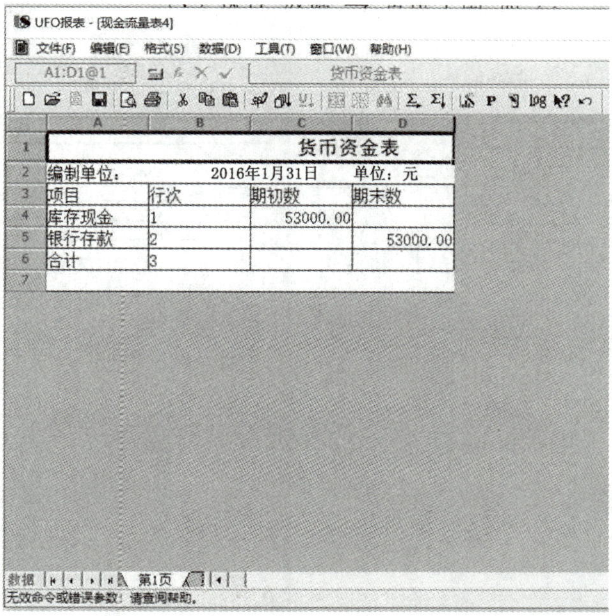

图 8-3-5　舍位公式有误提示

二、表页管理

1. 表页排序

【操作步骤】

(1)执行“数据”→“排序”→“表页”命令，打开“表页排序”对话框。

(2)确定信息：选择第一关键值“年”，排序方向“递增”；第二关键值“月”，排序方向“递增”。

(3)单击“确认”按钮，系统将自动把表页按年份递增顺序重新排列，如果年份相同则按月份递增顺序排序，如图 8-3-6 所示。

2. 表页查找

【操作步骤】

(1)执行“编辑”→“查找”命令，打开“查找”对话框。

(2)确定查找内容为“表页”，确定查找条件“月＝1”。

(3)单击“查找”按钮，找到符合条件的表页作为当前表页，如图 8-3-7 所示。

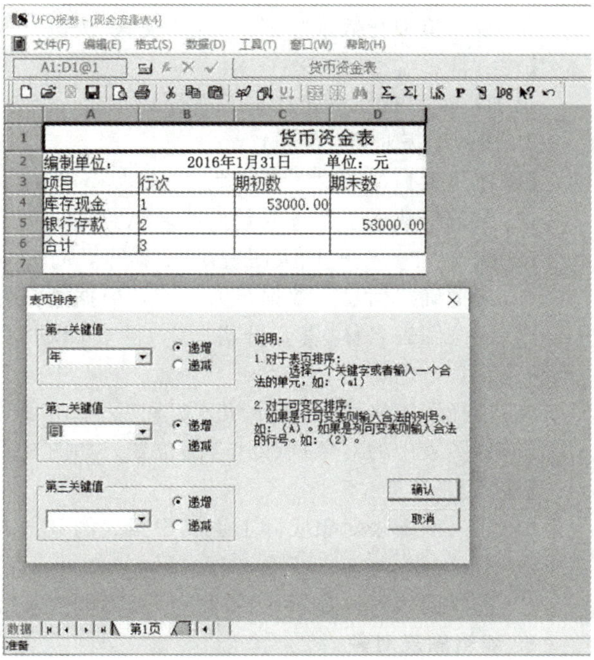

图 8-3-6　表页排序

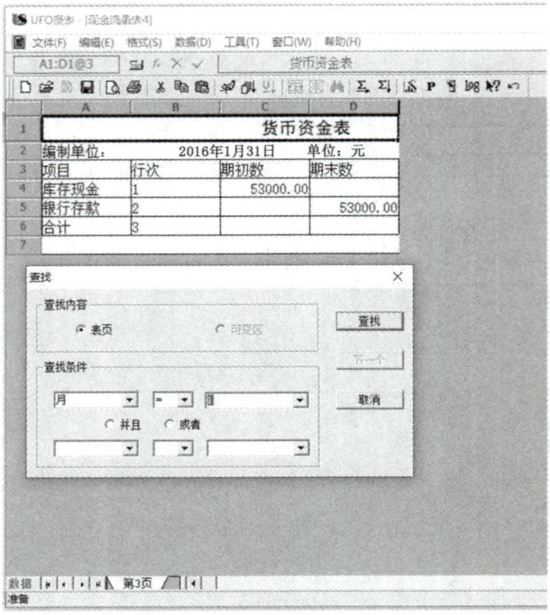

图 8-3-7　表页查找

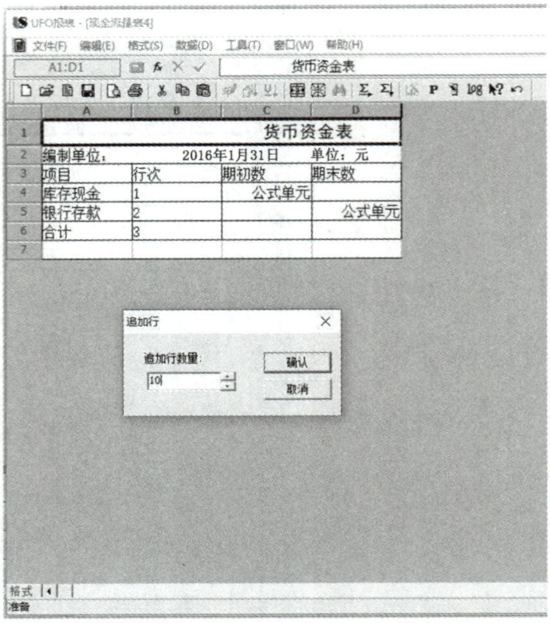

图 8-3-8　追加图表显示区域

三、图表功能

1. 追加图表显示区域

【操作步骤】

(1)在格式状态下，执行“编辑”→“追加”→“行”命令，打开“追加行”对话框。

(2)输入追加行数量“10”，单击“确认”按钮，如图 8-3-8 所示。

【注意】

追加行或列须在格式状态下进行。

2. 插入图表对象

【操作步骤】

(1)在数据状态下，选取数据区域 A3：D6。

(2)执行“工具”→“插入图表对象”命令，打开“区域作图”对话框。

(3)选择确定信息：数据组为“行”，数据范围为“当前表页”。

(4)输入图表名称“资金分析图”，图表标题“资金对比”，X 轴标题“期间”，Y 轴标题“金额”。

(5)选择图表格式“立体成组直方图”，单击“确认”按钮。

(6)将图表中的对象调整到合适位置，如图 8-3-9 所示。

【注意】

(1)插入的图表对象实际上也属于报表的数据，因此有关图表对象的操作必须在数据状态下进行。

(2)选择图表对象显示区域时，区域不能少于“2 行×2 列”，否则会提示出现错误。

3. 编辑图表对象

【操作步骤】

(1)编辑图表主标题。

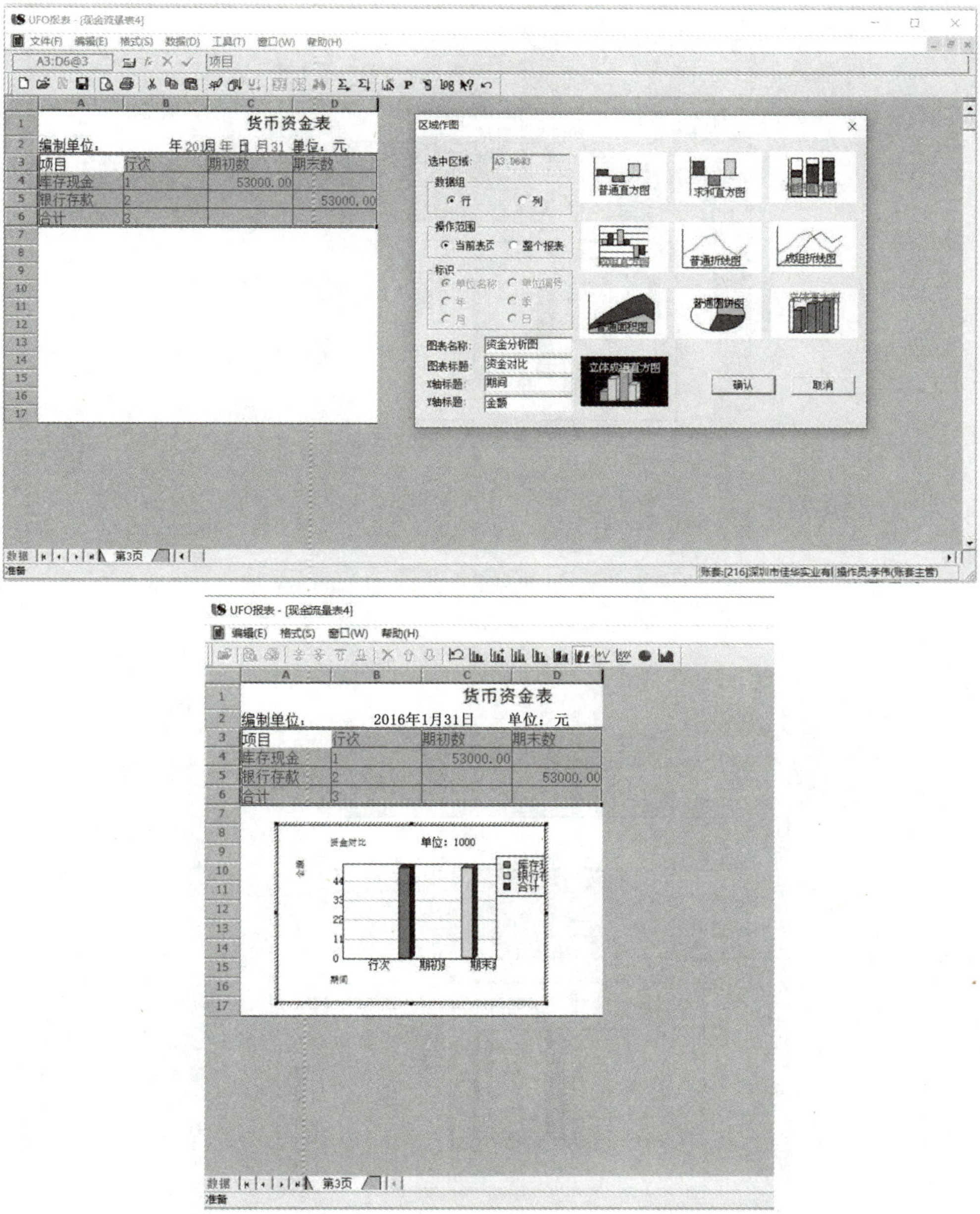

图 8-3-9　插入图表对象

①双击图表对象的任意位置，选中图表。

②执行“编辑”→“主标题”命令，打开“编辑标题”对话框。

③输入主标题“资金对比分析”，单击“确认”按钮，如图 8-3-10 所示。

(2)编辑图表主标题字样。

①单击选中主标题“资金对比分析”。

②执行“编辑”→“标题字体”命令，打开“标题字体”对话框。

③选择字体“楷体”，字体字形“粗体”，字号“12”，效果“加下划线”，单击“确认”按钮，如图 8-3-11 所示。

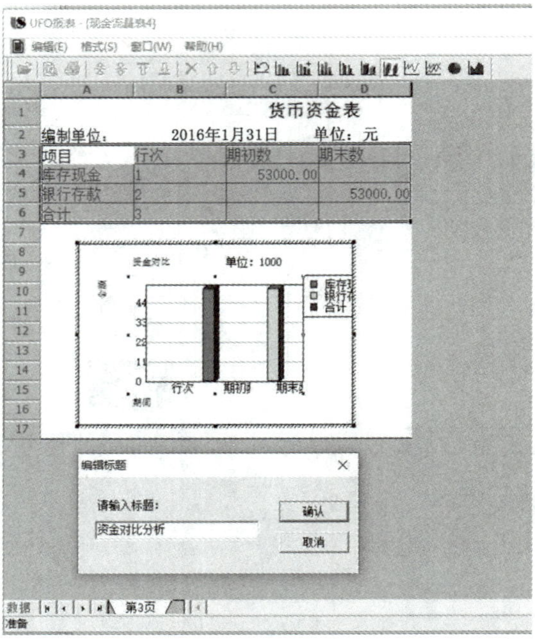

图 8-3-10 编辑图表主标题

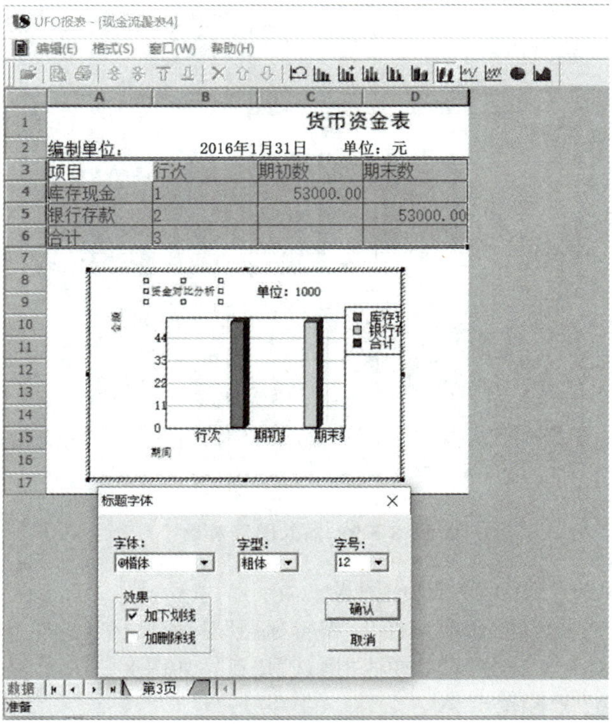

图 8-3-11 选择字体

【注意】

(1)将生成图表的报表保存到原位置。

(2)在调用报表模板生成货币资金表之前，应将货币资金表关闭。

附录　综合实训

第一部分　账套信息

一、建立账套

1. 增加下列操作员(见表1)

表1　增加操作员

编号	姓名	所属部门	编号	姓名	所属部门
001	赵克强	财务部	003	孙军	财务部
002	江浩	则务部	004	李红	则务部

2. 建立账套

(1)账套信息。

账套号：888；账套名称：长沙商贸股份有限公司；启用会计期：2016年1月。

(2)单位信息。

单位名称：长沙商贸股份有限公司；单位简称：长沙商贸；单位地址：长沙市圭白路888号；法人代表：徐平；邮政编码：410000；联系电话及传真：56568888；电子邮件：CSSM@DHCL.COM；税号：354323400533221。

(3)核算类型。

本币代码：RMB；本币名称：人民币；企业类型：商业；行业性质：2007年新会计制度科目；账套主管：赵克强。按行业性质预置会计科目。

(4)基础信息。

存货、客户、供应商有分类核算，无外币业务。

(5)分类编码方案。

科目编码级次为：4—2—2—2—2；其他编码级次默认；数据精度定义均按默认值。

3. 系统启用

2016年1月1日，系统管理员启用总账、应付、应收、固定资产、工资管理等系统。

4. 操作员权限设置(见表2)

表2　操作员权限设置

编号	姓名	权限
002	江浩	公用目录设置，除出纳外的总账权限
003	孙军	公用目录设置，应收、应付、固定资产、工资管理
004	李红	公用目录设置，总账之出纳管理、出纳签字

二、模块参数设置

1. 总账

制单权限控制到科目；出纳凭证必须经由出纳签字；凭证必须经由主管会计签字；数

量、单价小数位保留两位；部门、个人、项目排序方式均按编码排序。

2. 应收款管理

应收款核销方式：按单据；单据审核日期依据：单据日期；坏账处理方式：应收余额百分比法；应收账款核算模型：详细核算；不根据信用额度自动报警。

3. 应付款管理

应付款核销方式：按单据；单据审核日期依据：单据日期；应付账款核算模型：详细核算；不根据信用额度自动报警。

4. 工资管理

工资类别个数：单个；从工资中代扣个人所得税；不扣零；人员编码长度：5 位。

5. 固定资产

本账套计提折旧；折旧汇总分配周期：1 个月；当(月初已计提月份＝可使用月份－1)时将剩余折旧全部提足；资产类别编码规则：2－1－1－2；固定资产编码方式：自动编码，部门编码＋类别编码＋序号；序号长度：3；与账务系统进行对账；固定资产对账科目：1601；累计折旧对账科目：1602；对账不平情况下不允许固定资产月末结账。

第二部分　基础档案

一、部门档案(见表 3)

表 3　部门档案

部门编码	部门名称	部门编码	部门名称
1	办公室	401	销售一部
2	财务部	402	销售二部
3	采购部	403	销售三部
4	销售部	5	仓管部

二、职员档案(见表 4)

表 4　职员档案

职员编码	职员姓名	部门名称	人员类别	是否为业务员
01001	敖广	办公室	经理人员	是
01002	张立	办公室	经理人员	是
01003	刘小璐	办公室	管理人员	否
02001	赵克强	财务部	经理人员	否
02002	江浩	财务部	管理人员	否
02003	孙军	财务部	管理人员	否
02004	李红	财务部	管理人员	否
03001	江上舟	采购部	经理人员	是
03002	梁瑜	采购部	业务人员	是

续表

职员编码	职员姓名	部门名称	人员类别	是否为业务员
03003	周密	采购部	业务人员	是
04001	余凡	销售一部	经理人员	是
04002	朱明宇	销售一部	业务人员	是
04003	陈文斌	销售一部	业务人员	是
04004	王春	销售二部	管理人员	是
04005	徐咏梅	销售二部	业务人员	是
04006	胡晓慧	销售三部	管理人员	是
04007	曾一平	销售三部	业务人员	是
04008	吴健	销售三部	业务人员	是
05001	何春红	仓管部	经理人员	是
05002	郑伟	仓管部	业务人员	是

三、客户分类(见表5)

表5 客户分类

客户分类编码	客户分类名称
01	本地
02	外地

四、客户档案(见表6)

表6 客户档案

客户编码	客户名称	客户简称	所属分类	开户银行	账号	税号	业务员	部门
01001	龙光股份有限公司	龙光公司	本地	工商银行	1234	123456789011111	朱明宇	销售一部
01002	绿谷股份有限公司	绿谷公司	本地	工商银行	4567	456789012344444	王春	销售二部
02001	紫微股份有限公司	紫微公司	外地	工商银行	7890	789012345677777	曾一平	销售三部

五、供应商分类(见表7)

表7 供应商分类

类别编码	类别名称
01	生产商
02	批发商

六、供应商档案(见表8)

表8　供应商档案

供应商编码	供应商名称	供应商简称	所属分类	开户银行	账号	税号	业务员	部门
01001	贝贝股份有限公司	贝贝公司	生产商	工商银行	9876	999888777666555	江上舟	采购部
02001	欢欢股份有限公司	欢欢公司	批发商	工商银行	7654	777666555444333	梁瑜	采购部
02002	妮妮股份有限公司	妮妮公司	批发商	工商银行	5432	555444333222111	周密	采购部

七、计量单位(见表9)

表9　计量单位

编　码	名　称
1	台
2	件
3	元

八、存货分类(见表10)

表10　存货分类

存货分类编码	存货分类名称
01	商品
02	其他

九、存货档案(见表11)

表11　存货档案

存货编码	存货代码	存货名称	单位	存货属性
001	01	A商品	件	外购、销售
01002	01	B商品	台	外购、制售
01003	01	C用品	台	外购、销售
02001	02	运费	元	应税劳务

十、会计科目

1. 修改会计科目(见表 12)

表 12　修改会计科目

科目编码	科目名称	辅助核算	受控系统
1121	应收票据	客户往来	应收系统
1122	应收账款	客户往来	应收系统
1221	其他应收款	个人往来	—
1123	预付账款	供应商往来	应付系统
1601	固定资产	部门校算	—
2201	应付票据	供应商往来	应付系统
2202	应付账款	供应商往来	应付系统
2203	预收账款	客户往来	应收系统

2. 增加会计科目(见表 13)

表 13　增加会计科目

科目编码	科目名称	科目类型	核算账类
100201	工行存款	资产	日记账、银行账
100202	建行存款	资产	日记账、银行账
140501	A 商品	资产	数量金额(件)
140502	B 商品	资产	数量金额(台)
140503	C 商品	资产	数量金额(台)
22210101	进项税额	负债	
22210102	销项税额	负债	
22210103	已交税金	负债	
222102	未交增值税	负债	
222106	应交所得税	负债	
222108	应交城市维护建设税	负债	
222109	应交教育费附加	负债	
222112	应交个人所得税	负债	
221101	工资费用	负债	
221102	应付福利费	负债	
221103	工会经费	负债	
221104	职工教育经费	负债	
221105	养老保险	负债	
410401	未分配利润	权益	
600101	A 商品	损益	数量金额(件)
600102	B 商品	损益	数量金额(台)

续表

科目编码	科目名称	科目类型	核算账类
600103	C 商品	损益	数量金额(台)
640101	A 商品	损益	数量金额(件)
640102	B 商品	损益	数量金额(台)
640103	C 商品	损益	数量金额(台)
660101	工资及福利费	损益	
660102	广告费	损益	
660103	折旧费	损益	
660199	其他费用	损益	
660201	工资及福利费	损益	
660202	差旅费	损益	
660203	折旧赞	损益	
660204	办公费	损益	
660205	业务招待费	损益	
660206	工会经费	损益	
660207	职工教育经费	损益	
660208	养老保险	损益	
660299	其他费用	损益	

3. 指定科目

在编辑菜单中选择“指定科目”项，将 1001 现金指定为现金总账科目，将 1002 银行存款指定为银行总账科目。

十一、凭证类别(见表 14)

表 14　凭证类别

类别字	类别名称	限制类型	限制科目
收	收款凭证	借方必有	1001，100201，100202
付	付款凭证	贷方必有	1001，100201，100202
转	转账凭证	凭征必无	1001，100201，100202

十二、结算方式(见表 15)

表 15　结算方式

结算方式编码	结算方式名称	票据管理标志
1	现金	否
2	支票	是
201	现金支票	是
202	转账支票	是

十三、开户银行(见表 16)

表 16　开户银行

编码	开户银行名称	账号	暂封标志
001	中国工商银行	23242500789	否
002	中国建设银行	37383965432	否

十四、收发类别(见表 17)

表 17　收发类别

类别编码	类别名称	收发标志
1	入库	收
2	出库	发

十五、采购类型(见表 18)

表 18　采购类型

采购类型编码	采购类型名称	入库类别	是否默认值
01	商品采购	采购入库	是

十六、销售类型(见表 19)

表 19　销售类型

销售类型编码	销售类型名称	出库类别	是否默认值
01	普通销售	销售出库	是

第三部分　期初设置

一、总账系统初始设置

(一)期初余额(见表 20)

表 20　期初余额

科目编码	科目名称	余额方向	期初余额
1001	现金	借	1 573.00
1002	银行存款	借	1 426 805.23
100201	工行存款	借	1 326 805.23
100202	建行存款	借	100 000.00
1012	其他货币资金	借	56 000.00
1101	文易性金融资产	借	285 000.00

续表

科目编码	科目名称	余额方向	期初余额
1121	应收票据	借	120 000.00
1122	应收账款	借	77 805.00
1221	其他应收款	借	1 500.00
1231	坏账准备	贷	396.53
1123	预付账款	借	50 000.00
1405	库存商品	借	266 500.00
14501	A 商品	借	63 000.00
		件	105
14502	B 商品	借	116 000.00
		台	58
14503	C 商品	借	87 500.00
		台	350
1511	长期股权投资	借	300 000.00
1601	固定资产	借	6 021 000.00
1602	累计折旧	贷	1 089 843.00
1701	无形资产	借	150 000.00
1801	长期待摊费用	借	83 600.00
2101	短期借款	贷	500 000.00
2121	应付账款	贷	20 124.00
2131	预收账款	贷	60 000.00
2211	应付职工薪酬	贷	63 250.00
2221	应交税金	贷	73 117.70
222102	未交增值税	贷	38 250.00
222106	应交所得税	贷	29 700.00
222108	应交城市维护建设税	贷	2 677.50
222112	应交个人所得税	贷	2 490.20
2241	其他应付款	贷	55 378.00
2501	长期借款	贷	400 000.00
4001	实收资本(或股本)	贷	5 000 000.00
4002	资本公积	贷	613 600.00
4101	盈余公积	贷	760 544.00
4104	利润分配	贷	203 530.00
410401	未分配利润	贷	203 530.00

(二)辅助账期初余额

1. 1121 应收票据(见表 21)

表 21　1121 应收票据

日期	凭证号	客户	摘要	方向	金额
2015-12-16	转-21	紫薇公司	销货款	借	120 000

2. 1122 应收账款(见表 22)

表 22　1122 应收账款

日期	凭证号	客户	摘要	方向	金额
2015-12-26	转-52	龙光公司	销贷款	借	60 021
2015-12-28	转-56	绿谷公司	销贷款	借	17 784

3. 1221 其他应收款(见表 23)

表 23　1221 其他应收款

日期	凭证号	部门	个人	摘要	方向	金额
2015-12-29	付-28	办公室	张立	出差借款	借	1 500

4. 1123 预付账款(见表 24)

表 24　1123 预付账款

日期	凭证号	供应商	摘要	方向	金额
2015-12-29	付-29	欢欢	预付款	借	50 000

5. 1601 固定资产(见表 25)

表 25　固定资产

部门名称	固定资产原值	部门名称	固定资产原值
办公室	432 500	销售二部	1 006 500
财务部	453 500	销售三部	1 024 000
采购部	692 500	仓管部	980 000
销售一部	1 432 000	合计	6 021 000

6. 2121 应付账款(见表 26)

表 26　2121 应付账款

日期	凭证号	供应商	摘要	方向	金额
2015-12-29	转-58	妮妮公司	购货款	贷	20 124

7. 2131 预收账款(见表 27)

表 27　2131 预收账款

日期	凭证号	客户	摘要	方向	金额
2015-12-30	收-16	绿谷公司	预收款	贷	60 000

二、工资管理系统初始设置

(一)设置人员类别

经理人员、管理人员、业务人员。

(二)设置银行名称

银行名称：中国工商银行；账号长度：11 位；录入时自动带出的账号长度：8 位。

(三)人员档案(见表 28)

表 28　人员档案

部门名称	人员编码	人员姓名	人员类别	银行账号
办公室	01001	敖广	经理人员	87654301001
办公室	01002	张立	经理人员	87654301002
办公室	01003	刘小璐	管理人员	87654301003
财务部	02001	赵克强	经理人员	87654302001
财务部	02002	江浩	管理人员	87654302002
财务部	02003	孙军	管理人员	87654302003
财务部	02004	李红	管理人员	87654302004
采购部	03001	江上舟	经理人员	87654303001
采购部	03002	梁瑜	业务人员	87654303002
采购部	03003	周密	业务人员	87654303003
销售一部	04001	余凡	经理人员	87654304001
销售一部	04002	朱明宇	业务人员	87654304002
销售一部	04003	陈文斌	业务人员	87654304003
销售二部	04004	王春	管理人员	87654304004
销售二部	04005	徐咏梅	业务人员	87654304005
销售三部	04006	胡晓慧	管理人员	87654304006
销售三部	04007	曾一平	业务人员	87654304007
销售三部	04008	吴健	业务人员	87654304008
仓管部	05001	何春红	经理人员	87654305001
仓管部	05002	郑伟	业务人员	87654305002

全部为中方人员，计税，工资不停发。

(四)设置工资项目(见表 29)

表 29　设置工资项目

工资项目名称	类型	长度	小数	增减项
基本工资	数字	8	2	增项
岗位工资	数字	8	2	增项
奖金	数字	8	2	增项

续表

工资项目名称	类型	长度	小数	增减项
交补	数字	8	2	增项
应发工资	数字	8	2	增项
事假天数	数字	4	0	其他
事假扣款	数字	8	2	减项
病假天数	数字	4	0	其他
病假扣款	数字	8	2	减项
养老保险	数字	8	2	减项
代扣税	数字	8	2	减项
扣款合计	数字	8	2	减项
实发工资	数字	8	2	增项
计税基数	数字	8	2	其他
工资分摊基数	数字	8	2	其他

工资计算公式：

岗位工资＝IFF(人员类别＝"经理人员"，1 000，IFF(人员类别＝"管理人员"，800，700))

交补＝80

事假扣款＝基本工资/30×事假天数

病假扣款＝基本工资/30×病假天数×0.3

养老保险＝(基本工资＋岗位工资)×0.07

计税基数＝基本工资＋岗位工资＋奖金＋交补－事假扣款－病假扣款－养老保险

工资分摊基数＝基本工资＋岗位工资＋奖金＋交补－事假扣款－病假扣款

(五)扣缴所得税设置

所得项目：工资；对应工资项目：计税基数；计税基数：3 500 元。

(六)银行代发设置

单位编号：8650203106

(七)工资分摊设置

1. 计提费用类型(见表 30)

表 30　计提费用类型

计提费用类型	计提分摊比例
工资分摊	100%
应付福利费	14%
工会经费	2%
职工教育经费	1.5%
养老保险	19%

2. 工资分摊设置(见表31)

表31 工资分摊设置

部门	人员类别	项目	工资分摊		应付福利费		工会经费，职工教育经费，养老保险	
			借方科目	贷方科目	借方科目	贷方科目	借方科目	贷方科目
全部部门	经理人员	工资分摊基数	660201	2211	660201	2211	660206 660207 660208	2181
办公室、财务部、销售部	管理人员	工资分摊基数	6602011	2211	6602011	2211	660206 660207 660208	2181
采购部、销售部、仓管部	业务人员	工资分摊基数	660101	2211	660101	2211	660206 660207 660208	2181

三、固定资产系统初始设置

(一)部门对应折旧科目(见表32)

表32 部门对应折旧科目

部门编码	部门名称	折旧科目	部门编码	部门名称	折旧科目
01	办公室	660203 折旧费	0401	销售一部	660103 折旧费
02	财务部	660203 折旧费	0402	销售二部	660103 折旧费
03	采购部	660203 折旧费	0403	销售三部	660103 折旧费
04	销售部	660103 折旧费	05	仓管部	660203 折旧费

(二)设置资产类别(见表33)

表33 设置资产类别

类别编码	类别名称	使用年限	净残值率	计提属性	计提方法
01	房屋	30	5%	总提折旧	平均年限法(一)
02	营业设备	10	5%	正常计提	平均年限法(一)
03	办公设备	5	5%	正常计提	平均年限法(一)
04	运输设备	10	5%	正常计提	平均年限法(一)

(三)录入原始卡片(见表34)

表34　录入原始卡片

资产名称	类别号	增加方式	原值	使用年限	使用部门	累计折旧	开始使用时间
办公楼	01	在建工程转入	1 680 000	30	办公室、财务部，采购部，仓管部各25%	240 240	2011-05-28
营业楼	01	在建工程转入	3 000 000	30	销售一部40%，销售二部30%，销售三部30%	499 200	2010-08-12
仓库	01	在建工程转入	560 000	30	仓管部	65 520	2012-03-22
5吨卡车	04	直接购入	85 000	10	销售一部	21 488	2013-04-02
10吨卡车	04	直接购入	260 000	10	采购部	65 728	2013-04-02
营业设备甲	02	直接购入	280 000	10	销售一部40%，销售二部30%，销售三部30%	139 356	2010-09-10
营业设备乙	02	直接购入	45 000	10	销售一部50%，销售二部50%	22 041	2010-10-08
营业设备丙	02	直接购入	40 000	10	销售三部	18 960	2010-12-05
计算机8台	03	直接购入	38 000	5	办公室、财务部、捎售一部、采购部各25%	9 005	2014-09-25
保险柜	03	直接购入	21 000	20	财务部	5 460	2010-07-13
打印机4台	03	直接购入	12 000	5	办公室、财务部、采购部、销售一部各25%	2 844	2014-09-25

使用状况：均为在用。

四、应收款系统初始设置

1. 基本科目设置

应收科目为11221，预收科目为2203，销售收入科目为6001，税金科目为22210102。

2. 结算方式科目设置

现金结算对应1001，支票结算、汇票结算、电汇结算、其他结算对应100201。

3. 坏账准备设置

提取比率为0.5%，坏账准备期初余额为396.53元，坏账准备科目为1231，对方科目为6701。

4. 账龄区间设置

1～30，31～60，61～90，91～180，181～360，361以上。

5. 期初应收单据

2015年12月16日，收到紫薇公司开出的由工商银行承兑的银行承兑汇票一份，票面金额为120 000元，票据号为25006，2005年12月16日签发，2006年1月16日到期。

2015年12月26日，销售给龙光公司A商品20件，无税单价780元；B商品10台，无税单价3 570元，共计货款51 300元，税款8 721元，价税合计为60 021元。

2015年12月28日，销售给绿谷公司C商品40台，无税单价为380元，共计货款15 200元，税款2 584元，价税合计17 784元。

2015年12月30日，收到绿谷公司预付款60 000元。(结算方式：转账支票)

五、应付款系统初始设置

1. 基本科目设置

应付科目为2201，预付科目为1123，采购科目为1403，税金科目为22210101。

2. 结算方式科目设置

现金结算对应1001，支票结算、汇票结算、电汇结算、其他结算对应100201。

3. 账龄区间设置

1～30，31～60，61～90，91～180，181～360，361以上。

4. 录入期初采购专用发票

2005年12月29日，向妮妮公司购进C商品80台，单价215元，共计货款17 200元，税款2 924元，价税合计20 124元。

2005年12月29日，预付欢欢公司货款50 000元。(结算方式：转账支票)

第四部分　日常业务

(1)2日，根据月初在用固定资产原值计提本月折旧，附单据1张。

(2)2日，绿谷公司汇来前欠货款17 784元，票号为2201，附件1张。

(3)4日，仓库发出绿谷公司2日所订B商品20台(协议价格为2 780元/台)，C商品80台(协议价格为350元/台)，并开出专用发票，价款为83 600元，税款为14 212元，价税合计97 812元。(注：本实训题中的单价均指不含税单价。)

(4)5日，张立出差归来，报销差旅费1 820元，原预借1 500元，差额以现金支付，附单据2张。

(5)5日，电汇给妮妮公司20 124元，支付前欠货款，票号为4561，附单据1张。

(6)6日，交上月应交增值税38 250元，应交所得税29 700元，应交城市维护建设税2 677.5元，应交个人所得税2 490.2元，应交教育费附加1 530元，共计74 647.7元。结算方式：其他；附单据3张。

(7)6日，收到欢欢公司发来B商品50台，单价为1 500元，验收入2号库。6日，收到欢欢公司开来的专用发票，列B商品50台，单价为1 500元，货款为75 000元，税款为12 750元，共计87 750元。

(8)9日，仓库发出龙光公司6日订购A商品120件，单价为910元，开出专用发票，计货款109 200元，税款18 564元，共计127 764元，收到转账支票送存工商银行，票据号：4562，银行账号：2233。

(9)9 日，以现金支付汽油费 900 元，附单据 1 张。

(10)10 日，收到贝贝公司发来 A 商品 200 件，单价为 835 元，验收入 1 号库，并收到专用发票一张，共计货款 167 000 元，税款 23 890 元，价税合计 195 390 元。

(11)10 日，发放本月工资，据统计，上月职工王春请事假 1 天，徐咏梅请病假 2 天，本月工资表如表 35 所示。

表 35　本月工资表

人员编号	姓名	基本工资	岗位工资	奖金	交补	应发合计	事假扣款	病假扣款	养老保险	代扣税	扣款合计	实发合计
01001	敖广	2 800	1 000	1 000	80	4 880			266	33.42	299.42	4 580.58
01002	张立	2 500	1 000	1 000	80	4 580			245	25.05	270.05	4 309.95
01003	刘小璐	1 500	800	800	80	3 580			161		161	3 019
02001	赵克强	2 000	1 000	850	80	3 930			210	6.6	216.6	3 713.4
02002	江浩	1 500	800	800	80	3 180			161		161	3 019
02003	孙军	1 800	800	800	80	3 480			182		182	3 298
02004	李红	1 500	800	800	80	3 180			161		161	3 019
03001	江上舟	2 000	1 000	850	80	3 930			210	6.6	216.6	3 713.4
03002	梁瑜	1 500	700	800	80	3 080			154		154	2 926
03003	周密	1 800	700	800	80	3 380			175		175	3 205
04001	余凡	2 000	1 000	850	80	3 930			210	6.6	216.6	3 713.4
04002	朱明宇	1 800	700	800	80	3 380			175		175	3 205
04003	陈文斌	1 500	700	770	80	3 050			154		154	2 896
04004	王春	1 500	800	800	80	3 180	50		161		21	2 969
04005	徐咏梅	2 100	700	780	80	3 660		42	196		238	3 422
04006	胡晓慧	1 800	800	800	80	3 480			182		182	3 298
04007	曾一平	1 500	700	770	80	3 050			154		154	2 896
04008	吴健	1 800	700	770	80	3 450			175		175	3 175
05001	何春红	2 000	1 000	850	80	3 930			210	6.6	216.6	3 713.4
05002	郑伟	1 500	700	770	80	3 050			154		154	2 896
合计		36 400	16 400	16 460	1 600	71 360	50	42	3 696	84.87	3 872.87	66 987.13

(12)11 日，收到龙光公司 2187 号转账支票，系上月货款 60 021 元。

(13)11 日，开出现金支票 2368 号，提现 3 000 元备用，附单据 1 张。

(14)11 日，办公室购进传真机一台，不含税价款为 2 600 元，收到增值税发票，开出 2188 号转账支票付讫，当即交付使用，使用年限为 5 年。

(15)13 日，办公室购买办公用品 360 元，以现金支付，附单据 1 张。

(16)16 日，紫薇公司 2005 年 12 月 16 日签发的应收票据到期，款项收存银行，结算方式：其他。

(17)17 日，销售一部余凡报销业务招待费 780 元，以现金支付。

(18)20 日，短期借款 200 000 元今日到期，开出 2189 号转账支票归还。

(19)24 日，售出持有的股票，收入 138 600 元，购入成本 105 000 元，获利 33 600 元，附单据 1 张。

(20)26 日，计提本月短期借款利息 2 500 元，附单据 1 张。

第五部分　期末处理

一、工资管理系统期末处理

1. 工资分摊

(1)分摊工资。

(2)计提福利费。

(3)计提工会经费。

(4)计提职工教育经费。

(5)计提养老保险。

2. 月末处理

二、固定资产管理系统期末处理

1. 对账

孙军进入固定资产管理系统对账，固定资产月末余额为 6 023 600 元，累计折旧月末余额为 1 109 950 元。

2. 结账

三、应收款管理系统期末处理

江浩进入应收款管理系统，执行自动核销，办理月末结账。

四、应付款管理系统期末处理

江浩进入应付款管理系统，执行自动核销，办理月末结账

五、总账系统期末处理

(1)结转本月销售成本。

(2)分收/支结转损益账户。

(3)输出全月科目汇总表，保存到“科目汇总表.xls”文件中。

第六部分　报表制作

一、资产负债表制作

定义资产负债表格式及计算公式，保存为“资产负债表.rep”文件。

二、利润表制作

定义利润表格式及计算公式，保存为“利润表.rep”文件。

参考文献

[1]张琳，李静宜，贺永强. ERP供应链管理实务[M]. 北京：清华大学出版社，2011.

[2]李京琴，周晨，潘荟有. 高职《会计电算化》课程教学方法探析——基于用友ERPU8的分析[J]. 北京农业职业学院学报，2018(2)：102－105.

[3]李湘琳，傅仕伟. 供应链管理系统实验教程[M]. 北京：清华大学出版社，2011.

[4]张芳丽，侯国栋. 会计信息化实务——用友ERPU8V10.1版[M]. 北京：人民邮电出版社，2016.

[5]王珠强. 会计电算化——用友ERPU8V10版(附微课视频第2版)[M]. 北京：人民邮电出版社，2018.

[6]徐行. 用友ERPU8薪资管理应用常见问题解析[J]. 办公自动化(综合版)，2012(9)：10－12.

[7]赵建新，何晓岗，周宏用友ERP供应链管理系统实验教程(U872版)[M]. 北京：清华大学出版社，2012.

[8]万代黎，王婧. 会计电算化实务——基于用友ERPU8V10.1[M]. 成都：西南财经大学出版社，2016.

[9]亓文会，亓凤华. 会计电算化项目教程[M]. 北京：北京大学出版社，2013.

[10]门包根梅. 薪资管理系统操作详解—以用友ERPU8101为例[J]. 现代商贸工业，2016，37(26)：73－74.

[11]王新玲，汪刚. 会计信息系统实验教程(用友U8V10.1)[M]. 微课版. 北京：清华大学出版社，2017.

[12]汪伟. ERP系统应用教程[M]. 合肥：中国科学技术大学出版社，2011.

[13]谈先球，黄乐珊，徐庆林. 会计电算化实务[M]. 北京：教育科学出版社，2013.